JN256051

「同一労働同一賃金」のすべて

written by —
YUICHIRO MIZUMACHI

水町勇一郎

新版

はしがき

　2016（平成28）年9月に「働き方実現会議」が設置され，同年12月に「同一労働同一賃金ガイドライン案」，2017（平成29）年3月には「働き方改革実行計画」が策定された。本書の初版は，その約1年後の2018（平成30）年2月に発行された。その時点ではまだ，パートタイム労働法，労働契約法，労働者派遣法の改正案を含む「働き方改革関連法案」は国会に提出されていなかった。初版では，同一労働同一賃金ガイドライン案，働き方改革実行計画，および，働き方改革関連法案の作成過程等を通じて明らかになっていた点を中心に，日本の「同一労働同一賃金」改革の背景と具体的な内容を明らかにすることを心掛けた。

　その後，2018（平成30）年4月に働き方改革関連法案が国会に提出され，同年6月29日に成立した。国会で同法案が審議されていた同年6月1日には，最高裁でハマキョウレックス事件と長澤運輸事件の二判決が出され，この改革の動きを加速させることとなった。同法案が国会で成立したことを受けて，同一労働同一賃金ガイドライン案を基本として同一労働同一賃金ガイドラインが作成され，同年12月28日，同法に基づく「指針」として正式に発出された（正式名称は「短時間・有期雇用労働者及び派遣労働者に対する不合理な待遇の禁止等に関する指針」〔平成30・12・28厚生労働省告示430号〕）。これらの動きと並行して，有期雇用労働者と無期雇用労働者間の待遇格差の是正をめぐる裁判例の展開もみられている。

　2020（令和2）年4月には，働き方改革関連法によって改正されたパートタイム・有期雇用労働法と労働者派遣法が施行される（中小事業主についてはパートタイム・有期雇用労働法は2021〔令和3〕年4月に施行）。今回の新版では，初版以降の新たな動き・展開を踏まえて内容をアップデートしつつ，全国各地から新たにいただいたさまざまな疑問や質問に答え，改正法の内容についてもQ&A方式をとってよりわかりやすく解説するという工夫を施した。

　改正法の施行に向けて，実務に携わる多くの方々が本書を手にとり，より正確な最新情報を踏まえて準備を進めていっていただけたら，そして，改正

法の施行準備を越えて，「働き方改革」の先を見据えた企業経営・人事労務管理改革の方向性を考えるヒントを本書からつかんでいただけたら，うれしい。

　2019年8月　プールの水も温い盛暑のなかで

水町勇一郎

目 次

はじめに
「同一労働同一賃金」の衝撃

第 1 章
法改正の経緯
「一億総活躍」「働き方改革」と「同一労働同一賃金」

第2章

法改正の前史

「正規・非正規格差」とこれまでの法的対応

第 3 章

改正法の内容
改革の趣旨と改正法条文解説　　67

第4章
法改正の基礎
外国法（フランス法, ドイツ法）の概要と日本との異同　159

凡 例

1. 主な法令等

男女雇用機会均等法	雇用の分野における男女の均等な機会及び待遇の確保等に関する法律
同一労働同一賃金推進法	労働者の職務に応じた待遇の確保等のための施策の推進に関する法律
年金機能強化法	公的年金制度の財政基盤及び最低保障機能の強化等のための国民年金法等の一部を改正する法律
パートタイム・有期雇用労働法	短時間労働者及び有期雇用労働者の雇用管理の改善等に関する法律
パートタイム労働法	短時間労働者の雇用管理の改善等に関する法律
働き方改革関連法（案）	働き方改革を推進するための関係法律の整備に関する法律（案）
労基法	労働基準法
労契法	労働契約法
労働者派遣法	労働者派遣事業の適正な運営の確保及び派遣労働者の保護等に関する法律

2. 判決等

最○小判［決］	最高裁判所第○小法廷判決［決定］
高判	高等裁判所判決
地（支）判	地方裁判所（支部）判決

3. 判決登載誌

労判	労働判例
労経速	労働経済判例速報

はじめに

「同一労働同一賃金」の衝撃

「本年取りまとめる『ニッポン一億総活躍プラン』では，同一労働同一賃金の実現に踏み込む考えであります。」

2016（平成 28）年 1 月 22 日，通常国会冒頭の施政方針演説において安倍晋三内閣総理大臣が述べたこの一言で，「同一労働同一賃金」の実現が急きょ政治スケジュールに上った。

「一億総活躍国民会議」での議論を経て，同年 6 月 2 日に閣議決定された「ニッポン一億総活躍プラン」では，

① 労働契約法，パートタイム労働法，労働者派遣法の的確な運用を図るため，どのような待遇差が合理的であるかまたは不合理であるかを事例等で示すガイドラインを策定する（2016 年度から 2018 年度までに策定・運用）

② 欧州の制度も参考にしつつ，不合理な待遇差に関する司法判断の根拠規定の整備，非正規雇用労働者と正規労働者との待遇差に関する事業者の説明義務の整備などを含め，労働契約法，パートタイム労働法，労働者派遣法の一括改正等を検討し，関連法案を国会に提出する（2018 年度までに制度の検討，法案提出，2019 年度以降に新制度の施行）

③ これらにより，正規労働者と非正規雇用労働者の賃金差について，欧州諸国に遜色のない水準を目指す

ことが掲げられた。

2016 年 9 月には，安倍総理を議長とし関係閣僚と民間有識者を議員とした「働き方改革実現会議」が設置された。そこでの議論を踏まえ，同年 12

月20日には，正規か非正規かという雇用形態にかかわらない均等・均衡待遇を確保することを目的とした「同一労働同一賃金ガイドライン案」が策定された。

2017（平成29）年3月28日には，働き方改革実現会議において「働き方改革実行計画」が取りまとめられた。そのなかで，

① 司法判断の根拠規定（均等・均衡待遇）の整備
② 労働者の待遇に関する使用者の説明の義務化
③ 行政による裁判外紛争解決手続の整備
④ 派遣労働者に関する法整備

を主な内容とする，パートタイム労働法，労働契約法，労働者派遣法の改正を図ることが謳われた。この「働き方改革実行計画」の決定を踏まえ，安倍総理は，

「働き方改革実行計画の決定は，日本の働き方を変える改革にとって，歴史的な一歩であると思います。戦後日本の労働法制史上の大改革であるとの評価もありました。……文化やライフスタイルとして長年染みついた労働慣行が本当に改革できるのかと半信半疑の方もおられると思います。……しかし後世において振り返れば，2017年が日本の働き方が変わった出発点として，間違いなく記憶されるだろうと私は確信をしております。」

と述べている。

以上の政府方針をもとに，同年4月から，厚生労働省労働政策審議会の3つの分科会（労働条件分科会，職業安定分科会，雇用均等分科会）にまたがる同一労働同一賃金部会が設置された。同部会で「同一労働同一賃金に関する法整備について」の審議が重ねられ，同年6月には報告・建議，9月には法律案要綱の諮問・答申がなされた。

この答申に基づき作成されたパートタイム・有期雇用労働法案，労働者派遣法改正案等を含む「働き方改革関連法案」は，同年9月の衆議院解散，10月の総選挙を経て，2018（平成30）年4月6日，同年の通常国会に提出された。同国会冒頭の施政方針演説において，安倍総理は，

「長年議論だけが繰り返されてきた『同一労働同一賃金』。いよいよ実現の時が来ました。雇用形態による不合理な待遇差を禁止し，『非正規』という言葉を，この国から一掃してまいります。」

と述べていた。

　同法案をめぐる国会審議では，企画業務型裁量労働制の対象業務の拡大に関する「不適切データ」問題を受けて裁量労働制に関する部分が法案（労基法改正案）から削除されるといった経緯を経て，法案が国会に提出された後，同年 5 月 31 日に衆議院本会議で可決，6 月 29 日に参議院本会議で可決・成立した。この法律の「同一労働同一賃金」に関する部分（パートタイム・有期雇用労働法，改正労働者派遣法）は，2020（令和 2）年 4 月 1 日に施行される（中小事業主についてはパートタイム・有期雇用労働法の施行は 2021〔令和 3〕年 4 月 1 日）。

　2016 年 1 月に政治的に打ち上げられ，2018 年 6 月に国会で改正法が成立し，2020 年 4 月から改正法が施行されることとなった「同一労働同一賃金」改革は，その議論の「スピード感」のみならず，その「内容」面でも日本の企業や労働組合などに衝撃[1]を与えるものとなっている。正規労働者と非正規労働者間のすべての待遇について均等・均衡待遇の確保を図ろうとするこの改革は，旧来の「正規・非正規」格差を大きく狭めようとするだけでなく，正規労働者を中心とした日本の伝統的な人事労務管理制度に見直しを迫るものであるからである。また，その改革のスピードの速さと規模の大きさゆえ，改正法が成立し施行時期が近づいてきている現段階でも，その趣旨や具体的な内容について，法曹関係者や現場の労使等の間でなお誤解が残っている部分は少なくない。

　本書は，「同一労働同一賃金」をめぐる今回の改革の背景と具体的な内容を明らかにすることによって，改革がその趣旨に沿って着実かつ円滑に進められるよう，当事者や関係者に本改革の正確な理解を促すことを目的としたものである。

1）　例えば，「同一労働同一賃金ガイドライン案」の策定の直後に，山田久『同一労働同一賃金の衝撃——「働き方改革」のカギを握る新ルール』（日本経済新聞出版社，2017 年）が出版され，「日本型」同一労働同一賃金の実現可能性や社会改革の方向性が論じられた。その後も，2018 年 6 月 1 日にハマキョウレックス事件と長澤運輸事件に関する最高裁二判決が出て，企業に有期雇用労働者の待遇改善を行うことを迫ることになる（→本書 83 頁以下）など，本改革に関連する動きが大きく進展している。「変わる！労働法——同一労働同一賃金の破壊力／対応遅れで人材確保困難に」（週刊エコノミスト 2018 年 7 月 17 日号 16 頁以下〔松本惇〕）等の報道もある。

第1章

法改正の経緯
「一億総活躍」「働き方改革」と「同一労働同一賃金」

　今回の「同一労働同一賃金」をめぐる改革の政治的な出発点は，2016（平成28）年1月22日の安倍総理の国会での演説にあった（→はじめに）。しかし，この総理発言の背景には，その伏線となる出来事があった。2015（平成27）年の労働者派遣法改正をめぐる国会での攻防である。

1. 伏線──2015年労働者派遣法改正と 「同一労働同一賃金推進法」の制定

　2015（平成27）年の労働者派遣法改正と同時に，国会で成立した法律がある。議員立法である「同一労働同一賃金推進法」（正式な題名は「労働者の職務に応じた待遇の確保等のための施策の推進に関する法律」）である。この法律の成立にあたっては，与野党間で激しい駆け引きがあった。
　そもそも，2015年労働者派遣法改正案（政府提出法案）は，派遣労働者のキャリアアップや雇用継続の推進等を図るという観点から，労働者派遣の法規制のあり方を大きく見直そうとするものであった。その主な内容は，
　① 特定労働者派遣事業（届出制）と一般労働者派遣事業（許可制）という区別を廃止し，すべての労働者派遣事業を許可制とする
　②「専門的26業務」と「それ以外の業務」という業務区分を廃止し，派遣期間制限については「無期雇用派遣」・「60歳以上の高齢者派遣」（期間制限なし）と「有期雇用派遣」（労働者個人単位で上限3年）という新たな区分を用いる

③ 有期雇用派遣労働者については，

（a）派遣先の同一組織単位への派遣が上限（3年）に達する場合，派遣元は，派遣先への直接雇用の依頼，新たな派遣先の提供，派遣元での無期雇用の機会の提供等のいずれか（雇用安定措置）を講じる

（b）派遣先で派遣労働者を交代させて同一事業所で3年を超えて継続して派遣労働者を受け入れようとする場合，過半数労働組合等から意見を聴取し異議に対しては理由等を説明する

④ 派遣元は，派遣労働者に対する計画的な教育訓練や，希望する派遣労働者へのキャリア・コンサルティングを行う

という点にあった。

しかし，派遣労働者の賃金等の待遇については，派遣先労働者の賃金水準との均衡を考慮しつつ賃金を決定するよう配慮しなければならないという従来の規定（労働者派遣法30条の3第1項。条文はいずれも当時）が基本的に踏襲され，派遣労働者の均等・均衡待遇を法的強制力をもって実現しようとする規定は盛り込まれなかった。2012（平成24）年労働契約法改正で有期契約労働者に対する不合理な労働条件の禁止（20条），2014（平成26）年パートタイム労働法改正でパートタイム労働者に対する差別的取扱いの禁止（9条）とともに不合理な待遇の禁止（8条）が定められていたのに対し，派遣労働者については同様の規定が政府法案に盛り込まれるには至らなかったのである。

これに対し，民主党，維新の党，生活の党の野党3党が，2015（平成27）年5月26日，議員立法として，「同一労働同一賃金推進法」案を衆議院に提出した。この法案は，労働者の職務に応じた待遇の確保等のための施策を推進し，労働者が雇用形態にかかわらず充実した職業生活を営むことができる社会の実現に資することを目的とし（同法案1条），具体的には，①国に対し，雇用形態の異なる労働者についてもその待遇の相違が不合理なものとならないように，正規・非正規労働者の待遇に係る制度の共通化の推進等の必要な施策を講じること（同法案6条1項），および，②政府に対し，派遣労働者について，派遣先雇用労働者との間において職務に応じた待遇の均等の実現を図るために，1年以内に法制上の措置を講じること（同条2項）を，それぞれ義務づけようとするものであった。

この議員立法の提案をめぐり，与野党間で激しい攻防が繰り広げられた。

その結果，衆議院厚生労働委員会で，同法案6条2項について，②政府に対し，派遣労働者の賃金，教育訓練，福利厚生その他の待遇について，派遣先雇用労働者との均等・均衡待遇の実現を図るために，3年以内に法制上の措置を含む必要な措置を講じることを義務づける，という形に修正する提案が行われ，自由民主党，維新の党，公明党の賛成多数で修正案が可決されたのである。野党3党からの議員立法提案に対し，自民，公明の与党および提案野党の1つである維新の党が同法案に修正を加えることで合意し，同法案は野党から与党の手に移ったのである。

　このような修正を経て，「同一労働同一賃金推進法」は，労働者派遣法改正とともに，同年6月19日に衆議院本会議で可決，9月9日に参議院本会議で可決・成立した。これによって，政府与党は，①雇用形態が異なることによる待遇の相違が不合理なものとならないよう，正規・非正規労働者の待遇に係る制度の共通化の推進等の必要な施策を講じること，および，②派遣労働者と派遣先雇用労働者との均等・均衡待遇の実現を図るために，3年以内に法制上の措置を含む必要な措置を講じることを，国民に約束することとなったのである。この「3年以内」（②）の期限は，同法施行の3年後である2018（平成30）年9月に訪れることになる。

　政府は，この法律成立の翌月である2015（平成27）年10月から，安倍晋三内閣総理大臣を議長とする「一億総活躍国民会議」を開催することとした。

2. 一億総活躍国民会議

　一億総活躍国民会議は，少子高齢化という構造的な問題に正面から取り組んで，50年後も人口1億人を維持し，1人ひとりの日本人の誰もが，家庭で，職場で，地域で，生きがいをもって充実した生活を送ることができる社会（「一億総活躍社会」）を実現するためのプランを策定するために設置された会議である。

　2015（平成27）年10月29日に開催された第1回会議では，事務局提出資料のなかに，「働き方」関係では，多様な働き方改革，ワーク・ライフ・バランス（生産性向上），賃上げ・最低賃金引上げ，非正規雇用の正規化等といった課題が示されていたが，「同一労働同一賃金」という言葉は出ていない。

同年 11 月 12 日の第 2 回会議では，有識者議員 3 名（高橋進，土居丈朗，樋口美雄）の共同提案として，「多様な働き方改革などの取組を通じて，同一価値労働同一賃金を目指すとともに，雇用の安定と労働参加を促進し，それに見合う需要増を実現する」との課題が掲げられ，同年 11 月 26 日の第 3 回会議では，高橋進議員から，今後の議論のリクエストとして，「女性，非正規などの処遇改善の観点から，いわゆる同一価値労働同一賃金の実現に向けた労働市場改革について深い議論をさせていただきたい」との発言がなされている。

　年が明けた 2016（平成 28）年 1 月 22 日，安倍総理は，通常国会の施政方針演説で，

　「本年取りまとめる『ニッポン一億総活躍プラン』では，同一労働同一賃金の実現に踏み込む考えであります。」

と述べた。また，同年 1 月 26 日の衆議院本会議では，

　「女性や若者などの多様な働き方の選択を広げるためには，非正規雇用で働く方の待遇改善をさらに徹底していく必要があり，働き方改革として，ニッポン一億総活躍プランでは，同一労働同一賃金の実現に踏み込むこととしました。

　その策定に当たっては，一億総活躍国民会議の場において，……均衡待遇にとどまらず，均等待遇を含めて検討いただきます。我が国の雇用慣行に留意しつつ，待遇の改善に実効性のある方策を打ち出したいと考えております。」

と答弁した。一億総活躍国民会議の場で，均等・均衡待遇を含めて「同一労働同一賃金」の実現に向けた方策を検討し，「ニッポン一億総活躍プラン」において，日本の雇用慣行に留意しつつ実効性のある方策を打ち出すという方針を，総理自身が政治的に宣言したのである。これは，「同一労働同一賃金」をめぐる問題について，旧来の厚生労働省労働政策審議会における労使合意を基本としたボトムアップ型の政策決定手法とは異なり，総理（官邸）の政治的リーダーシップによるトップダウン型の政策形成を進めていくことを明らかにした瞬間でもあった。

　この総理発言を踏まえて開催された同年 1 月 29 日の一億総活躍国民会議（第 4 回）では，高橋進，土居丈朗，樋口美雄の 3 議員のそれぞれから，同一

労働同一賃金の実現により非正規労働者の処遇改善を図ることの重要性が指摘された。各議員の発言を踏まえて，安倍総理は，「ニッポン一億総活躍プラン」の３つの骨格の１つとして，「第一に，働き方改革です。具体的には，同一労働同一賃金の実現など非正規雇用労働者の待遇改善，定年延長企業の奨励等の高齢者雇用促進，総労働時間抑制等の長時間労働是正を取り上げます」と発言した。「同一労働同一賃金の実現など非正規雇用労働者の待遇改善」が，「ニッポン一億総活躍プラン」，そしてその骨格となる「働き方改革」の重要な地位を占めることになることが宣言されたのである。

翌２月23日に開催された一億総活躍国民会議（第５回）では，「同一労働同一賃金の推進」をメインテーマとし，労働法学を専門とする水町勇一郎が参考人として呼ばれた。水町は，同会議冒頭の報告で，

①「同一労働同一賃金」の考え方を正規・非正規労働者間の処遇格差問題にあてはめると「合理的理由のない不利益取扱い」の禁止という形に定式化されることが多いこと

② フランス，ドイツでも同一労働同一賃金原則の例外となる「客観的理由（合理的理由）」としてさまざまな事情が考慮されており[1]，日本でもその多様性を考慮しつつ同原則を導入することは可能と考えられること[2]

③ 日本で政策的にこれを進めようとするためには，ⓐ労働契約法，パートタイム労働法，労働者派遣法を改正して法原則を明確化するとともに，ⓑ格差を正当化する「合理的理由」の中身について政府としてガイドラインを示すこと，ⓒ格差の合理的理由の説明義務を使用者に課し納得性・透明性を高めることが重要となること

などを述べた（→巻末資料１）。

水町の報告後，工藤啓，白河桃子，榊原定征，高橋進，三村明夫，樋口美雄，土居丈朗の各議員から，同一労働同一賃金の推進を図ることに賛成する意見が述べられた。またそのなかで，高橋議員と樋口議員は，欧州の事例等

1）　水町勇一郎「『格差』と『合理性』——非正規労働者の不利益取扱いを正当化する『合理的理由』に関する研究」社会科学研究 62 巻 3・4 号（2011 年）125-152 頁参照。

2）　水町勇一郎「『同一労働同一賃金』は幻想か？——正規・非正規労働者間の格差是正のための法原則のあり方」鶴光太郎＝樋口美雄＝水町勇一郎編著『非正規雇用改革——日本の働き方をいかに変えるか』（日本評論社，2011 年）271-297 頁参照。

を専門的に検討し政府として明確なガイドラインを制定することの重要性，土居議員は，正規労働者の待遇が悪くなるという誤解を払拭しながら国民の共感を深めていくことの重要性を指摘し，また，榊原議員は，「我が国の雇用慣行に合った」同一労働同一賃金の実現の必要性，三村議員は，中小企業の労務対策上の負担が過大になることを考慮した慎重な検討，非正規労働者の職業訓練の充実等を通じた生産性向上の支援の重要性に言及した。

　これらの議論を受けて，最後に，安倍総理から，

　「第一に，同一労働同一賃金の実現です。多様で柔軟な働き方の選択を広げるためには，非正規雇用で働く方の待遇改善は待ったなしの重要課題であります。

　本日は榊原〔経団連〕会長からも大変心強い御発言がございましたが，同時に我が国の雇用慣行についても御意見がございました。また三村〔日本商工会議所〕会頭からも御意見がございましたが，そうした我が国の雇用慣行には十分に留意しつつ，同時に躊躇なく法改正の準備を進めます。あわせて，どのような賃金差が正当でないと認められるかについては，政府としても，早期にガイドラインを制定し，事例を示してまいります。

　このため，法律家などからなる専門的検討の場を立ち上げ，欧州での法律の運用実態の把握等を進めてまいります。厚生労働省と内閣官房で協力して準備を進めていただきたいと思います。

　できない理由はいくらでも挙げることはできます。大切なことは，どうやったら実現できるかであり，ここに，意識を集中いただきたいと思います。」との発言がなされた。総理自身が，①経済界から言及された「日本の雇用慣行への留意」を図りつつ，躊躇なく法改正の準備を進める，②賃金差が正当でない例を示すガイドラインを早急に制定する，③欧州の実態の把握等を行うための法律家等からなる専門的な検討の場を設けるという方向性を明らかにし，「同一労働同一賃金」原則の実現を図る強い意志を示したのである。

　同年5月18日に開催された第8回会議では，「ニッポン一億総活躍プラン」の案が示された。そこでは，「働き方改革」を最大のチャレンジと位置づけ，そのなかで「同一労働同一賃金の実現など非正規雇用の待遇改善」を第1の課題とした。具体的には，正規か非正規かといった雇用形態にかかわらない均等・均衡待遇を確保するため，①どのような待遇差が合理的である

かまたは不合理であるかを事例等で示すガイドラインを策定し，不合理な待遇差として是正すべきものを明らかにする，②その是正が円滑に行われるよう，不合理な待遇差に関する司法判断の根拠規定の整備，非正規雇用労働者と正規労働者との待遇差に関する事業者の説明義務の整備などを含め，労働契約法，パートタイム労働法，労働者派遣法の一括改正等を検討し，関連法案を国会に提出する，という政策の方向性が示された。また，そのロードマップでは，同一労働同一賃金の実現など非正規雇用労働者の待遇改善について，①ガイドラインの策定・運用は 2016（平成 28）年度から 2018（平成 30）年度にかけて，②制度の検討，法案提出は 2016 年度から 2018 年度，新制度の施行は 2019（平成 31）年度以降という予定が示された。

　これに対し，榊原定征議員（経団連会長）は，

「同一労働・同一賃金の実現についてですが，非正規従業員の処遇改善は経済の好循環にも不可欠であると考えております。経済界としましては，非正規従業員の正社員化，それから，時給の引き上げ，賞与・一時金の支給あるいは拡充などを含めて，しっかりと取り組んでまいりたいと思います。

　一番のポイントは，不合理な待遇差を是正するということでございまして，今後，我が国の雇用慣行も十分に留意しつつ，労働政策審議会等の議論に積極的に対応してまいりたいと考えております。」

と述べ，経済界の代表として前向きに取り組むことを示した。また，樋口美雄議員（労働経済学，労働政策審議会会長）は，

「今回のプランで同一労働・同一賃金，さらには長時間労働の是正といった，従来，必ずしも十分議論されてこなかったもの……に本格的に着手したことは高く評価できると思います。……今後，労使の納得した実効性のある具体的な制度設計……ができることを期待したいと思っております。」

と述べた。

　このような議論を経て，同会議で「ニッポン一億総活躍プラン」（案）が決定された。

　その後，与党との調整を経て，2016（平成 28）年 6 月 2 日，第 9 回会議（持ち回り開催）で「ニッポン一億総活躍プラン」が正式決定され，同日，同プランは閣議決定された（→巻末資料 2）。

　このように，「同一労働同一賃金など非正規雇用の待遇改善」という政治

課題について，安倍総理が議長となり関係閣僚が出席する一億総活躍国民会議の場において，①2016年度から2018年度にかけてガイドラインを策定し運用する，②これと並行して制度の検討，法案提出を行い，2019年度以降新制度を施行する，という方向性とロードマップが決定された。

　次なる課題は，ガイドラインの策定と制度（法律改正）の検討である。

3. 「同一労働同一賃金の実現に向けた検討会」と　「働き方改革実現会議」

（1）「同一労働同一賃金の実現に向けた検討会」の設置と検討

　2016（平成28）年2月23日の第5回一億総活躍国民会議の場で，安倍総理から，法改正の準備とガイドラインの制定に向けて，欧州での法律の運用実態の把握等を行う専門的な検討の場を設ける，との指示があった。これを受けて，同年3月，厚生労働省と内閣官房との共管で「同一労働同一賃金の実現に向けた検討会」が設置された。この検討会は，労働法学者，労働経済学者，人事労務管理の専門家など7名で構成され（座長は柳川範之・東京大学大学院経済学研究科教授），①EU諸国における制度の現状と運用状況（裁判例等），②日本の制度の現状と課題，日本企業の賃金の実態と課題，③日本とEUにおける雇用形態間の賃金格差に影響を与える諸条件の違いを検討しつつ，④ガイドラインの策定，必要な法的見直し等に向けた考え方の整理等を行うことを検討事項とするものであった。

　この検討会では，第1回（同年3月23日）から第8回（9月30日）まで，日本の制度の現状と課題，EU諸国（フランス，ドイツ，イギリス）の法制度と運用状況（裁判例等），その背景にある雇用慣行の異同などを専門的な観点から検討しつつ，日本の労使関係団体（連合，UAゼンセン，経団連，日本商工会議所，全国中小企業団体中央会）からのヒアリングを重ねた。

（2）「働き方改革実現会議」の設置

　政府は，働き方改革の実現を目的とする実行計画の策定等に向けた審議の場として，2016（平成28）年9月，「働き方改革実現会議」を設置した。同会議は，安倍晋三内閣総理大臣を議長，加藤勝信働き方改革担当大臣，塩崎

恭久厚生労働大臣を議長代理とし，関係閣僚6名，神津里季生連合会長，榊原定征経団連会長を含む民間有識者15名を構成員とする会議体である。同月27日に開催された第1回会議において，安倍総理から，働き方改革のテーマとして，同一労働同一賃金の実現，長時間労働の是正を中心とする9つのテーマが提示された[3]。これによって，同一労働同一賃金の実現など非正規雇用の処遇改善が総理直轄の「働き方改革実現会議」の中心課題の1つと位置づけられた。

このようにして，同一労働同一賃金の実現については，同年3月に設置されていた「同一労働同一賃金の実現に向けた検討会」（以下「検討会」と呼ぶ）と9月に設置された「働き方改革実現会議」（以下「実現会議」と呼ぶ）の2つが並行して存在することとなった。両者の役割としては，外国の制度の検討と日本との比較等についての専門的な知見に基づく，ガイドラインの策定と法的見直しに向けた「考え方の整理」を「検討会」が行い，実際のガイドラインおよび法律制度の見直しを含む「実行計画」の策定等を「実現会議」で行うこととなった。

(3)　第4回実現会議

2016（平成28）年11月29日に開催された第4回実現会議では，「同一労働同一賃金などの非正規雇用の処遇改善」が議題とされた。ここでは，このテーマに関する意見が各議員から述べられた。

まず，労働法を専門とする水町から，基本的な考え方として，

①　基本給，賞与，諸手当などの賃金だけでなく，福利厚生，教育訓練なども広く待遇改善の対象とすること

②　それぞれの給付の趣旨・性格に照らして，待遇差の合理性・不合理性を個別に判断すること

3）　ここで掲げられたテーマは，①同一労働同一賃金など非正規雇用の処遇改善，②賃金引上げと労働生産性の向上，③時間外労働の上限規制のあり方など長時間労働の是正，④雇用吸収力の高い産業への転職・再就職支援，人材育成，格差を固定化させない教育の問題，⑤テレワーク，副業・兼業といった柔軟な働き方，⑥働き方に中立的な社会保障制度・税制など女性・若者が活躍しやすい環境整備，⑦高齢者の就業促進，⑧病気の治療，そして子育て・介護と仕事の両立，⑨外国人材の受入れの問題の9つである。

③ 前提状況が同一であれば同一の待遇を求める「均等」待遇とともに、前提状況に違いがあれば違いに応じた待遇を求める「均衡」待遇も含めて考えること

④ 判断の理由として、将来の役割・期待が異なるという主観的・抽象的な事情ではなく、客観的な実態の差に基づいて判断すること

が述べられた。また、具体的な判断の例として、

ⓐ 基本給については、職務給、勤続給、職能給などそれぞれの制度の趣旨・性格に照らして判断すること

ⓑ 会社の業績等に応じて支給される賞与については、会社の業績等への貢献に応じて非正規労働者にも支給すること

ⓒ 役職手当、特殊作業手当、時間外・休日・深夜手当、精皆勤手当などの諸手当、社員食堂、更衣室、安全管理、健康診断、病気休職などの福利厚生等についても、それぞれの給付の趣旨・性格に照らして、正規労働者と同様の状況に置かれている非正規労働者には同様に支給すること

が必要であることが述べられ、これらの点をガイドラインのなかでより具体的に示すことが提案された。樋口美雄議員からも同趣旨の提案がなされた。

もう1人の労働法学者である岩村正彦議員からは、

① 有期雇用とパートタイム雇用とでは処遇改善の処方箋は必ずしも同じでなく、有期雇用については正社員化を進め、労働生産性の向上につなげることが肝要であること

② 有期雇用・パートタイム雇用と正規雇用との処遇格差問題は、性などを理由とする差別のような人権侵害とは異なり、正社員を含む企業の賃金・処遇体系全体の見直しによって進めることが適切であること

③ 待遇差が不合理とは認められない事例・不合理と認められる事例を参考として示して、賃金処遇体系全体を見直す労使の協議交渉を促し、それを着実に進めるための方策を講じる（この労使の協議交渉に非正規労働者の意見が反映されるよう担保策を講じる）ことが肝要であること

④ これらの点を踏まえて今後の法整備を検討することが適切であること

が述べられた。

労使の代表として、経団連会長の榊原定征議員からは、基本的な方向性は共有しているが、日本の雇用慣行に十分留意する必要があり、それを踏まえ

たうえで均等・均衡を実現するという方向でガイドラインを取りまとめること，全国中小企業団体中央会会長の大村功作議員からは，ガイドラインの策定の際に中小企業の声を聞き，基準を明確化することと多数の事例を示すこととともに，同一労働同一賃金の実現にあたっては十分な猶予期間を確保してほしいこと，連合の逢見直人事務局長（神津里季生議員〔連合会長〕代理）からは，同一労働も経験や能力を含めて考えるべきもので，日本型雇用慣行の優れた点を生かしながら処遇改善を実現すべきこと，労働の現場に即した実効性のあるものとするためには労働政策審議会などで労使が議論することが不可欠であること，非正規労働者の処遇改善は職場の集団的労使関係を通じて実現することが不可欠であること，能力開発や正社員転換等も促進し総合的な政策で処遇改善に努めるべきことが，それぞれ述べられた。

　また，他の有識者議員からは，同一労働同一賃金は時間外労働の上限規制とセットで一体の改革として進めるべきであること（白河桃子議員），成果・役割・職責に対して報酬を支払う賃金制度の導入と学び直しの機会を提供することが重要であること（武田洋子議員），賃金だけでなく評価，教育，登用等の人事運営を共通化していくことで従業員の納得感やモチベーションの向上につながり組織力も強化されていくこと（新屋和代議員），賃金だけでなく職業訓練，福利厚生等の処遇改善も含めて均等・均衡な機会を提供し非正規という働き方をなくすとともに，正規の無限定な働き方も改革することで，デフレで傷んだ中間層を再興し，ますます希少資源となる人材を社会全体で育てていくことが必要であること（高橋進議員），同一労働の定義を明確にし解釈の違いが生まれないようにすることや正規・非正規にかかわらずフェアな評価をすることが重要であること（金丸恭文議員），日本的な「同一労働同一賃金」として教育訓練，福利厚生，賃金の職務部分については基本的には同等とすること，多様な働き方に対応できる選択肢を設計し転職や社内登用による正社員登用の機会を実現することが重要であること（田中弘樹議員）などの意見が出された。

　これらの議論を受けて，安倍総理は，

　「同一労働同一賃金は，賃金はもちろんのことでありますが，福利厚生や教育，あるいは研修の機会等にも恵まれていない点もあるわけでありまして，そういった処遇全般についても目を向けていく必要もあるだろうと思います。

また，正規と非正規の賃金差は，特に，大企業において顕著であり，是正する必要があると思います。

　今後の進め方でございますが，次回は，正規と非正規で賃金差がある場合に，どのような差が非合理的で，どのような差は問題とならないか，実例を含んだ政府のガイドライン案を提示し，御議論いただきたいと思います。

　加藤，塩崎両大臣は，準備を進めていただいているガイドライン案を，本日頂いた御意見も踏まえて，次回，提示できるようにお願いしたいと思います。その上で，その根拠となる法改正の在り方についても，御議論いただきたいと思います。

　ガイドラインについては，関係者の御意見や改正法案についての国会審議を踏まえて，最終的に確定していきたいと考えます。

　次回も，同一労働同一賃金について，御議論いただくこととなります。」
とした。

(4)　検討会「中間報告」

　この第4回実現会議と次の第5回実現会議（2016〔平成28〕年12月20日）の間に，検討会が3回開催され（第9～11回：12月5日・13日・16日），検討会の中間報告が取りまとめられた。

　そこで大きな議論となったのは，①欧州の制度といってもフランス，ドイツ，イギリスでは制度のあり方が異なり，また，日本とは背景にある雇用慣行や実態が異なっていることを考慮して，比較法的な示唆を導くことが必要であること，②将来の役割期待が賃金差を正当化する理由となるのかについては丁寧な検討が必要であること，③派遣労働者の均等・均衡確保のあり方については2015（平成27）年の職務待遇確保法（同一労働同一賃金推進法）および改正労働者派遣法との関係も含めさらに議論を尽くすことが必要であること，④ガイドラインの法的位置づけを明確にする必要があることである。これらの議論をもとに，第11回検討会（12月16日）に検討会の「中間報告」がまとめられた。

　その骨子は，

　① 同一労働同一賃金の実現方法はその前提にある各国の制度や取組みによって異なっており，それぞれの国の構造にあった対応策をとることが重

要であること

　② 日本では，ⓐ賃金決定のルール・基準の明確化，ⓑ職務・能力等と賃金を含む待遇水準との関係性の明確化，ⓒ能力開発機会の均等・均衡の促進を柱として，非正規社員の待遇改善を実現することが重要であり，ガイドラインはそのための重要な第一歩として位置づけられること

　③ ガイドライン「案」は現時点で効力を発生させるものではなく，適切な検討プロセスを経て制定・発効させることが望ましいこと

　④ 賃金決定の明確化に加えて，企業側の説明責任を強化するなど，個人の納得度を高める方策も必要であること

　⑤ 形式的な対応により職務分離等が広がってしまうことを防ぐためにも，ガイドラインを具体的に定め，適切な時期に発効させることが求められること

　⑥ 職務内容や人材活用の仕組みとは直接関連しない手当については比較的早期の見直しが可能と考えられるが，基本給については賃金表の作成等を通じて決定方法を明確化するなど段階を踏んだ取組みが求められること

　⑦ ガイドラインの制定・発効にあたっては，労使の取組みも含めそれぞれの企業の実情（企業規模や経緯等）に合わせた丁寧な対応が求められること

　⑧ 派遣社員については，他の非正規社員の待遇改善とは異なる方法をとることが適切か，その方法としてどのようなものがあるかも含めてさらに検討していく必要があること

である（→巻末資料3）。

(5)　第5回実現会議——「ガイドライン案」の公表

　2016（平成28）年12月20日に開催された第5回実現会議では，政府の「同一労働同一賃金ガイドライン案」（→巻末資料4）が提示され，その審議が行われた。ガイドライン案の骨子は，①正規雇用労働者（無期雇用フルタイム労働者）と非正規雇用労働者（有期雇用労働者，パートタイム労働者，派遣労働者）の間の不合理な待遇差の解消を目指すことを目的とし，②賃金のみならず，福利厚生，能力開発などを含め，③それぞれの給付の趣旨・目的に応じた均等または均衡待遇の実現を図ろうとするものであり，具体的には，基本

給（職業経験・能力に応じるもの，業績・成果に応じるもの，勤続年数に応じるもの，勤続による職業能力の向上に応じた昇給），手当（賞与，役職手当，特殊作業手当，特殊勤務手当，精皆勤手当，時間外労働手当，深夜・休日労働手当，通勤手当・出張旅費，食事手当，単身赴任手当，地域手当），福利厚生（食堂・休憩室・更衣室，転勤者用社宅，慶弔休暇，健康診断に伴う勤務免除・有給保障，病気休職，法定外年休・休暇），その他（教育訓練，安全管理）というそれぞれの給付について，均等または均衡待遇を実現するための基本的な考え方，および，典型的な事例として問題とならない例・問題となる例を示したものであった。

会議の冒頭，安倍総理は，

「本日は，いよいよ同一労働同一賃金の政府のガイドライン案を提示して，御議論いただきたいと思います。

我が国では，能力や経験など，様々な要素を考慮して働く方の処遇が決定されておりますので，私自身も，かつて，同一労働同一賃金の導入は直ちには難しいと申し上げてきました。

しかしながら，女性では結婚，子育てなどもあって，三十代半ば以降自ら非正規雇用を選択している方が多く，非正規雇用で働く方の待遇を改善し，女性や若者などの多様な働き方の選択を広げていきたいと思います。このため，何とかして，我が国に，同一労働同一賃金を導入したいと，私は考え続けてまいりました。

今回お示しする同一労働同一賃金のガイドライン案は，基本給が，職務に応じて支払うもの，職業能力に応じて支払うもの，勤続に応じて支払うものなど，その趣旨・性格が様々である現実を認めています。その上で，それぞれの趣旨・性格に照らして，実態に違いがなければ同一の，違いがあれば違いに応じた支給を求める。正規労働者と非正規労働者の間の不合理な待遇差を認めないが，我が国の労働慣行には，十分に留意したものといたしました。

また，その対象も，基本給，昇給，ボーナス，各種手当といった賃金にとどまらず，教育訓練や福利厚生もカバーしています。……

ガイドライン案については，今日，御意見をお伺いし，さらに，関係者の御意見，改正法案についての国会審議を踏まえて，最終的に確定していき，改正法の施行日に施行いたします。今後，ガイドライン案を基に，法改正の議論を行っていく考えであります。」

と述べた。

その後，検討会の柳川範之座長から検討会「中間報告」についての報告があり，各議員からは政府の「ガイドライン案」に対する意見が述べられた。

多くの議員から，ガイドライン案の目的や内容について概ね好意的な意見（生稲晃子議員，武田洋子議員，高橋進議員，水町勇一郎，樋口美雄議員，榊原定征議員，大村功作議員，三村明夫議員，白河桃子議員，新屋和代議員，田中弘樹議員）が出された。また，今後の進め方についての意見として，このガイドライン案の内容を実現するためにその根拠となる法改正の検討を進め早期に改正法案を国会に提出すること（高橋議員，水町，樋口議員），よりわかりやすく現場の実態を踏まえた仕組みとなるように労働政策審議会等で議論すること（神津里季生議員，三村議員），ガイドライン案の最終決定に至るまで委員間の議論を尽くし，決定後も実態との乖離を幅広く定期的に検証し実効性あるガイドラインに更新していくこと（金丸恭文議員），非正規労働者の意見を含め労使の協議・交渉の枠組みを設定し，正規・非正規全体を包括した賃金・処遇体系を見直す労使の協議・交渉を着実に進めていくこと（岩村正彦議員），法改正およびガイドラインの施行までには周知や労使の話合い等のための十分な準備期間を設けること（榊原議員，大村議員，三村議員），非正規労働者や中小企業など労使の意見を聞くための相談・対応窓口を作ること（大村議員，三村議員，白河議員）などの提案がなされた。さらに，法改正等の制度のあり方について，労働者が訴訟を提起できる状況にするために企業による説明等の仕組みを設けることが必要であること（樋口議員），派遣労働者の均等・均衡待遇のあり方については派遣固有の検討事項もあるためさらに具体的に検討を進める必要があること（水町，岩村議員）が指摘された。なお，待遇差の立証責任については，待遇差の合理性の立証責任を使用者が負うべきとする神津議員（連合会長）と不合理性要件を合理性要件に変えることは困難であるとする榊原議員（経団連会長）とで意見が分かれた。

このような形で，政府の「同一労働同一賃金ガイドライン案」が公表され，意見が交わされた。次の舞台は，このガイドライン案をもとにした法改正の議論に移ることとなった。

（6）　第6回実現会議

　年が明けた2017（平成29）年2月1日，第6回実現会議では，長時間労働の是正とともに同一労働同一賃金が議題とされた。

　同一労働同一賃金については，前々回（第4回）または前回（第5回）に出された意見と同様の意見として，労働政策審議会で議論を行うこと（樋口議員，神津議員，岩村議員），使用者に待遇差の説明義務を課して情報の非対称性をなくすこと（水町，樋口議員，榊原議員），有期雇用とパートタイム雇用は同一視できないこと（岩村議員），賃金体系全体を見直す労使交渉・協議を促す規定を設けること（岩村議員），改正法の施行まで一定の期間を設けること（田中議員），派遣労働者については特別の考慮も必要となること（樋口議員，高橋議員）が出された。

　また，この回で初めて提起された意見として，ガイドライン案に明示されていない退職金，家族手当等および不合理か否かが必ずしも明確でない部分については，裁判所で待遇差の不合理性を争えるようにすること（水町，樋口議員，榊原議員，高橋議員），裁判上のコストを回避できるように裁判外で当事者が利用できるADRの制度を整備すること（樋口議員，高橋議員）などが出された。

　なお，待遇差の不合理性の立証責任については，使用者が負うべきとの意見（神津議員）と使用者の立証責任には極めて慎重な検討が必要との意見（榊原議員）の対立がみられるなか，水町が，この点は「規範的要件」と呼ばれるものであり，使用者と労働者の双方がそれぞれ自らの主張を基礎づける事実について立証をし，裁判官が責任をもって判断すべきものである。ここでより重要なのは，使用者に待遇差についての説明義務を課し，不合理な待遇差がある場合に裁判での是正を容易にすることである，と述べた。

　安倍総理からは，

　「同一労働同一賃金の法制度の在り方について，様々な御意見をいただきました。大切なことは，不合理な待遇差の是正を求める労働者が，最終的には，実際に裁判で争うことが可能な法制度とすることであります。

　企業側しか持っていない情報のために，労使の話合いの際に労働者が不利になることのないよう，さらには，労働者が訴訟を起こせないといったこと

がないよう，法制度の在り方について，実行計画の取りまとめに向けて，御審議をお願いします。」
との発言があった。

（7） 検討会「報告書」

　これと並行して，検討会が3回開催され（第12〜14回：2017〔平成29〕年2月7日・20日，3月8日），同一労働同一賃金の法制度のあり方についての活発な議論を経て，3月15日，同検討会の報告書（「同一労働同一賃金の法整備に向けた論点整理」）が取りまとめられた。

　検討会で主に議論された点は，①司法判断の根拠規定の整備（判断の明確性），②説明義務・立証責任のあり方，③労使コミュニケーション，行政ADRなど履行確保のあり方，④派遣労働者に関する法整備のあり方，⑤法整備の枠組み・時間軸のあり方であった。これらの点について，委員のさまざまな意見を一本化するのでなく，意見の併記を含む考え方の整理を行うことに主眼を置いて，報告書の取りまとめが行われた（→巻末資料5）。

　報告書では，大きく，パートタイム労働法制・有期労働契約法制と労働者派遣法制の2つに分けて，論点整理がなされた。

　まず，パートタイム労働法制・有期労働契約法制については，

　① 司法判断の根拠規定（不合理な待遇差の禁止規定）で待遇の趣旨・性質に応じた考慮要素を勘案することを明確化することには，立法者意思の明確化，当事者の予見可能性の向上，紛争の予防というメリットがある一方，裁判官の裁量や労使自治の範囲を狭めてしまうとの指摘もあったこと

　② 説明義務の強化およびその内容の明確化の必要性については概ね意見の一致がみられたが，説明の際の比較対象者を雇用管理区分単位とすることには賛否両論があったこと

　③ 立証責任については「規範的要件」として労使双方が主張立証をし裁判官が判断するものであるが，EU式のように使用者に立証責任を課す方式に変更することには反対の意見があったこと

　④ 非正規労働者を含めた労使コミュニケーションを促進すること，行政ADRの制度を設けることには概ね意見の一致がみられたこと

　⑤ パートタイム労働者と有期契約労働者とを同じ法規制の下に置くか異

なる枠組みで規制するかについては両論があったこと

などが示されている。

　また，労働者派遣法制については

　① 派遣先労働者との均等・均衡を図ることに関し，派遣労働者がコスト削減目的で使用されることを避けるために重要とする意見に対し，職種別労働市場を形成している派遣にはなじまないなど慎重な意見が多数出されたこと

　② 派遣労働者の待遇改善を図る方法として，

　　ⓐ 派遣先との均衡ではなく職種別労働市場のなかで賃金相場を上げていくアプローチによるべき

　　ⓑ 派遣先との均等・均衡を原則としつつ派遣労働者のキャリア形成の視点から調整を行う仕組み等によるべき

　　ⓒ 規制の必要性が明らかな範囲に限定して派遣先との均等・均衡を求めることとすべき

など複数の提案があったこと

　③ 派遣先との均等・均衡を求める場合には派遣先から派遣元事業主への情報提供の履行確保が重要であり，また，派遣先の比較対象者について仮想比較対象労働者を認めることの適否などについて議論があったこと

　④ 派遣元での労使コミュニケーションにおいて派遣労働者の意見を反映させる方法が重要であること

などが指摘されている。

　さらに，改革全体に対し，

　① 中小企業等への配慮が必要であり，パートタイム・有期雇用・派遣労働者の3形態で規制導入のタイミングを合わせることを前提に施行まで一定の時間を確保すべきこと

　② 法整備とガイドライン案の関係等について労働政策審議会等で議論を尽くすことが必要であること

　③ 現状を正しく把握するために統計を整備する必要があること

などの意見が取りまとめられている。

（8）　第 8 回・第 9 回実現会議

　働き方改革のテーマ全般について議論がなされた 2017（平成 29）年 2 月 22 日の第 8 回実現会議では，同一労働同一賃金について，日本の労働慣行を踏まえたガイドライン案への評価（田中議員），ガイドライン案を踏まえた労使や企業の取組みを進める施策の重要性（水町），中小企業への周知や準備のための期間や総合的支援策の重要性（大村議員）などが指摘された。

　続く 3 月 17 日の第 9 回実現会議では，「働き方改革実行計画（骨子案）」が出され，実行計画の内容について議論がなされた。同一労働同一賃金に関する意見としては，正社員の定義を明確にして正規・非正規という表現の見直しを図ること（田中議員），「同一労働同一賃金」は中間所得層の復活や低所得層の底上げという分配政策強化の 1 つの方向性を示すものであり，そこに派遣労働者を含めることはすべての労働者の処遇改善を図る観点から重要であること（高橋議員），同一労働同一賃金，均等・均衡な能力開発・教育機会の提供，きめの細かいマッチング機能の強化を実行計画に盛り込むこと（樋口議員），非正規労働者の処遇改善につながる司法判断の根拠規定の整備を図ること（神津議員），中小零細企業に対する配慮と政策的支援の必要性（榊原議員，大村議員），労働政策審議会での議論によりガイドライン案のグレーゾーンをできるだけ少なくし内容の明確化を図ること（三村議員），すべての働く人が多様な働き方を自由に選択し最大限活躍できるという働き方改革の本来の目的に沿って各企業が行動できるような実行計画とすること（新屋議員），請負関係で優越的地位の濫用がなされないようきめ細かな取引条件の改善を図ること（岡崎議員）などが述べられた。

（9）　第 10 回実現会議——「働き方改革実行計画」の決定

　以上のような，実現会議での議論，および，検討会での報告書の取りまとめを経て，2017（平成 29）年 3 月 28 日の第 10 回実現会議（最終回）において，「働き方改革実行計画（案）」が提示された。

　この「実行計画（案）」では，「同一労働同一賃金など非正規雇用の処遇改善」について，本文で約 6 頁にわたり，次のような点が記載された。

　① 基本的な考え方として，同一労働同一賃金の導入は，仕事ぶりや能力

が適正に評価され，意欲をもって働けるよう，同一企業・団体における正規雇用労働者（無期雇用フルタイム労働者）と非正規雇用労働者（有期雇用労働者，パートタイム労働者，派遣労働者）の間の不合理な待遇差の解消を目指すものである。

② 政府が示した同一労働同一賃金のガイドライン案（→巻末資料4）は，正規か非正規かという雇用形態にかかわらない均等・均衡待遇を確保し，同一労働同一賃金の実現に向けて策定したものである。そこでは，基本給，賞与・各種手当，福利厚生・教育訓練の均等・均衡待遇の確保について，原則となる考え方を示すとともに，問題とならない例，問題となる例として事例を示している。ここで記載されていない待遇を含め，裁判で争えるよう法律を整備する。

③ ガイドライン案の実効性を担保するため，裁判で救済を受けることができるよう，法的根拠を整備する法改正を行う。具体的には，パートタイム労働法，労働契約法，労働者派遣法の改正を図ることとし，ⓐ均等・均衡待遇の根拠規定の整備，ⓑ待遇差の理由等についての使用者の説明の義務化，ⓒ行政ADRの整備，ⓓ派遣労働者については，派遣先労働者との均等・均衡待遇の確保を原則としつつ，派遣労働者の保護とキャリア形成とを両立させる要件を満たす労使協定を派遣元事業者が締結し実際に要件を履行している場合には例外として派遣先労働者との均等・均衡待遇を求めないこととする。

④ 中小企業を含め法施行までの十分な準備期間を確保するとともに，説明会の開催，相談窓口の整備など丁寧な対応を図り，また，待遇改善に積極的に取り組む企業への支援の仕組みを創設する。

これらのうち，①は2016（平成28）年6月の「ニッポン一億総活躍プラン」（→巻末資料2）を基本的に踏襲したもの，②は同年12月の第5回実現会議で公表された「同一労働同一賃金ガイドライン案」をそのまま採用しつつ，実現会議での意見を踏まえたもの，③は実現会議での意見および検討会報告書での論点整理を踏まえ，法改正の方向性を具体的に示したもの（ⓓは派遣先との均等・均衡を原則としつつ派遣労働者のキャリア形成との調整方式を採用したもの），④については実現会議や検討会での意見を踏まえたものといえる。

この「実行計画（案）」の提示を受けて，実現会議では，同一労働同一賃

金について次のような意見が交わされた。すなわち，派遣労働者については，派遣先労働者との均等・均衡を原則としつつ，例外として，派遣労働者の待遇改善と体系的なキャリアアップとの両立を図るための労使協定方式を採用した点は評価できること（高橋議員，水町），実行計画が画餅に終わらないよう労働政策審議会でのスピード感をもった審議と改正法案の早期国会提出が求められること（高橋議員，水町，樋口議員），集団的労使関係での実質的な話合いを促進するとともに，処遇のグレーゾーンについては事案に応じて裁判所で判断できるようにすること（神津議員），日本の雇用慣行に留意しながら同一労働同一賃金のガイドライン案を策定し法整備の方向性を固めたことは画期的なことであり，（経団連）会員企業に対して非正規労働者の正社員登用を含めた総合的な待遇改善を引き続き呼びかけていくこと（榊原議員），大企業の働き方改革が中小企業にしわ寄せされることがないよう，中小企業の実態を踏まえた検討と十分な猶予期間が必要であること（三村議員，大村議員），集団的労使関係を通した交渉・協議に非正規労働者の声も公正に反映させることが肝要であり，処遇格差の不合理性の考慮要素とするのが適切であること（岩村議員）などである。

　これらの意見交換の後，加藤勝信働き方改革担当大臣の発議により，「働き方改革実行計画」が正式決定された（→巻末資料6）。

　実現会議の最後に安倍総理から，

「関係大臣におかれては，本実行計画に丁寧に書き込まれた内容に忠実に従って，関係審議会の審議を終え，早期に法案を国会に提出していただきたいと思います。安倍政権は，法案の成立に全力を傾注してまいります。」

との発言があった。舞台は，労働政策審議会での審議および国会での法案審議へと移ることとなった。

4. 法案の作成

(1) 労働政策審議会「同一労働同一賃金部会」での審議と報告

　「働き方改革実行計画」の決定と安倍総理の指示を受けて，厚生労働省の労働政策審議会の場で法律案の作成と国会提出に向けた審議が行われることとなった。「同一労働同一賃金」関係は，パートタイム労働法，労働契約法，

労働者派遣法という3つの法律改正に及ぶものであり，同審議会の3つの分科会（労働条件分科会，職業安定分科会，雇用均等分科会）にまたがるものとなるため，3分科会の下にある部会として「同一労働同一賃金部会」を新たに立ち上げ，統一して審議が行われることになった。

　同部会では，2017（平成29）年4月から6月にかけて6回の会議が開催された（第1回：4月28日，第2回：5月12日，第3回：5月16日，第4回：5月30日，第5回：6月6日，第6回：6月9日）。そこでの審議を経て，同一労働同一賃金に関する法整備についての報告が取りまとめられ，厚生労働大臣への建議がなされた（同年6月16日）。公労使の三者構成による審議会で特に議論の対象となったのは，①待遇差の不合理性は個々の待遇ごとにその性質・目的に即して判断されるのか，複数の待遇を総合して判断することも可能か，②労使交渉の経緯等を待遇差の不合理性の考慮要素として明記すべきか，③事業主に課される待遇差の説明義務の比較対象者をどのように設定するか，④派遣先の派遣元への情報提供義務の履行をどのようにして担保するか，⑤派遣労働者の派遣先均等・均衡方式と労使協定方式は具体的にどのようなものとなるかであった。

　このような議論を受けて取りまとめられた「報告」（→巻末資料7）は，「働き方改革実行計画」を基本としつつ，次の点でより具体的な提案をしたものであった。

　① 待遇差の不合理性の判断は，個々の待遇ごとに当該待遇の性質・目的に対応する考慮要素で判断されるべきことを明確化する（ただし，個別の事案に応じ，非正規雇用労働者を含めた労使協議経過等を踏まえ，複数の待遇を合わせて不合理と認められるか否かを判断すべき場合もありうる）。

　② 不合理性の考慮要素として，「職務の成果」「能力」「経験」を明記する（労使交渉の経緯等は個別事案の事情に応じて「その他の事情」のなかに含まれうることを明確化する）。

　③ 派遣労働者については，ⓐ派遣先労働者との均等・均衡方式か，ⓑ労使協定方式の選択制とし，派遣先均等・均衡方式（ⓐ）の場合，派遣先が労働者の賃金等の待遇に関する情報提供義務を果たしていないときには派遣元事業主は労働者派遣契約を締結してはならないこととし，労使協定方式（ⓑ）については，派遣元事業主が，同種の業務に従事する一般の労働

者の賃金水準と同等以上である等の要件を満たす労使協定を締結し，同協定に基づき待遇決定をしていることを要件とする（省令等で労使協定の適正性を確保するための措置を講ずる）。

④ 事業主に課される待遇差の説明義務の比較対象者については，待遇差の説明を求めた非正規雇用労働者と，職務内容，職務内容・配置の変更の範囲等が最も近いと事業主が判断する無期雇用フルタイム労働者ないしその集団とし，待遇差とその理由，および，当該無期雇用フルタイム労働者・集団を最も近いと判断した理由を説明することとする（非正規雇用労働者が司法判断の根拠規定に基づいて不合理な待遇差の是正を求める際の比較対象は当該無期雇用フルタイム労働者・集団に限られるものではない）。

(2)　法律案要綱の作成

この労働政策審議会「同一労働同一賃金部会」の報告，同審議会から塩崎恭久厚生労働大臣への建議を受けて，厚生労働省において法案要綱が作成された。この法案要綱は，労働政策審議会への諮問，審議の対象とされ（同一労働同一賃金部会では 2017〔平成 29〕年 9 月 12 日に審議），同年 9 月 15 日，同審議会から加藤勝信厚生労働大臣に法律案要綱（→巻末資料 8）の答申がなされた[4]。この法律案は，働き方改革全般にわたり 8 本の法律の改正案を一括りにしたもの（いわゆる「働き方改革関連法案」。正式な題名は「働き方改革を推進するための関係法律の整備に関する法律案」）であった。そのなかで「同一労働同一賃金」関係については，有期雇用労働者についての労働契約法 20 条を削除し，パートタイム労働法のなかに有期雇用労働者も合わせて位置づけ，パートタイム労働者と有期雇用労働者とを基本的に同一の規制の下に置くパートタイム・有期雇用労働法案（パートタイム労働法を改正するもの。正式な題名は「短時間労働者及び有期雇用労働者の雇用管理の改善等に関する法律」案），および，労働者派遣法改正案という 2 つの法律案の形で盛り込まれた。

4）　なお，労働政策審議会「同一労働同一賃金部会」の報告に盛り込まれていた，不合理性の考慮要素として「職務の成果」「能力」「経験」を明記する（②）とされていた点は，法律案作成をめぐる内閣法制局との調整過程のなかで結果的に抜け落ち，法律案要綱のなかには反映されていない。しかし，これらの点が考慮要素として「その他の事情」のなかに含まれていることには何ら変わりはない。

5. 法案の成立

（1） 国会提出に至るまでの経緯

　パートタイム・有期雇用労働法案と労働者派遣法改正案を含む「働き方改革関連法案」は，当初，2017（平成29）年秋の臨時国会に提出され審議される予定であった。

　しかし，同年9月28日，同臨時国会の冒頭で衆議院が解散され，10月22日投票の総選挙に突入した。この総選挙において，各政党は，同一労働同一賃金を含む働き方改革の実行（自民党，公明党），同一価値労働同一賃金の実現（立憲民主党，希望の党，共産党）などを政権公約（マニフェスト）として掲げた。

　この総選挙で3分の2を超える議席を獲得した政府与党（自民党，公明党）は，働き方改革関連法案を最重要法案として2018（平成30）年の通常国会に提出し，その成立を目指すこととした。

　政府は，当初，同年2月に同法案を閣議決定し国会に提出する予定であった。しかし，同法案のなかの企画業務型裁量労働制の対象業務の拡大（労基法改正案）をめぐる労働時間データが不適切であった問題（いわゆる「不適切データ」問題）によって国会（2月開催の予算委員会）が紛糾し，企画業務型裁量労働制の改正部分は同法案から削除された。また，同法案をめぐる自民党の党内手続において，人手不足が深刻な中小企業の実態への配慮等を求める意見が強く出された。当初の法案では，施行時期は，労基法等の改正部分については2019（平成31）年4月1日，「同一労働同一賃金」に関する部分（パートタイム・有期雇用労働法案，労働者派遣法改正案）については2020（平成32＝令和2）年4月1日とされていたが，自民党内の意見を踏まえた調整により，中小企業（資本金・総出資額が3億円以下および常用労働者数が300人以下等のいわゆる「中小事業主」）については時間外労働の上限規制およびパートタイム・有期雇用労働法の施行時期をそれぞれ1年遅らせる（前者については2020〔平成32＝令和2〕年4月1日，後者については2021〔平成33＝令和3〕年4月1日とする）ことで自民党内の了承が得られ，同法案の内容もこのように修正された。

　このような調整を経て，政府は，2018（平成30）年4月6日に働き方改革

関連法案を閣議決定し，同日，同法案を国会に提出した。

(2) 国会での審議状況と法案の成立

2018（平成30）年4月27日，衆議院本会議で，加藤勝信厚生労働大臣による働き方改革関連法案の趣旨説明が行われ，自民，公明，維新の会からの質疑に対し，安倍内閣総理大臣，加藤厚生労働大臣，世耕弘成経済産業大臣からの答弁がなされた。同日，同法案は衆議院厚生労働委員会に付託され，同委員会で加藤厚労大臣による法案の趣旨説明が行われた。

加藤大臣は，同法案の「同一労働同一賃金」に関する部分の趣旨について，次のように述べている。

「急速に少子高齢化が進展する中において，働く方の働き方に関するニーズはますます多様化しており，非正規雇用で働く方の待遇を改善するなど，働く方がそれぞれの事情に応じた多様な働き方を選択できる社会を実現することが重要です。このことは，働く方の就業機会の拡大，職業生活の充実や労働生産性の向上を促進し，働く方の意欲や能力を最大限に発揮できるようにし，ひいては日本経済における成長と分配の好循環につながるものであります。」

働き方改革関連法案をめぐる衆議院厚生労働委員会での実質的な審議は，同年5月2日から行われた。その審議の多くは，与野党間の政治的対決点となった「高度プロフェッショナル制度」の導入問題（労基法改正案）や労働者の健康管理問題（労基法改正案，労働安全衛生法改正案等）に費やされたが，「同一労働同一賃金」（パートタイム・有期雇用労働法案，労働者派遣法改正案）についても，次のようないくつかの重要な質疑・答弁が行われた。

①「同一労働同一賃金の目的は非正規雇用労働者の待遇の改善であり，不合理に低くなっている方の待遇の改善を図るわけでありまして，……正規雇用労働者の待遇を引き下げようとするなど労働条件を不利益に変更する場合，これは，労働契約法上，原則として労使双方の合意が必要になります。／また，労使で合意することなく就業規則の変更により労働条件を不利益に変更する場合は，労働契約法の規定に照らして合理的な変更でなければならないとされているわけでありまして，……基本的には，同一労働同一賃金に対応するために，まさに各社の労使で合意することなく正社員

の待遇を引き下げることは望ましい対応とは言えない……。」(5月16日委員会：高橋千鶴子委員〔日本共産党〕の質問に対する加藤勝信厚生労働大臣答弁。5月23日委員会：西村智奈美理事〔立憲民主党〕の質問に対する加藤大臣答弁も同旨)

②「非正規雇用労働者は，不合理な待遇差の是正を求める際には，通常の労働者の中でどの労働者との待遇差について争うのか，これについては選ぶことができる……。」「どの人を選択して不合理だというのは，……事業所じゃなくて事業主全体の中で働いている中において比較する人をピックアップして，……この人ということは，これはまさに訴える側が選ぶことができる……。」(5月16日委員会：高橋千鶴子委員の質問に対する加藤大臣答弁)／「例えば〔事業主の説明義務として (＝筆者補充)〕説明を受けたときにはAという人であったとしても，そしてBという人については求めなかったとしても，裁判所においては，通常の労働者の中で，例えばBとの比較で待遇差を争うということもできるというふうに考えている……。」(5月23日委員会：西村智奈美理事の質問に対する加藤大臣答弁)

③「裁判上の立証責任について，どちらが負うかという議論，……訴訟においては，訴える側も訴えられる側もそれぞれが主張して立証していくということになるわけであります……。／ただ，待遇差に関しては企業側しか持っていない情報が多々あるわけでありますから，非正規雇用労働者もそれを知ることができて，そして訴訟において不利にならないようにしていくということが必要でありますので，今回の法案では，非正規雇用労働者が事業主に求めた場合，正規雇用労働者との待遇差の内容，理由等についても説明義務を事業主に課す，また，説明を求めたことを理由とする不利益取扱いは禁止するということを明文化している……。」(5月16日委員会：高橋千鶴子委員の質問に対する加藤大臣答弁)

④「事業主が……待遇差について十分な説明をしなかったと認められる場合にはその事実，そして，していなかったという事実も〔パートタイム・有期雇用労働法8条の (＝筆者補充)〕その他の事情に含まれ，不合理性を基礎づける事情としてこの司法判断において考慮されるものと考えている……。」(5月23日委員会：西村智奈美理事の質問に対する加藤大臣答弁)

　以上のような審議を経て，働き方改革関連法案は，同年5月25日の衆議

院厚生労働委員会において賛成多数で可決された。同法案には附帯決議が付けられたが，同一労働同一賃金関係では，

「四 中小企業・小規模事業者における働き方改革の確実な推進を図る観点から，その多様な労働実態や人材確保の状況，取引の実情その他の事情を早急に把握するとともに，その結果を踏まえて，長時間労働の是正や非正規雇用労働者の待遇改善に向けた賃金・設備投資・資金の手当てを支援するため，予算・税制・金融を含めた支援措置の拡充に向けた検討に努め，規模や業態に応じたきめ細かな対策を講ずること。併せて，新設される規定に基づき，下請企業等に対して著しく短い納期の設定や発注内容の頻繁な変更を行わないことを徹底すること。

……

十二 今回のパートタイム労働法等の改正は，同一企業・団体におけるいわゆる正規雇用労働者と非正規雇用労働者の間の不合理な待遇差の解消を目指すものであるということを，中小企業・小規模事業者や非正規雇用労働者の理解を得るよう，丁寧に周知・説明を行うこと。」

と決議された。

2018（平成30）年5月31日，同法案は，衆議院本会議で，自民党，公明党，日本維新の会，希望の党等の賛成多数で可決され，参議院へ送付された。

同年6月4日，参議院本会議で，加藤厚労大臣による同法案の趣旨説明が行われ，自民党，公明党，国民民主党・新緑風会，立憲民主党・民友会，日本共産党，日本維新の会からの質疑に対し，安倍内閣総理大臣，加藤厚労大臣，石井啓一国土交通大臣，林芳正文部科学大臣からの答弁がなされた。同日，同法案は参議院厚生労働委員会に付託され，同委員会で加藤厚労大臣による法案の趣旨説明が行われた。

参議院厚生労働委員会での実質的な審議は，翌日（6月5日）から行われた。同委員会では，上述した衆議院厚生労働委員会での質疑・答弁内容（①から④）に加えて，同一労働同一賃金に関し，次のような重要な質疑・答弁等が行われた。

① 「退職金制度は労働者にとって大変重要な待遇の一つでございますが，……その内容，性格が様々なものであるところから，今回お示ししておりますガイドライン案においても記載されていない……。／……退職金につ

きましても……〔改正法案（＝筆者補充）〕の不合理な待遇差の禁止の対象と
なり得るものと考えているところでございます。」（6月5日委員会：三浦信祐
委員〔公明党〕の質疑に対する宮川晃政府参考人〔厚生労働省雇用環境・均等局長〕
答弁）

　②「非正規雇用労働者が求めた場合の正規雇用労働者との待遇差の内容，
理由等の説明方法につきましては，例えば，書面では理解しにくい内容を
口頭で補足しながら説明した方がより理解あるいは納得感が増す場合もあ
ることが考えられるなど，一律に説明方法を定めるのではなく，非正規雇
用労働者が求める説明内容や説明方法など，個別の事情に応じた対応を可
能とすることが適切であると考えられております。」（6月5日委員会：浜口誠
委員〔国民民主党・新緑風会〕の質疑に対する宮川参考人答弁）

　③「パート・有期労働法〔の待遇差の説明義務（＝筆者補充）〕に関しては，
……事業主が業務の内容等が最も近いと判断する者を説明時の比較対象と
し，この最も近いと判断した理由を併せて説明するということが考えられ
ると思っております。／非正規雇用労働者としては，事業主の待遇差に関
する説明に納得できない場合には，その理由や説明が不十分であり，説明
義務が履行されていないと考える場合には，都道府県労働局に対して事業
主への指導等を求めることのほか，事業主に対して特定の者との待遇差に
ついて任意で説明をすることを求めることなどが考えられます。」（6月5日
委員会：浜口誠委員の質疑に対する宮川参考人答弁）

　④「〔派遣労働者の均等・均衡待遇原則の例外としての（＝筆者補充）〕労使協定
におきましては，例えば賃金の決定方法につきまして，一般の労働者の平
均的な賃金の額として厚生労働省令で定めるものと同等以上といった記載
ですとか，本人の職務内容，技能等を考慮して各人別に決定するといった
抽象的な記載では十分ではないと考えておりま〔す。〕」（6月5日委員会：浜
口誠委員の質疑に対する宮川参考人答弁）

　⑤「正規雇用労働者と非正規雇用労働者との間で待遇差が不合理であるか
否かを判断する際，職務内容，配置の変更範囲などを考慮するに当たって
は，客観的，具体的な実態に照らし判断すべきものと考えておりますし，
その判断に当たっては，就労規則等に明文化された定めがあれば，それも
一つの参考資料になるとは考えられますけれども，それだけではなくて，

過去の転勤の実態など，当該事業主における職務内容や配置の変更の実態，これを基に判断することになると考えております。」（6月14日委員会：山添拓委員〔日本共産党〕の質疑に対する加藤大臣答弁）

⑥「正規，非正規のそれぞれの労働者に関して，勤続年数に基づき賃金が決定される場合という，そういった給与であり処遇であれば，勤続年数が同一であれば同一の，違いがあれば違いに応じた支給が求められるということになるわけでありますので，勤続年数が違っていればどんな差でも許容されるというわけでは決してない……。／また，待遇の性質，目的によっては，勤続年数の違いにより待遇に差を設けることが認められない場合というのも当然あります。……例えば通勤手当や食事手当などはそういった事例になる……。」（6月19日委員会・東徹委員〔日本維新の会〕の質疑に対する加藤大臣答弁）

⑦「現行の労働契約法第20条，それからパートタイム労働法第8条におきまして，どのような場合に待遇差が不合理と認められるかどうか必ずしも明確ではないという課題があったわけでございまして，その点につきましては，まず第一に，条文上，待遇差につきまして，個々の待遇ごとに，当該待遇の性質，目的に照らして適切と認められる事情を考慮して判断されるべきこと，これを条文上明確化いたしました。あわせまして，どのような待遇差が不合理であるかを示すガイドラインの根拠規定を整備いたしました。また，派遣労働者についても同様の趣旨による規定を整備したところでございます。さらに，パートタイム労働者，有期雇用労働者及び派遣労働者につきまして，労働者に対する待遇に関する説明義務の強化，あるいは行政ADRの整備などを行っているところでございます。／これらによりまして，正規，非正規間の不合理な待遇差を解消し，非正規雇用労働者の待遇の改善を図っていきたいと考えております。」（6月26日委員会：福島みずほ委員〔社民党〕の質疑に対する宮川参考人答弁）

⑧「今回の法案による改正後のパート・有期労働法第8条の規定は，現行の労働契約法第20条と同様の効果があるものと認識をして……おります。」「今回の法案による改正後の労働者派遣法第30条の3第1項は，……パート・有期労働法第8条と同様の趣旨のものであり……，パート・有期労働法第8条としたがって同様の効果があるものと認識をして……おります。」

（6月28日委員会：小林正夫理事〔国民民主党・新緑風会〕の質疑に対する加藤大臣答弁）

⑨「労働者派遣法第30条の3第2項において差別的取扱いという文言を用いていないのは，派遣元事業主は，派遣先に雇用される通常の労働者の待遇を決定する立場にないということによるものであり，この規定の趣旨は，パート・有期労働法第9条と同様であるというふうに考えております。／したがって，労働者派遣法第30条の3第2項，パート・有期労働法第9条のいずれについても，いわゆる均等待遇規定であり，また私法上の効力を有するものであるというふうに認識をしております……。」（6月28日委員会：小林正夫理事の質疑に対する加藤大臣答弁）

以上のような審議を経て，働き方改革関連法案は，同年6月28日の参議院厚生労働委員会において賛成多数で可決された。同法案には参議院厚生労働委員会でも附帯決議が付けられたが，同一労働同一賃金関係では，

「三十二，パートタイム労働法，労働契約法，労働者派遣法の三法改正による同一労働同一賃金は，非正規雇用労働者の待遇改善によって実現すべきであり，各社の労使による合意なき通常の労働者の待遇引下げは，基本的に三法改正の趣旨に反するとともに，労働条件の不利益変更法理にも抵触する可能性がある旨を指針等において明らかにし，その内容を労使に対して丁寧に周知・説明を行うことについて，労働政策審議会において検討を行うこと。

三十三，低処遇の通常の労働者に関する雇用管理区分を新設したり職務分離等を行ったりした場合でも，非正規雇用労働者と通常の労働者との不合理な待遇の禁止規定や差別的取扱いの禁止規定を回避することはできないものである旨を，指針等において明らかにすることについて，労働政策審議会において検討を行うこと。

三十四，派遣労働者の待遇決定に関して以下の措置を講ずること。

1 派遣労働者の待遇決定は，派遣先に直接雇用される通常の労働者との均等・均衡が原則であって，労使協定による待遇改善方式は例外である旨を，派遣元事業主・派遣先の双方に対して丁寧に周知・説明を行うこと。

2 労使協定の記載事項の一つである『派遣労働者が従事する業務と同種の業務に従事する一般の労働者の平均的な賃金の額』に関して，同等以上

の賃金の額の基礎となる『一般の労働者の平均的な賃金の額』は，政府が公式統計等によって定めることを原則とし，やむを得ずその他の統計を活用する場合であっても，『一般の労働者の平均的な賃金の額』を示すものとして適切な統計とすることについて，労働政策審議会において検討を行うこと。

　3　労使協定における賃金の定めについては，対象派遣労働者に適用する就業規則等に記載すべきものである旨を周知徹底すること。

　4　労使協定で定めた内容を行政が適正に把握するため，派遣元事業主が，労働者派遣法第23条第1項に基づく事業報告において，改正労働者派遣法第30条の4に定めている5つの労使協定記載事項を，それぞれ詳しく報告することとし，その内容を周知・徹底することについて，労働政策審議会において検討を行うこと。

　三十五，使用者が，非正規雇用労働者に通常の労働者との待遇差を説明するに当たっては，非正規雇用労働者が理解できるような説明となるよう，資料の活用を基本にその説明方法の在り方について，労働政策審議会において検討を行うこと。

　三十六，『働き方改革』の目的，及び一億総活躍社会の実現に向けては，本法が定める均等・均衡待遇の実現による不合理な待遇差の解消とともに，不本意非正規雇用労働者の正社員化や無期転換の促進による雇用の安定及び待遇の改善が必要であることから，引き続き，厚生労働省が策定する『正社員転換・待遇改善実現プラン』等の実効性ある推進に注力すること。

　三十七，労働契約法第18条の無期転換権を行使した労働者について，労働契約法による無期転換の状況等を踏まえ，必要な検討を加えること。
　……

　四十，……短時間・有期雇用労働法及び労働者派遣法の適正な運用には，待遇改善推進指導官，雇用環境改善・均等推進指導官や需給調整指導官等の機能強化も重要であり，そのための体制の充実・強化や関係部署の有機的な連携・協力体制の増強を確保すること。……」
との決議がなされた。

　2018（平成30）年6月29日，同法案は，参議院本会議において自民党，公明党等の賛成多数で可決され，成立した。同年7月6日，働き方改革関連

法は公布された。

6. 法施行に向けての準備
——省令とガイドライン等の作成・発出

（1） 労働政策審議会「同一労働同一賃金部会」での審議と答申

　働き方改革関連法の成立を受け，そのなかの「同一労働同一賃金」にかかるパートタイム・有期雇用労働法および改正労働者派遣法の施行に向けた省令・指針の策定のために，労働政策審議会「同一労働同一賃金部会」での審議が再開された。同部会では，2018（平成30）年8月30日から同年11月27日まで，7回の会議が開催され（第9回：8月30日，第10回：9月10日，第11回：10月2日，第12回：10月10日，第13回：10月19日，第14回：11月16日，第15回：11月27日），主要な議題として，同一労働同一賃金ガイドライン（指針）の内容，待遇差の説明義務のあり方，労働者派遣における派遣先の情報提供義務の内容，例外となる労使協定方式の内容と周知等に関する審議が行われた。

　同部会での7回にわたる審議を経て，同年11月27日，根本匠厚生労働大臣からパートタイム・有期雇用労働法および改正労働者派遣法に係る省令案と指針案についての諮問がなされ（→巻末資料9），同一労働同一賃金部会として「おおむね妥当」との結論が得られた。この諮問の主な内容は，「働き方改革実行計画」（→巻末資料6），「同一労働同一賃金ガイドライン案」（→巻末資料4）を基本としつつ，2017（平成29）年6月9日の労働政策審議会報告「同一労働同一賃金に関する法整備について」（→巻末資料7），および，働き方改革関連法案に関する国会での審議状況（政府答弁，附帯決議）（→上記5(2)）を踏まえたものとなっている。その骨子（特にこれらの省令案・指針案で具体化された点）は，以下の点にあった。

　① 同一労働同一賃金ガイドライン（「短時間・有期雇用労働者及び派遣労働者に対する不合理な待遇の禁止等に関する指針」）について，2016（平成28）年12月の「同一労働同一賃金ガイドライン案」（→巻末資料4）を基本としつつ，ⓐ冒頭に「目的」と「基本的な考え方」を置き，その「基本的な考え方」のなかに，国会での審議内容を踏まえて，新たに雇用管理区分を設けたり

職務分離をしても不合理な待遇差の解消が求められること，労使合意なく正社員の待遇を引き下げることは望ましい対応とはいえないことを明記する，ⓑ最高裁長澤運輸事件判決（→本書83頁以下）を踏まえ，定年後再雇用であることは不合理性の判断の考慮事情となるが，ただちに不合理性が否定されるものではないことを明記する，ⓒ労働者派遣の場合の原則となる派遣先均等・均衡方式については短時間・有期雇用労働者のガイドライン案の記載内容を基本的に変更せずに記載をし，例外となる労使協定方式については改正法に沿って新たに記載する。

　② パートタイム・有期雇用労働法および労働者派遣法の施行規則（省令）として，ⓐ雇入れ時の労働条件の明示方法を労基法上の労働条件明示の方法（労基法15条，労基則5条）に合わせて広げる，ⓑ労働者派遣における労使協定方式の過半数代表者の選出方法，同種業務に従事する一般労働者の平均的な賃金の額，周知方法，事業報告書への協定の添付について定める，ⓒ派遣先の派遣元への待遇情報提供義務に関し，比較対象労働者の選定，提供すべき情報の内容，情報提供の方法等について定める。

　③ パートタイム・有期雇用労働法に基づく指針（短時間・有期雇用労働指針）において，通常の労働者との待遇の相違の内容と理由の説明に関し，比較対象となる通常の労働者，待遇の相違の内容および理由として説明すべき事項，説明の方法を定める。

　④ 派遣元事業主が講ずべき措置に関する指針（派遣元指針）において，比較対象労働者との待遇の相違の内容と理由の説明に関し，派遣先均等・均衡方式の場合の説明の内容と方法，労使協定方式の場合の説明の内容と方法等を定める。また，派遣先が講ずべき措置に関する指針（派遣先指針）において，ⓐ派遣先の病院，保育所，保養施設等の施設利用に関する配慮，ⓑ派遣料金額についての派遣先の配慮は労働者派遣契約の締結・更新時だけではなく，当該契約の締結・更新後も求められること等を定める。

　以上のような諮問および同一労働同一賃金部会からの報告を受け，同年12月21日，労働政策審議会職業安定分科会においても同様の結論に至り，同日，樋口美雄労働政策審議会会長から根本厚生労働大臣への答申がなされた。

(2) 省令，ガイドライン等の発出と施行に向けた取組み

　以上のような労働政策審議会同一労働同一賃金部会での審議と同審議会の答申を受け，2018（平成30）年12月28日，同一労働同一賃金ガイドライン（正式名称は「短時間・有期雇用労働者及び派遣労働者に対する不合理な待遇の禁止等に関する指針」〔→巻末資料10〕）が公布された（平30・12・28厚労告430号）。また，同日，改正パートタイム労働法（パートタイム・有期雇用労働法）・改正労働者派遣法の施行規則（平30・12・28厚労省令153号による改正），および，短時間・有期雇用労働指針の改正（平30・12・28厚労告429号），派遣元指針の改正（同427号），派遣先指針の改正（同428号）もあわせて公布された。

　同一労働同一賃金ガイドラインを含むこれらの省令・指針については，パートタイム・有期雇用労働法，改正労働者派遣法とあわせて，2020（令和2）年4月（中小事業主についてはパートタイム・有期雇用労働法の施行は2021〔令和3〕年4月）に施行されることとなっている。

　政府は，これらの法令の円滑な施行に向けて，とりわけ対応が難しいことが予想される中小企業・小規模事業者を支援するために，次のような取組みを行っている。

　① 働き方改革に関する総合的な支援を目的に，民間団体等に委託して，47都道府県に「働き方改革推進支援センター」を設置し，社会保険労務士などの専門家によるワンストップ型の相談支援などを行う。

　② パートタイム・有期雇用労働法の理解を促進し，不合理な待遇差の解消に向けて事業主が何から着手すればよいのかを指南する「パートタイム・有期雇用労働法対応のための取組手順書」を作成・公開し（2019〔平成31〕年1月），周知啓発を図る。

　③ 非正規雇用労働者が多い業界を中心に，各企業が賃金制度を含めた待遇全般の点検を円滑に行えるようにするための業界別の「同一労働同一賃金導入マニュアル」（正式なタイトルは「不合理な待遇差解消のための点検・検討マニュアル」：スーパーマーケット業界，食品製造業界，印刷業界，自動車部品製造業界，生活衛生業，福祉業界，労働者派遣業界および業界共通編）を作成・公開し（2019年3月），周知啓発を図る。

　④ パートタイム労働者と正社員との基本給に関する均等・均衡待遇の現

状を確認し，等級制度・賃金制度を見直すためのガイドとなる「職務評価を用いた基本給の点検・検討マニュアル」を作成・公開し（2019年3月），専門家（職務評価コンサルタント）を企業に派遣するなど職務分析・職務評価の導入支援を行う。

⑤ 非正規雇用労働者のキャリアアップを促進するため，正社員化や処遇改善の取組みを実施した事業主に対して「キャリアアップ助成金」を支給する。

以上のように，中小企業・小規模事業者を含めて正規雇用労働者と非正規雇用労働者の間の不合理な待遇差の解消が円滑に進められることを目指して，政府は多様な取組みを展開している。

さらに，2019（令和元）年7月には，派遣労働者の待遇に関する労使協定方式において同種の業務に従事する一般労働者の平均的な賃金額を，賃金構造基本統計調査および職業安定業務統計等に基づいて職種別に示す厚生労働省職業安定局長通達が発出された（令元・7・8職発0708第2号〔→巻末資料11〕参照）。

第 2 章

法改正の前史
「正規・非正規格差」とこれまでの法的対応

　改正法の内容（→第 3 章）をみていく前に，時計の針を大きく戻し，今回の改革以前の日本の状況を簡単に振り返っておこう。本章では，今回の改革の背景と意義を知るために，これまでの日本において，正規・非正規労働者間の待遇格差問題がどのような形で存在し推移してきたのか，これに対しどのような法的対応がとられてきたのかを概観する（条文はいずれも当時）。

1. 臨時工問題からパートタイム労働問題へ

　「その本質において臨時工たらざる者は――名稱形式の如何に拘らず――傭入れの當初より本工たりし者としての取扱ひを受くべきである」[1]。

　労働法学者の後藤清は，1936（昭和 11）年，当時浮上していた臨時工と本工の待遇格差問題についてこのように述べ，臨時工についても実態に応じた待遇を求める見解を示した。今日の非正規労働者をめぐる問題の原点は，この当時に遡る。

　1931（昭和 6）年に勃発した満州事変後の軍需景気は臨時工の増大をもたらし，臨時工問題が重大な社会問題として浮上するに至った。1933（昭和 8）年 9 月には，臨時工の解雇に際し法（工場法施行令 27 条ノ 2）所定の予告手当の支給を拒んだことに端を発して三菱航空機名古屋製作所で争議が起こり，

1）　後藤清「臨時工と解雇手当」民商法雑誌 4 巻 6 号（1936 年）1299 頁。

1935（昭和10）年7月には就業規則所定の解雇手当（退職手当）を臨時工にも支給することを命じた戸畑鋳物事件大阪区裁判所判決[2]が出た。当時の議論の中心は，これらの事件で問題となった，法所定の解雇予告手当および就業規則上の解雇手当を本工化した臨時工にも支給すべきかという点にあった。日本における正規・非正規労働者間の待遇格差問題は，1935年前後の本工・臨時工問題を端緒とし，その後形を変えながら展開されていった[3]。

　その後，第二次世界大戦を経て，終戦後しばらくは本工を人員整理する時期であったため臨時工問題は影を潜めた。しかし，1950（昭和25）年に朝鮮戦争が勃発し，特需景気のなかで再び臨時工が増大すると，臨時工をめぐる法律問題が総花的に論じられるようになる。当時論じられた主要な問題としては，①本工組合の労働協約の臨時工への拡張適用の可否，②本工就業規則の臨時工への適用の可否，③臨時工と本工間の均等待遇原則（同一労働同一賃金原則）の成否，④有期臨時工契約の期間満了への解雇制限規定（労基法20条）の適用の有無などが挙げられる[4]。

　1950年代後半（昭和30年代前半）には，臨時工は好不況の波のなかで若干の増減を繰り返しつつ増加基調をたどっていくが，1960年代（昭和30年代後半）になると高度経済成長による労働力不足のなかで臨時工の増勢は鈍化し，むしろ臨時工の本工登用が進んでいく。このような社会状況のなか，臨時工をめぐり展開されてきた法的論争は下火となっていく[5]。

　1960年代以降本工化し減少していった臨時工に代わり，労働力不足を補う新たな労働力供給源として労働市場に登場し増加していったのが，主婦を中心とするパートタイム労働者であった。このような状況変化のなかで，臨時工をめぐる古典的な法律論争が下火となる一方，パートタイム労働者をめ

2）　戸畑鋳物事件・大阪区裁判所判決昭和10・7・24法律新聞3884号特報〔就業規則の趣旨が臨時工への退職手当の支給を予定していないとしても，本工と同等の労働に従事していた臨時工はこれに該当せず，本工と同じく退職手当を請求できると判示〕。

3）　臨時工をめぐる法律問題の歴史については，水町勇一郎「非典型雇用をめぐる法理論——臨時工・パートタイム労働者をめぐって」季刊労働法171号（1994年）114頁以下，濱口桂一郎「非正規雇用の歴史と賃金思想」大原社会問題研究所雑誌699号（2017年）4頁以下など参照。

4）　当時の代表的な論攷としては，有泉亨「労使関係と臨時工」労働教育2巻8号（1951年）3頁以下，峯村光郎『臨時工——その実態と法律問題』（要書房，1952年）などがある。

5）　水町・前掲注3）115頁以下・121頁以下参照。

ぐる法律問題が新たに検討の対象とされるようになっていった。

　この時期のパートタイム労働をめぐる議論の中心は，短時間労働ゆえの特殊な解釈問題，すなわち，そもそもフルタイム労働者を想定して制定された労基法を短時間労働者に適用する際の解釈問題（とりわけ労働時間，休憩，休日，有給休暇をめぐる問題）にあった。また，それまで臨時工問題として論じられてきた短期労働契約の反復更新をめぐる問題は，パートタイム労働者にも同様に妥当する問題として継続的に議論されていくことになる[6]。さらに，1970年代後半（昭和50年代前半）になると，従来，臨時工をめぐって論じられていた均等待遇原則（同一労働同一賃金原則）が，パートタイム労働者をめぐる問題として議論されるようになっていく[7]。

2. 1993年パートタイム労働法の制定へ

(1) 「パートタイム労働者保護法」
「パートタイム労働者福祉法」の頓挫

　1980年代（昭和50年代後半）になると，国会や政府においても，パートタイム労働対策を講じる動きが始まる。女性を中心としたパートタイム労働者の急激な増加という量的変化とともに，勤続期間の長期化，職域の拡大，さらにはサービス産業を中心に基幹労働力化という質的変化がみられているにもかかわらず，賃金面では一般労働者との間に大きな格差がみられ，また，景気変動期には雇用の調整弁として利用されるという実態（一般正社員との間の労働条件・雇用管理面での大きな壁の存在）のなか，パートタイム労働者についての対策の必要性が政治的課題として浮上していったのである。

　まず，1984（昭和59）年に，公明党および社会党がそれぞれ，均等待遇の確保を主眼としたパートタイム労働者保護法案を国会に提出した。これに対

6）　川口実『特殊雇用関係（労働法実務大系15）』（総合労働研究所，1974年）は，それまでの臨時工をめぐる議論を整理・総括するとともに，パートタイム労働者をめぐる法律問題について包括的な解説・検討を行っている。

7）　橋詰洋三「パート・アルバイターをめぐる労働法上の問題点」季刊労働法110号（1978年）29頁以下，本多淳亮「パートの労基法違反がなぜ続発するか——パートタイマーの性格と労働基準監督上の課題」同127号（1983年）4頁以下など。

し，政府は，現時点ではなおパートタイム労働者をどのような就労形態で定着させるのかについての合意が形成されていないとして立法化を拒否した。これに代わり，政府は，同年，「パートタイム労働対策要綱」（いわゆる「要綱」）を策定し，労働条件の明確化，労働条件・雇用管理の適正化等の行政指導を行っていくことで，これに対応した。

その後，1987（昭和62）年には，労働省の委託を受けて設置された「女子パートタイム労働対策に関する研究会」が報告書を提出，そのなかでパートタイム労働者を福祉面からサポートする「パートタイム労働者福祉法」の制定が提案され[8]，これを受けて，1988（昭和63）年には，公労使の三者からなる「パートタイム労働問題専門家会議」が設置された。しかし，この会議でも，立法化の是非およびその内容についての労使の見解の対立は解消されなかった。また，1989（平成元）年に，雇用保険のパートタイム労働者（週22時間〔現行は20時間〕以上の労働者）への適用拡大を図る雇用保険法改正が行われたが，一般的なパートタイム労働対策としては，従来の「要綱」を強化・拡充した「パートタイム労働者の処遇及び労働条件等について考慮すべき事項に関する指針」（いわゆる「指針」）が労働大臣告示の形式で発出されるにとどまった[9]。

(2) 「パートタイム労働法」の制定

その3年後の1992（平成4）年2月，当時の野党4党（社会党，公明党，民社党，社民連）が共同で，均等待遇原則の確立を主眼としたパートタイム労働法案（いわゆる「4野党法案」）を国会に提出した。これを契機に，立法化へ向けての波が急激に高まることになる。政府・国会内の政治的折衝のなかで，政府自民党側も法案を用意してパートタイム労働法制定へ乗り出すことが与野党間の約束とされるに至ったのである。

8）「パートタイム労働者福祉法（提案）」の内容については，労働省婦人局編『パートタイム労働の展望と対策』（婦人少年協会，1987年）参照。

9）なお，このような経過のなかで，1987（昭和62）年には，短時間労働者に対する年次有給休暇の比例的付与制度を導入する労基法改正が行われ（1988〔昭和63〕年4月施行），また，1990（平成2）年には，短時間労働者について掛金月額下限の特例を設ける中小企業退職金共済法改正が行われた（1991〔平成3〕年4月施行）。

これを受けて，労働省は，同年7月，公労使三者構成の「パートタイム労働問題に関する研究会」を設置した。同研究会は，同年12月，パートタイム労働対策の方向性を示した報告書を提出，政府は，この報告書をもとに法案を作成し，1993（平成5）年3月，「短時間労働者の雇用管理の改善等に関する法律案」として国会に提出した。同法案は，衆議院で一部修正を受けた後，同年6月11日に参議院本会議で可決，ここにわが国で初めてのパートタイム労働立法である「短時間労働者の雇用管理の改善等に関する法律」（いわゆる「パートタイム労働法」）が成立するに至った[10]。

3. 1993年パートタイム労働法の課題と2007年改正

(1) 1993年パートタイム労働法の性格と課題

1993（平成5）年に制定されたパートタイム労働法は，その適用対象者である「短時間労働者」を「1週間の所定労働時間が同一の事業所に雇用される通常の労働者……に比し短い労働者」と定義し（2条），短時間労働者の雇用管理の改善および職業能力の開発・向上を推進することにより，その福祉の増進を図ることを目的とした法律であった（1条）。その施策のポイントは，「指針」（本書44頁）に法律上の根拠を設け（当時8条），パートタイム労働者の雇用管理の改善を図ること（例えば労働条件に関する文書の交付〔当時6条〕，就業規則の作成・変更における短時間労働者の過半数代表の意見聴取〔当時7条〕，短時間雇用管理者の選任〔当時9条〕について事業主の努力義務が定められた）にあ

---

10) パートタイム労働法制定の経緯と課題については，大脇雅子「パートタイム労働者をめぐる立法論的課題」季刊労働法151号（1989年）7頁以下，諏訪康雄「パート労働の焦点と法案の見通し——多様なパート処遇の見極めと法的整備」労働法学研究会報1910号（1993年）2頁以下，山田省三「『パートタイム労働法案』の内容と問題点」労働法律旬報1309号（1993年）6頁以下，大脇雅子＝諏訪康雄＝清家篤＝高梨昌〔座談会〕パートタイム労働をめぐる現状と課題」ジュリスト1021号（1993年）8頁以下，小嶌典明「パートタイム労働と立法政策」同号39頁以下，諏訪康雄「非正規労働者の雇用関係I——パートタイム労働者と法」秋田成就編著『日本の雇用慣行の変化と法』（法政大学現代法研究所，1993年）213頁以下，水町勇一郎「パートタイム労働法の経緯と問題点」日本労働研究雑誌403号（1993年）30頁以下，松下乾次「パート労働法」日本労働法学会誌82号（1993年）170頁以下，大脇雅子「パートタイム労働法の概要と問題点」季刊労働法170号（1994年）6頁以下，水町勇一郎『パートタイム労働の法律政策』（有斐閣，1997年）12頁以下など参照。

った。このように，この法律は，かつて立ち消えとなった「パートタイム労働者福祉法（提案）」（本書44頁）の基本的枠組みを受け継いだものであり，パートタイム労働者を福祉面からサポートするという性格を強くもっていた。

　このようにして制定されたパートタイム労働法は，パートタイム労働者（さらには非正規労働者）の雇用管理に関する一般的な対策を定めた日本で初めての立法であるという点で，重要な意義をもつものだった。しかし，この法律は，なお次のような問題点・課題をもっていた。①「短時間労働者」を適用対象としているために，所定労働時間が正社員と同じ非正規労働者（いわゆる「フルタイム型パート」「疑似パート」など）が適用対象外とされていること[11]，②法規制の方法として，努力義務規定に沿って行政指導を行うことを柱とした立法であり，その実効性確保の点で問題があること，③既婚のパートタイム労働者（特に短時間・低年収の主婦）を優遇し主婦パートタイム労働者の就業調整を生む原因となっている社会保険・税制度（短時間労働者への社会保険適用免除，短時間・低年収被扶養配偶者の国民年金第三号被保険者制度，税制上の配偶者特別控除・配偶者控除制度）について何ら対策を講じていないこと[12]である。

---

11)　このような取扱いがなされた背景には，フルタイム型パートをめぐる問題は，正社員と非正社員との身分格差という日本の雇用管理システムのあり方自体にかかわるより広範な問題であるため，この点は別途進められている労働契約法制の見直しの審議に委ねることとし，パートタイム労働法では本来の意味でのパートタイム労働者（短時間労働者）に焦点を絞って対策を立てようとする考え方があったとされている（諏訪・前掲注10）労働法学研究会報1910号21頁以下参照）。この問題は，その後約20年を経た2012（平成24）年に有期雇用労働者の保護を定めた改正労働契約法が成立したこと（本書51頁）により，部分的に解決をみることになる。
12)　社会保険・税制度をめぐる問題は，その後，パートタイム労働法とは法制度的に別の問題として見直しが検討されていくことになる。健康保険および厚生年金保険については，いわゆる「税と社会保障の一体改革」の一環として2012（平成24）年8月に成立した年金機能強化法により，その適用範囲が拡大され，①週所定労働時間が20時間以上，②月額賃金が8万8000円以上（年収106万円以上）で，③当該事業場に1年以上使用されることが見込まれる者は，被保険者にあたる（ただし生徒・学生等で厚生労働省令で定める者は適用除外）との制度改正がなされた（健康保険法3条1項9号，厚生年金保険法12条5号。2016〔平成28〕年10月から労働者数501人以上の企業，2017〔平成29〕年4月からは500人以下の企業でも労使で合意がなされた場合を対象に施行）。また，2017年の税制改正法により，配偶者特別控除および配偶者控除の適用範囲が2018（平成30）年からそれぞれ年収201万円以下および年収150万円以下に引き上げられている。

（2） 改正に向けた検討・審議

　この法律の施行3年後見直し規定（附則2条）を受けて設置された「パートタイム労働に係る調査研究会」は，1997（平成9）年8月，施策の方向性として，パートタイム労働者の処遇改善のためには就業実態に応じたタイプごとに合理的な雇用管理のあり方を考えることが必要であることなどを提言した報告書を発表した。これに対し，労働省女性少年問題審議会は，1998（平成10）年2月，「〔労使が〕どのように『通常の労働者との均衡』を考えるかについての……物差しづくり……が必要であり，このため労使も含め，技術的・専門的な検討の場を設けることが……必要」との建議をまとめた。

　これを受けて同年に設置された公労使三者構成の「パートタイム労働に係る雇用管理研究会」では，パートタイム労働者と正社員との均衡を考慮するための具体的な指標（物差し）を作るための検討作業が行われた。2000（平成12）年4月に取りまとめられた同研究会報告では，

　① 正社員との「職務の同一性」（通常従事する作業が同じかどうか等）に着目して，正社員と同じ職務を行うパートタイム労働者（Aタイプ）と正社員と異なる職務を行うパートタイム労働者（Bタイプ）に分けて整理することができること

　② Aタイプについては，処遇や労働条件の決定方式を正社員と合わせていく方法があるが，残業，休日出勤，配置転換，転勤がないまたは少ないという事情がある場合には合理的な範囲で差を設けることもありうること

　③ Bタイプについては，職務や職務遂行能力に見合った処遇や労働条件を考えることが重要であり，それを踏まえて賃金，賞与，退職金等のあり方を検討することが適切であること

などが提言された。

　その後，2001（平成13）年に設置された「パートタイム労働研究会」では，上記の「パートタイム労働に係る雇用管理研究会」報告の考え方をもとに，それを政策的に具体化する検討作業を行い，2002（平成14）年7月，

　① 日本において柔軟で多様な働き方を望ましい形で広げていくには「日本型均衡処遇ルール」の確立が必要であること

　② 目指すべき法的ルールとしては，同一職務で合理的理由がないケース

では処遇決定方式を正社員に合わせること（均等処遇原則タイプ），合理的理由があるが現在の職務が正社員と同じケースでは幅広く均衡配慮措置を求めること（均衡配慮義務タイプ）の2つの組み合わせが考えられること

③ 法整備への国民的合意形成のためにも何が均衡かについて示したガイドラインの策定が必要であること

などを提言した最終報告をまとめた。

　この報告を受け，労働政策審議会雇用均等分科会において労使を含めた検討が行われたが，法律改正についての労使合意が得られるには至らず，2003（平成15）年に「指針」の改正が行われるにとどまった。

（3） 2007 年改正

　しかしその後，国会や政府において，法律改正に向けた声が高まっていく。1990年代後半以降のグローバル競争の進展のなか，コスト削減のために正社員をパートタイム労働者や派遣労働者等の非正規労働者に置き換える動きが広がり，パートタイム労働者が量的に増加しただけでなく，その対象が家庭の主婦層から，正社員として就職できない若年者やシングルマザー等にも広がっていったため，低賃金による生活困難（ワーキング・プア）問題が深刻な社会問題として顕在化していった。また，少子高齢化による労働力不足が予測されるなか，女性や高齢者などの能力を積極的に活用するという政策的要請から，その多様な希望や制約に適う柔軟で良好な雇用形態としてパートタイム労働の環境整備を行う必要性も高まっていった。このような社会的背景のなか，2006（平成18）年の男女雇用機会均等法・労基法改正の附帯決議や，政府の「経済財政運営と構造改革に関する基本方針2006」（同年7月7日閣議決定）の「再チャレンジ支援」において，正規・非正規労働者間の均衡処遇を目指すという目標が掲げられた。

　これを受けて，労働政策審議会雇用均等分科会では，パートタイム労働法改正に向けた審議が重ねられ，同年12月，①労働条件の明示等，②均衡待遇の確保の促進，③通常の労働者への転換の促進，④苦情処理・紛争解決援助などについて法的整備を行うことが適当であるとする建議を，使用者側委員の意見（「内容についての理解と浸透を図った上で，実態に即した施行がなされるべきである」）を付す形で，行った。この建議に基づき，2007（平成19）年，

1993（平成5）年に制定されたパートタイム労働法をほぼ全面的に改正するパートタイム労働法改正案が国会に提出され，5月25日，参議院本会議で可決・成立した（2008〔平成20〕年4月施行）。

　2007（平成19）年改正のポイントは，①事業主の文書による労働条件明示の義務化（違反には過料の制裁あり）と説明義務の新設，②差別的取扱いの禁止，③均衡待遇の推進，④通常の労働者への転換の推進，⑤紛争解決手続の新設の5点にあった[13]。なかでも，同改正は，差別的取扱いの禁止（②）として，ⓐ職務内容（職務に伴う責任の程度を含む）が通常の労働者と同一の短時間労働者であること，ⓑ期間の定めのない労働契約を締結していること（または有期労働契約の反復更新により無期労働契約と同視することが相当と認められること〔当時8条2項〕），ⓒ雇用関係の全期間において職務の内容・配置が通常の労働者と同一の範囲で変更されると見込まれること，という3つの要件を満たすものを「通常の労働者と同視すべき短時間労働者」と定義し，当該労働者については，短時間労働者であることを理由として，賃金の決定，教育訓練の実施，福利厚生施設の利用その他の待遇について，差別的取扱いをしてはならないと規定した（当時8条1項，2018〔平成30〕年改正前9条）。また，「通常の労働者と同視すべき短時間労働者」にあたらない短時間労働者については，均衡待遇の推進（③）として，通常の労働者との均衡を考慮しつつ賃金を決定するよう努めること（当時9条1項[14]），通常の労働者に職務の遂行に必要な能力を付与するための教育訓練を実施する場合，職務内容が通常の労働者と同一の短時間労働者にも原則として同じ教育訓練を実施すること（当時10条1条，2018〔平成30〕年改正前11条1項[15]），通常の労働者が利用する福利厚生施設（給食施設，休憩室，更衣室）の利用機会を短時間労働

---

13)　2007年改正の意義，内容と課題については，両角道代「均衡待遇と差別禁止——改正パートタイム労働法の意義と課題」日本労働研究雑誌576号（2008年）45頁以下，川田知子「パートタイム労働者と正規労働者との均等待遇——法改正の動向と最近の裁判例を中心に」法学新報121巻7・8号（2014年）47頁以下など参照。

14)　職務内容が通常の労働者と同一の短時間労働者については，通常の労働者と同じ範囲で職務や配置を変更される期間があれば，その期間中は通常の労働者と同じ方法で賃金を決定するよう努めることも求められている（当時同条2項）。

15)　それ以外の教育訓練については，職務内容が同一であるか否かを問わず，その職務内容，意欲，能力等に応じて，短時間労働者に対して教育訓練を実施するように努めることが求められている（当時10条2項，2018〔平成30〕年改正前11条2項）。

者にも与えるよう配慮すること（当時 11 条，2018〔平成 30〕年改正前 12 条）を
求める規定を法律上定めた。

　1993（平成 5）年に制定されたパートタイム労働法が，事業主や労使の自
主的な取組みを重視し，法的には努力義務を定めるのみであったのに対し，
2007（平成 19）年改正は，労働条件の明示（文書交付）を違反に対する過料の
制裁付きで義務化し，一定の要件を満たしたパートタイム労働者について差
別的取扱いを禁止するなど，事業主に法的義務を課す実質的な規制として大
きく一歩を踏み出したものといえる[16]。

　しかし同時に，同改正は問題点も内包していた。第 1 に，差別的取扱い禁
止規定の要件（とりわけ©雇用関係の全期間において職務の内容・配置が通常の労
働者と同一の範囲で変更されると見込まれること）が高く設定されているため，
その適用対象者が極めて狭く限定されること[17]，第 2 に，均衡待遇を定めた
規定についても，直接私法上の効果を発生させるわけではない努力義務規定
にとどまっているため，格差是正の効果に疑問があること[18]である。実際に，
その後の実証分析によって，パートタイム労働者と一般労働者との賃金格差
は，2007 年改正法の施行後も縮小していないことが示されている[19]。この
2007 年改正の問題点（格差是正効果の欠如）が，次なる法改正へとつながる
伏線となる。

4. 2012 年労働契約法改正と
2014 年パートタイム労働法改正

（1）　2009 年政権交代と新成長戦略

　2007（平成 19）年改正法の施行後も，正規・非正規労働者間の待遇格差問

---

16)　両角・前掲注 13)45 頁，川田・前掲注 13)51 頁以下参照。
17)　その後の調査報告により，差別的取扱い禁止規定（当時 8 条）の 3 要件を満たすパートタイム
　　労働者は全体の 0.1％であると分析されている（厚生労働省「今後のパートタイム労働対策に
　　関する研究会報告書」〔2011 年〕7 頁・図表 24 参照）。阿部未央「改正パートタイム労働法の政
　　策分析——均等待遇原則を中心に」日本労働研究雑誌 642 号（2014 年）45 頁以下参照。
18)　川田・前掲注 13)54 頁以下参照。
19)　川口大司「改正パートタイム労働法はパートタイム労働者の処遇を改善したか？」日本労働
　　研究雑誌 642 号（2014 年）53 頁以下。

題は依然として改善されないままであった。そのなか，2009（平成21）年の総選挙で，民主党は，この問題について，「性別，正規・非正規にかかわらず，同じ職場で同じ仕事をしている人は同じ賃金を得られる均等待遇を実現する」という選挙公約（「民主党の政権政策 Manifesto2009」）を掲げた。

この選挙で政権を獲得した民主党を中心とする政府は，この公約を踏まえ，2010（平成22）年6月に新成長戦略を決定し（同月18日閣議決定），そのなかで「パートタイム労働者，有期契約労働者，派遣労働者の均衡待遇の確保と正社員転換の推進」を2013（平成25）年度までに実施すべきとの実行計画（工程表）を定めた。

これを受けて，厚生労働省内では，有期契約労働者に関する施策とパートタイム労働者に対する施策を検討する2つの動きが進められた。

(2)　2012年労働契約法改正

まず，有期契約労働者について，2009（平成21）年2月に設置されていた「有期労働契約研究会」が，2010（平成22）年9月10日にその検討結果をまとめた報告書を公表した。その報告書では，有期契約労働者の処遇格差問題について，①EU諸国の合理的理由のない不利益取扱い禁止原則が一例となるが，日本の特殊性を考慮した検討が必要であること，②現行のパートタイム労働法の枠組み（均等待遇や均衡待遇の措置）も参考になるが，その改正に向けた検討の動向に留意しつつ，引き続き検討をしていく必要があることが述べられているにとどまり，均等処遇や均衡処遇の具体的な内容について明確な見解や方向性は示されていない。

厚生労働省はさらに，立法化に向けて均等処遇原則等についての比較研究を深めるべく，2010（平成22）年9月，労働政策研究・研修機構に「雇用形態による均等処遇についての研究会」を設置した。同研究会では，EUとその加盟国であるドイツ，フランス，イギリス，スウェーデン，および日本を対象に，正規・非正規労働者間の不合理な処遇格差を禁止する法制等の概要と実態を研究したうえで，日本における仕組みづくりへの示唆を得るための検討が行われた。その成果は，2011（平成23）年7月に，「雇用形態による均等処遇についての研究会報告書」として取りまとめられた。そこでは，①EU諸国では人権保障に係る差別的取扱い禁止原則と雇用形態に係る不利益

取扱い禁止原則とは異なる類型に属するものと理解されていること，②後者は非正規労働者の処遇改善の観点から不利益な取扱いのみを禁止し，その客観的（合理的）理由の有無についても柔軟な解釈がなされていること，③このような仕組み（合理的理由のない不利益取扱いの禁止）は正規・非正規労働者間の不合理な処遇格差の是正と納得性の向上が課題とされている日本において示唆に富むものであることなどが指摘された。このような形で，EU 諸国の法規制のあり方を参照しながら，その後の労契法 20 条の規定（不合理な労働条件の禁止）につながる示唆が導き出された。

　これらの研究会等による検討を踏まえつつ，2010 年 10 月から，労働政策審議会労働条件分科会で有期労働契約のあり方について審議が重ねられた。同分科会での 1 年を超える審議を経て，2011 年 12 月 26 日，「有期労働契約の在り方について（報告）」が取りまとめられ，同日，厚生労働大臣に建議された。その報告では，有期契約労働者の処遇格差問題について，「期間の定めを理由とする不合理な処遇の解消」という表題で，次のように記載されている。

　「有期契約労働者の公正な処遇の実現に資するため，有期労働契約の内容である労働条件については，職務の内容や配置の変更の範囲等を考慮して，期間の定めを理由とする不合理なものと認められるものであってはならないこととすることが適当である。」

　ここでは，上記の「雇用形態による均等処遇についての研究会報告書」による示唆を受けて，有期契約労働者への不合理な労働条件を禁止することが適当であるとしつつ，その際の考慮要素として職務の内容や配置の変更の範囲等を考慮するものとされている。

　この報告に基づく建議を反映させた労働契約法改正法案が 2012（平成 24）年の通常国会に提出され，同年 8 月 3 日，同法案は参議院本会議で可決・成立した。この改正は，有期契約労働者の保護を定める章（「第 4 章 期間の定めのある労働契約」）のなかに，①通算契約期間が 5 年を超えた場合の無期労働契約への転換（18 条），②判例上確立されていた雇止め法理の法定化（19 条）とあわせて，③有期契約労働者と無期契約労働者との待遇格差問題について，期間の定めがあることによる不合理な労働条件の相違の禁止（20 条）を新たに定めた[20]。

(3) 2014年パートタイム労働法改正

　この動きと並行して，厚生労働省は，パートタイム労働者の待遇改善について，2011（平成23）年2月，「今後のパートタイム労働対策に関する研究会」を設置し，同年9月，報告書を取りまとめた。そこでは，①「差別的取扱いの禁止」の3要件がネガティブ・チェックリストとして機能しているとの懸念を受けた「合理的な理由のない不利益取扱いの禁止」という新方式の提案，②パートタイム労働者の待遇改善や教育訓練・正社員転換の推進のために事業主に行動計画を作成させることの推進，③労働者の納得性の向上，法の実効性の確保を図ることの重要性などが指摘されていた。

　これを受け，労働政策審議会雇用均等分科会は13回にわたる検討を経て，2012（平成24）年6月に結果を取りまとめ，同審議会はこれを厚生労働大臣に建議した。この建議では，上記研究会の行動計画作成の提案（②）は盛り込まれなかったが，差別的取扱いの禁止の従来の3要件のうち無期契約要件を削除し残された2つの事情（職務内容，職務の内容・配置の変更の範囲）等を考慮した「不合理な〔待遇の〕相違の禁止」（①），労働者の納得性の向上，法の実効性の確保のための諸措置（③）等をとることが適当とされた。

　その直後の同年8月，上述のように，有期契約労働者の保護を定めた改正労働契約法が成立し，期間の定めがあることによる不合理な労働条件の相違の禁止（20条）が定められた。

　その後，同年12月の総選挙の結果，政権が交代し，自民・公明両党からなる政府（第2次安倍晋三内閣）が誕生した。しかし，新たに成立した安倍政権も女性活用の推進を重要な政策目標に掲げ，パートタイム労働法の改正を推し進める方針を変えなかった。同政権は，同年6月の労働政策審議会建議を実質的に引き継いで，パートタイム労働法を改正する法案を作成し，2014（平成26）年2月に国会に提出した。そこでは，パートタイム労働者の待遇改善のための規定については，「不合理な待遇の相違の禁止」（改正後8条）

---

20)　2012年労働契約法改正の経緯，内容と課題については，水町勇一郎「不合理な労働条件の禁止と均等・均衡処遇（労契法20条）」野川忍ほか編著『変貌する雇用・就労モデルと労働法の課題』（商事法務，2015年）311頁以下など参照。

だけでなく，無期契約要件を削除した「差別的取扱いの禁止」（改正後9条）も残し，二本立てとすることとされた。同法案は，同年4月16日，参議院本会議で可決・成立し，2015（平成27）年4月に施行された[21]。

(4)　小括──現行法の状況と課題

　このようにして，非正規労働者の待遇改善について，一般的な待遇の原則として，有期契約労働者およびパートタイム労働者を対象に「不合理な労働条件〔待遇〕の禁止」（労契法20条，パートタイム労働法8条）を定め，また，パートタイム労働者のみを対象として職務内容，職務内容・配置の変更の範囲の同一性を要件とした「差別的取扱いの禁止」（同法9条）が法律上定められるに至った。

　しかし，以上のような施策や法律規定の内容は，なお正規労働者と非正規労働者との待遇格差の是正を図るには不十分で，問題点をもつものであった。

　第1の問題点は，同様に非正規労働者として位置づけられうる派遣労働者について，待遇改善を図る規定が整備されていないことである。2015（平成27）年に成立した改正労働者派遣法では，派遣労働者の待遇について，派遣元事業主に対し，①同種業務に従事する派遣先雇用労働者の賃金水準との均衡を考慮して派遣労働者の賃金を決定する配慮義務（30条の3第1項），②同種業務に従事する派遣先雇用労働者との均衡を考慮して派遣労働者の教育訓練，福利厚生の実施などの措置を講じる配慮義務（同条2項），③派遣労働者から求めがあったときにこれらの事項の決定にあたり考慮した事項を説明する義務（31条の2第2項），派遣先に対し，④福利厚生施設（給食施設，休憩室，更衣室）の利用機会の付与の配慮義務（40条3項，同法施行規則32条の3）などが課されている。このように，派遣労働者の待遇改善のため，派遣元事業主および派遣先に対し，賃金，教育訓練，福利厚生等の面での配慮等が求められているが，有期雇用労働者やパートタイム労働者について法制化されている不合理な労働条件（待遇）の禁止原則（労契法20条，パートタイム労働法8条）は，派遣労働者については定められていなかった。また，パートタイム

---

21)　2014年パートタイム労働法改正の経緯，内容と課題については，水町勇一郎「パートタイム労働法の改正」法学教室409号（2014年）68頁以下，川田・前掲注13)65頁以下など参照。

労働者について定められていた差別的取扱いの禁止（パートタイム労働法 9 条）は，有期契約労働者および派遣労働者には定められていなかった。

　第 2 に，有期契約労働者およびパートタイム労働者の待遇の原則として定められている不合理な労働条件（待遇）の禁止についても，その内容が不明確で，解釈が定まっていないという問題点があった。この規定の原型である労働契約法 20 条については，その立法化の際に厚生労働省から解釈通達が発出されていた[22]。しかし，次に述べるように，同条の意味・内容について学説は大きく分かれており，裁判例も同条の解釈や法的救済の可否・範囲について判断が分かれていた。このように，条文の内容自体が不明確で，その解釈も定まっていないため，それぞれの企業や労使においても待遇格差の是正に向けて定まった対応がなされているという状況にはなかった。

　第 3 に，このような規定の内容の不明確さとともに，待遇差の不合理性の立証責任の所在・内容も明確でなく（待遇差についてより多くの情報をもつ使用者に主張・立証責任があることが必ずしも明確になっていない），また，法律上設定されている事業主の説明義務も待遇の相違の内容や理由には及んでいない（待遇の相違の不合理性〔パートタイム労働法 8 条〕は事業主の説明義務〔14 条〕の対象となっていない）ため，待遇差の是正を求めようとする労働者が待遇差についての十分な情報を得られず，司法救済を図るための法的基盤が整えられていない（待遇差是正の実効性に乏しい）という問題点もあった。

　このような問題状況のなか，議論は，2015（平成 27）年の「同一労働同一賃金推進法」，および，2016（平成 28）年 1 月の施政方針演説に端を発する「働き方改革」に舞台を移していったのである（→第 1 章）。

5. 法改正前の学説と裁判例の状況

　ここで，働き方改革に関する法改正の前の学説と裁判例の状況を簡単にみておこう。

22）　平 24・8・10 基発 0810 第 2 号。

（1） 学説の状況

　かつて労契法 20 条などの法律規定がなかった時代には，学説の議論の中心は，パートタイム労働者等の非正規労働者と正規労働者との賃金格差を公序良俗（民法 90 条）や不法行為（709 条）を根拠として救済することができないかという点にあった。

　この点について，学説は，①憲法 14 条，労基法 3 条・4 条の根底にある「同一（価値）労働同一賃金原則」により公序が設定されており，合理的な理由のない著しい賃金格差は公序に違反するとする救済肯定説[23]と，②年功給や生活給の性格が強く職務を基準とする賃金制度が定着していない日本では，同一（価値）労働同一賃金原則が成立しているということは困難であり，賃金格差は労使自治や国の労働市場政策に委ねるべきであるとする救済否定説[24]とに大きく分かれていた。

　その後，2012（平成 24）年に労契法 20 条，2014（平成 26）年には同様にパートタイム労働法 8 条が不合理な労働条件（待遇）の禁止を規定して以降，学説の議論の中心は，「不合理な労働条件〔待遇〕の禁止」がどのような意味・内容をもつのかに移行していった。

　学説は，この点について，①「不合理な労働条件〔待遇〕の禁止」は均衡処遇（バランスのとれた処遇）を求めるものであるとする見解（「均衡」説）[25]と，②給付の性質によって均等処遇（同一取扱い）を求めるものと均衡処遇を求めるものの双方を含んだ規定であるとする見解（「均等・均衡」説）[26]とに大きく分かれた。例えば，「均衡」説（①）によれば，考慮要素としての職務内

23）　鈴木芳明「パートタイム雇用と労働契約・就業規則」日本労働法学会誌 64 号（1984 年）27頁以下，山田省三「パートタイム労働問題への視座設定とその労働条件形成の法理」労働法律旬報 1229 号（1989 年）23 頁以下，本多淳亮「パート労働者の現状と均等待遇の原則」大阪経済法科大学法学研究所紀要 13 号（1991 年）132 頁以下など。このほか，パートタイム労働法旧3 条の「均衡待遇」を援用しつつ正社員との著しい待遇格差は不法行為となるとする見解（土田道夫「パートタイム労働と『均衡の理念』」民商法雑誌 119 巻 4・5 号〔1999 年〕552 頁以下）もある。

24）　下井隆史「パートタイム労働者の法的保護——問題状況と課題」日本労働法学会誌 64 号（1984 年）14 頁以下，野田進「パートタイム労働者の労働条件」同号 47 頁以下，菅野和夫＝諏訪康雄「パートタイム労働と均等待遇原則——その比較法的ノート」北村一郎編集代表『現代ヨーロッパ法の展望』（東京大学出版会，1998 年）131 頁以下など。

容や職務内容・配置の変更の範囲が同一であったとしても，賃金差が不相当に大きくなければ不合理ではない（適法）と解釈されるのに対し，「均等・均衡」説（②）によれば，前提条件としての考慮要素が同一であれば同一の待遇（均等待遇）が求められる（小さな賃金差でも不合理〔違法〕である）とされる。その意味で，「均衡」説（①）は，法的救済の範囲を相対的に狭くとるものといえる。これに対し，「均等・均衡」説（②）は，2012 年労働契約法改正の際の国会審議[27]，および，厚生労働省の解釈通達[28]を参考としつつ，不合理性は労働条件ごとにその性質に応じて個別に判断されるとし，例えば，通勤手当，食堂の利用，出張旅費，安全管理など職務内容や職務内容・配置の変更の範囲と直接関連しない給付については，原則として同一の取扱い（均等待遇）が求められるのに対し，職務内容や職務内容・配置の変更の範囲と関連性をもつ基本給（職務給，職能給など）については，その前提となる職務内容や職務内容・配置の変更の範囲に違いがある場合にはその前提の違いに対してバランスを欠く（均衡を失する）相違があるときに不合理（違法）となると解釈するものであった。

---

25)　例えば，菅野和夫『労働法〔第 11 版補正版〕』（弘文堂，2017 年）337 頁以下は，「不合理と認められるものであってはならない」とは「本条の趣旨に照らして法的に否認すべき内容ないし程度で不公正に低いものであってはならない」との意味であるとする。そのほか，野田進「労働契約法 20 条」西谷敏＝野田進＝和田肇編『新基本法コンメンタール 労働基準法・労働契約法』（日本評論社，2012 年）430 頁以下，富永晃一「労働契約法の改正」法学教室 387 号（2012 年）58 頁など。もっとも，これらの見解も，均衡処遇のみを求めるものと解しているのか，均等処遇も含むものと考えているのかは，必ずしも明確でない。

26)　岩村正彦＝荒木尚志＝島田陽一「〔鼎談〕2012 年労働契約法改正——有期労働規制をめぐって」ジュリスト 1448 号（2012 年）34 頁以下，阿部未央「不合理な労働条件の禁止——正規・非正規労働者間の待遇格差」同号 61 頁以下，緒方桂子「改正労働契約法 20 条の意義と解釈上の課題」季刊労働法 241 号（2013 年）25 頁以下，岩村正彦「有期労働契約と不合理労働条件の禁止」土田道夫＝山川隆一編『労働法の争点（ジュリスト増刊）』（有斐閣，2014 年）156 頁以下，奥田香子「改正パートタイム労働法と均等・均衡待遇」季刊労働法 246 号（2014 年）22 頁，水町・前掲注 20)328 頁以下，両角道代「パート処遇格差の法規制をめぐる一考察——『潜在能力アプローチ』を参考に」野川ほか編・前掲注 20)362 頁以下など。

27)　平成 24 年 6 月 19 日第 180 回国会参議院厚生労働委員会会議録 8 号 3 頁以下〔金子順一厚生労働省労働基準局長発言〕など参照。

28)　平 24・8・10 基発 0810 第 2 号第 5 の 6(2)オ参照。

(2)　裁判例の状況[29]

　このように学説が分かれていることに呼応して，裁判例も事案ごとに判断が分かれており，判例法理として解釈が定まっている状況にはなかった。従来の関連する裁判例を整理すると，①差別的取扱いの禁止や不合理な労働条件（待遇）の禁止が法律上定められる以前に，公序良俗違反の問題として論じられた裁判例，②パートタイム労働法上の差別的取扱いの禁止規定（2018〔平成30〕年改正前は同法9条）の適用が問題となった裁判例，③労働契約法上の不合理な労働条件の禁止規定（同法20条）の適用が問題となった裁判例の大きく3つに分けることができる。

(a)　公序違反性が争われた例

　かつて，正社員と非正社員の待遇格差の公序良俗違反性が争われた裁判例（①）の先駆的なものとして，1996（平成8）年の丸子警報器事件判決がある。この事件では，（女性）正社員と同じ工場の組み立てラインに配置され同じ労働に従事していた（女性）臨時社員（2か月の有期労働契約を反復更新して4年ないし25年勤務。1日の所定労働時間は正社員より15分短いがその分残業扱いで働いており実際の労働時間は正社員と同じ）に対する（女性）正社員との賃金格差（勤続年数4年の年間賃金で約17%，勤続年数25年では約34%の格差）の違法性が争われ，臨時社員の賃金が同一労働・同一勤続年数の正社員の賃金の8割以下である場合には，労基法3条・4条の根底にある均等待遇の理念に反し公序良俗違反（民法90条）となるとし，正社員賃金の8割との差額に相当する損害賠償請求（709条）が認められた[30]。この判決は，正社員と非正社員間の賃金格差の違法性を認め法的救済を肯定した裁判例として，社会的に注目を集めた。

　しかしその後，2002（平成14）年の日本郵便逓送事件判決では，郵便物の配送等を行う正社員（本務者）と期間臨時社員（臨時社員運転士）との間の賃

---

29)　ここでは，法改正前の状況を整理・把握するために，働き方改革関連法案の国会提出（2018〔平成30〕年4月）前の裁判例の状況をまとめることとし，その後の判例・裁判例については，第3章の改正法の逐条解説のなかで取り上げ解説することにする。

30)　丸子警報器事件・長野地上田支判平成8・3・15労判690号32頁。

金格差について，雇用形態の違いによる賃金格差は契約自由の範疇の問題であり違法とはいえないとして，法的救済を否定する判断がなされた[31]。また，2009（平成21）年の京都市女性協会事件（大阪高裁）判決では，同一（価値）労働であるにもかかわらず著しい賃金格差が生じている場合には，均衡の理念に基づく公序良俗違反として不法行為となるという一般論を提示しつつ，幅広い業務に従事する一般職員と業務の範囲等が限定された嘱託職員の間の賃金格差について，同一賃金の前提となる労働の同一（価値）性がないとして，法的救済が否定された[32]。

　このように，待遇格差の公序違反性が問われていた時期には，法的救済を肯定するものと否定するものがみられ，その理論的立場や判断枠組みが確立されたとはいえない状況にあった。もっとも，これらの裁判例を事案との関係でみると，正規労働者と職務内容自体が異なっていた事案（京都市女性協会事件）および職務内容は同じであったが人事異動の有無・範囲等が異なっていた事案（日本郵便逓送事件）では救済が否定されており，労働者の帰属意識も含めて労働内容が同一とされた事案（丸子警報器事件）では救済が肯定されている（ただし人事異動の有無・範囲まで同一であったかは不明）という特徴がある。

(b)　「差別的取扱いの禁止」規定違反性が争われた例

　パートタイム労働法上の差別的取扱い禁止規定（当時8条1項，2018〔平成30〕年改正前9条）の適用が問題となった裁判例（②）として，ニヤクコーポレーション事件判決がある。この判決では，1日の所定労働時間が正社員より1時間短い準社員（貨物自動車運転手）について，正社員と職務内容が同一で，有期労働契約の反復更新により無期労働契約と同視することが社会通念上相当と認められ，転勤・出向や役職への任命等でも正社員と大きな差があったとはいえないにもかかわらず，賞与の額，週休日の日数（休日割増賃金部分），退職金の有無の点で正社員と差が設けられていることは，短時間労働者であることを理由とした差別的取扱い（パートタイム労働法8条1項〔当

31）　日本郵便逓送（臨時社員・損害賠償）事件・大阪地判平成14・5・22労判830号22頁。
32）　京都市女性協会事件・大阪高判平成21・7・16労判1001号77頁。

時〕違反）にあたるとされ，不法行為に基づく損害賠償請求が認容された[33]。この判決は，パートタイム労働法上の差別的取扱い禁止規定を適用して法的救済を肯定した初めての判決であるとともに，その要件の充足性（特に職務内容・配置の変更の範囲の同一性）の判断において，就業規則規定等の形式を厳格に判断するのではなく，近年の実態等を重視した柔軟な判断をした点に，重要な特徴がある。

　また近時，パートタイム労働法上の差別的取扱い禁止規定（当時8条1項）を適用してパートタイム労働者への退職金不支給を違法とし，退職金相当額の損害賠償請求を認容した裁判例も出ている[34]。

(c)　「不合理な労働条件〔待遇〕の禁止」規定違反性が争われた例

　2012（平成24）年の改正労働契約法の施行以降，同法の不合理な労働条件の禁止規定（20条）の適用が争われる裁判例（③）が増えていった。しかし，その判断は区々に分かれていた。

　例えば，同条の適用を否定し法的救済を認めなかった裁判例として，長澤運輸事件（東京高裁）判決がある。同事件では，定年後の雇用確保措置（高年齢者雇用安定法9条参照）で有期労働契約により再雇用されていたタンク車乗務員が，職務内容や職務内容・配置の変更の範囲は正社員（定年前の無期契約労働者）と同一であるにもかかわらず，賃金総額が定年前と比べて減額（年収ベースで約24％ないし20％減）されたことは労契法20条違反であると訴えた。東京地裁は，労契法20条の考慮要素のうち，職務内容および職務内容・配置の変更の範囲が同一であるにもかかわらず賃金に相違を設けることは特段の事情がない限り不合理であるとして，賃金の相違を同条違反と判断した[35]。東京高裁は，これを取り消し，賃金の相違の不合理性はその他の事情も含めて幅広く総合的に考慮し判断すべきであると述べたうえで，定年後継続雇用者の賃金を引き下げるのは社会的に通例であること，賃金減額分を補う高年齢雇用継続給付等の政策措置が存在すること等を考慮して，本件賃

---

33)　ニヤクコーポレーション事件・大分地判平成25・12・10労判1090号44頁。
34)　京都市立浴場運営財団ほか事件・京都地判平成29・9・20労判1167号34頁。その内容については，本書119頁参照。
35)　長澤運輸事件・東京地判平成28・5・13労判1135号11頁。

金の相違は不合理とはいえないと判断した[36]。

　また，マネージ社員（無期雇用）とキャリア社員（有期雇用）との間の賞与の支給方法の違いの労契法20条違反性が争われたヤマト運輸(賞与)事件では，両者の間に職務内容の変更，転勤・昇進・人材登用等で違いがあるなかで，職務内容の変更や昇進がありうるマネージ社員の賞与には成果加算をして将来への動機づけを与える一方，与えられた役割（支店等）のなかで能力発揮が期待されるキャリア社員には40％から120％の裁量幅で個人の成果を評価する方法をとるという形で賞与の支給方法を異なるものとしていることは，労契法20条の不合理な労働条件の相違とは認められないと判断された[37]。

　さらに，大学の正職員（無期雇用）とアルバイト職員（有期雇用）との間の基本給，賞与，年末年始・創立記念日の賃金支給，法定外年休の日数，夏期特別有給休暇，私傷病欠勤中の賃金，附属病院の医療費補助措置の違いの労契法20条違反性が争われた学校法人大阪医科薬科大学(旧大阪医科大学)事件で，大阪地裁は，両者の間の職務内容・異動範囲の違い，正職員の長期雇用のインセンティヴや長期勤続による貢献等を考慮して，いずれも不合理な相違とはいえないと判断した[38]。

　これに対し，労契法20条の適用を肯定して法的救済を認めた裁判例（部分的な救済も含む）として，ハマキョウレックス(差戻審)事件（大阪高裁）判決，メトロコマース事件判決，日本郵便(時給制契約社員ら)事件判決，九水運輸商事事件判決，日本郵便(非正規格差)事件判決などがある。

　ハマキョウレックス(差戻審)事件では，貨物運送ドライバーとしての業務内容は同じであるが，配転・出向，人材登用の可能性では違いがある正社員

---

36)　長澤運輸事件・東京高判平成28・11・2労判1144号16頁。その後，同事件の上告審判決（最二小判平成30・6・1民集72巻2号202頁）は，この判断を一部変更し，基本給と賞与等の相違については不合理といえないとしたが，精勤手当等の相違は不合理であると判断した（→本書93頁以下〔パートタイム・有期雇用労働法8条の解説〕）。

37)　ヤマト運輸(賞与)事件・仙台地判平成29・3・30労判1158号18頁。

38)　学校法人大阪医科薬科大学(旧大阪医科大学)事件・大阪地判平成30・1・24労判1175号5頁。その後，同事件の控訴審判決（大阪高判平成31・2・15労判1199号5頁）は，この判断を一部変更し，アルバイト職員への賞与の不支給（少なくとも60％を下回る不支給），夏期特別有給休暇の不付与，私傷病欠勤中の賃金不支給は不合理であると判断した（→本書102頁，109頁，110頁〔パートタイム・有期雇用労働法8条の解説〕）。

（無期契約労働者）と契約社員（有期契約労働者）との間の賃金等の相違の労契法20条違反性等が争われた。大阪高裁（差戻審）は，労働条件の相違の不合理性は個別の労働条件ごとに判断されるべきであるとしたうえで，無事故手当，作業手当，給食手当，通勤手当について，それぞれの支給目的に照らし，正社員にのみ支給し契約社員には支給しない（または低額とする）ことは不合理と認められる（労契法20条違反）として，不法行為に基づく損害賠償請求を認容した[39]。

　メトロコマース事件では，駅構内の売店で販売業務に従事する契約社員（有期契約労働者）が，同社で同一の業務に従事する正社員（無期契約労働者）との間で賃金等の労働条件に差異があることは労契法20条違反等にあたるとして訴えた。これに対し，東京地裁は，比較対象となるのは売店業務に従事する正社員ではなく同社の正社員一般であるとしたうえで，契約社員と正社員との間には職務内容や職務内容・配置の変更の範囲について大きな相違があること，長期雇用を前提とした正社員を厚遇し有為な人材の獲得・定着を図るという目的は人事施策上相応の合理性を有すること等を考慮して，正社員と契約社員との間の基本給，資格手当，賞与，退職金，褒賞の相違については不合理とは認められないとした。ただし，早出残業手当については，使用者への経済的負荷により時間外労働を抑制するという目的からすれば，正社員に対してのみ高い割増賃金（早出残業手当）を支払うことには合理的な理由を見いだし難いとして，同手当の相違のみを不合理とし，その限りで不法行為に基づく損害賠償請求を認めた[40]。

　日本郵便(時給制契約社員ら)事件では，同一の業務に従事している正社員（無期契約労働者）と時給制契約社員（有期契約労働者）との間の手当等の相違

---

39)　ハマキョウレックス(差戻審)事件・大阪高判平成28・7・26労判1143号5頁。その後，同事件の上告審判決（最二小判平成30・6・1民集72巻2号88頁）は，これらに加え，皆勤手当の違いも不合理であるとした（→本書104頁，106頁，112頁〔パートタイム・有期雇用労働法8条の解説〕）。

40)　メトロコマース事件・東京地判平成29・3・23労判1154号5頁。その後，同事件の控訴審判決（東京高判平成31・2・20労判1198号5頁）は，この判断を一部変更し，早出残業手当に加えて，住宅手当，退職金（少なくとも正社員の4分の1を支給しないこと），勤続10年褒賞の不支給も不合理であると判断した（→本書105頁，111頁，112頁〔パートタイム・有期雇用労働法8条の解説〕）。

の労契法20条違反性等が争われた。東京地裁は，比較対象となるのは正社員全体ではなく契約社員と業務や異動等の範囲が類似している正社員（新一般職）とすべきであるとしたうえで，契約社員と正社員（新一般職）との間には職務内容や職務内容・配置の変更の範囲に一定の相違があること，正社員に長期雇用を前提とした賃金制度を設けることには人事施策として一定の合理性が認められること，契約社員には他の手当等で別途対応されていること等を考慮して，外務業務手当，早出勤務等手当，祝日給，夏期年末手当，夜間特別勤務手当，郵便外務・内務業務精通手当についての相違は不合理とは認められないとした。これに対し，年末年始勤務手当，住居手当，夏期冬期休暇，病気休暇については，それぞれの性格に照らし，正社員のみに支給・付与され契約社員には全く支給・付与されていないことに合理的な理由があるとはいえず，これらの手当等を支給・付与しないことは不合理であるとして，不法行為に基づく損害賠償請求を認めた（ただし年末年始勤務手当および住居手当については長期的な勤務への動機づけという要素において正社員と契約社員には一定の違いが認められるため契約社員の損害は正社員支給額の8割および6割とされた）[41]。

　九水運輸商事事件では，パート社員（有期契約）と正社員との間の通勤手当の差額5000円について，いずれも仕事場への通勤を要し，通勤形態も相違はなく，通勤時間や経路が短いといった事情もうかがわれないなど，両者に相違を設ける合理的な理由は見いだせず，通勤に要する交通費等の填補という性質等に鑑みれば，本件相違は不合理と認められるとして，不法行為に基づく損害賠償請求を認容した[42]。

　日本郵便(非正規格差)事件では，正社員（無期契約労働者）と時給制契約社員（有期契約労働者）との間の手当等の相違の労契法20条違反性等が争われた。大阪地裁は，比較対象となるのは旧一般職全体（新人事制度においては新

---

41)　日本郵便(時給制契約社員ら)事件・東京地判平成29・9・14労判1164号5頁。その後，同事件の控訴審判決（東京高判平成30・12・13労判1198号45頁）は，その判断を一部変更し，年末年始勤務手当および住居手当についても，正社員と契約社員の違い全体を不合理と判断した（→本書105頁，112頁〔パートタイム・有期雇用労働法8条の解説〕）。

42)　九水運輸商事事件・福岡地小倉支判平成30・2・1労判1178号5頁。その後，同事件の控訴審判決（福岡高判平成30・9・20労判1195号88頁）は，この通勤手当に関する判断を維持し，最高裁は上告を不受理として確定した（最二小決平成31・3・6判例集未登載）。

一般職）とするのが相当としたうえで，契約社員と正社員（旧一般職・新一般職）との間には職務内容や職務内容・配置の変更の範囲に相違があること，契約社員の正社員への登用制度があり両者の地位は必ずしも固定的なものでないこと，将来が期待される正社員の待遇を手厚くし有為な人材の確保・定着を図ることは人事施策として一定の合理性があること，これらの待遇は労使協議を経て決定されたこと等を考慮して，外務業務手当，郵便外務業務精通手当，早出勤務等手当，祝日給，夏期年末手当の相違は不合理とは認められないとしつつ，年末年始勤務手当，住居手当，扶養手当については，それぞれの経緯・性質に照らし，正社員のみに支給され契約社員には支給されていないという相違は不合理なものであるとして，不法行為に基づく損害賠償請求を認めた[43]。

　以上のように，裁判例の解釈はさまざまであった。これらの事件における結論の違いは，もちろんそれぞれの事案の違いによるところが大きいが，そもそも労契法20条の解釈自体（不合理性の判断は労働条件ごとに個別に行うか総合して行うか，比較対象はどう設定するか，それぞれの判断でどのような考慮要素を選択するか，法的救済の範囲はどう画定されるかなど）の違いに由来するところも小さくなかった。実際に同じ事件で，裁判所の解釈の違いによって地裁と高裁の判断が逆転することも多い。

　このように，労働契約法およびパートタイム労働法上待遇の原則として定められている重要な規定（不合理な労働条件〔待遇〕の禁止）の解釈そのものが裁判所によって分かれており，その法的救済の可否や範囲が裁判所の判断ごとに動揺するという法的に極めて不安定な状況にあった。

　「働き方改革」では，「同一労働同一賃金」のガイドライン（案）を策定することとあわせて，正規・非正規労働者間の待遇格差をめぐるこれまでの不明確で不安定な法律規定と法解釈の内容・方向性をより明確なものとし，当

---

43)　日本郵便(非正規格差)事件・大阪地判平成30・2・21労判1180号26頁。その後，同事件の控訴審判決（大阪高判平成31・1・24労判1197号5頁）は，この判断を一部変更し，通算契約期間が5年を超える契約社員に対する年末年始勤務手当の不支給，年始勤務への祝日給の不支給，住居手当の不支給，夏期冬期休暇の不付与，病気休暇の無給扱いを不合理であると判断した（→本書105頁，109頁，110頁，112頁〔パートタイム・有期雇用労働法8条の解説〕）。

事者の予測可能性を高めつつ待遇格差是正の実効性を高めることが，1つの重要な課題とされた。

第3章

改正法の内容
改革の趣旨と改正法条文解説

　本章では，法改正に向けた経緯（→第1章）とこれまでの議論の状況（→第2章）を踏まえつつ，働き方改革関連法のなかの「同一労働同一賃金」関係（パートタイム・有期雇用労働法，労働者派遣法）の法改正の内容について具体的に解説する。まず，具体的な条文の解説に入る前に，今回の改革の趣旨・目的について簡単にまとめておこう。

1．本改革の趣旨・目的

| Q1 | 「同一労働同一賃金」改革の趣旨・目的はどのようなものか？

　今回の「同一労働同一賃金」に関する改革の趣旨・目的は，大きく2つの側面からなる。

　1つは，その社会的側面である。正規労働者と非正規労働者の間にある賃金，福利厚生，教育訓練などにわたる待遇格差は，仕事や能力等の実態に対して処遇が低すぎる（それゆえ非正規労働者に正当な処遇がなされていないという気持ちを起こさせ頑張ろうという意欲をなくす）という社会的不公正の問題を顕在化させているとともに，若い世代の結婚・出産への影響により少子化の一要因となり，また，ひとり親家庭の貧困の要因となるなど，将来にわたり日本社会全体へ影響を及ぼすに至っている[1]。このように，正規・非正規労働者間の格差問題は，単に個別の労働者間の問題にとどまらず，日本の労働市場や社会全体にわたる社会問題となっている。

もう1つは，その経済的側面である。正規・非正規労働者間の待遇格差は，非正規労働者がコストの安い労働力と認識されることにより，能力開発機会の乏しい非正規労働者の増加につながり，労働力人口の減少のなか労働生産性の向上を阻害する要因となりかねない。また，低賃金・低コストの非正規労働者の存在は，経済成長の成果を賃金引上げによって労働者に分配することで賃金上昇，需要拡大を通じたさらなる経済成長を図るという「成長と分配の好循環」を阻害する要因ともなっている[2]。このように，正規・非正規労働者間の格差問題は，賃金の上昇，デフレ脱却により日本経済の潜在成長力の底上げを図ろうとする構造改革の根幹にある重要な経済問題としても位置づけられている。

　今回の「同一労働同一賃金」改革は，この大きく2つの問題を解消することを目的とした改革である。同一企業・団体におけるいわゆる正規雇用労働者（無期雇用フルタイム労働者）と非正規雇用労働者（有期雇用労働者，パートタイム労働者，派遣労働者）の間の不合理な待遇差を解消することによって，どのような雇用形態であっても仕事ぶりや能力等に応じた公正な処遇を受けることができる社会（多様な働き方を選択できる社会）を創り，そこで得られる納得感が労働者の働くモチベーションや労働生産性を向上させる。そして，生産性向上や経済成長の成果を非正規労働者の処遇改善を含む賃金全体の引上げ（労働分配率の上昇）につなげていくことで，「成長と分配の好循環」を回復し，日本経済の潜在成長力の底上げを図る。このように，社会的公正さの追求とともに，賃金上昇による日本経済の好循環の回復を図ることが，本改革の大きな趣旨・目的である。

　このような趣旨で，働き方改革実行計画（→巻末資料6）では，

　「日本経済再生に向けて，最大のチャレンジは働き方改革である。……その変革には，社会を変えるエネルギーが必要である。

　安倍内閣は，一人ひとりの意思や能力，そして置かれた個々の事情に応じた，多様で柔軟な働き方を選択可能とする社会を追求する。働く人の視点に

1）　働き方改革実行計画（→巻末資料6）2頁（本書232頁）・4頁（本書234頁），労働政策審議会報告・建議（→巻末資料7）1頁（本書241-242頁）など参照。
2）　働き方改革実行計画2頁（本書232頁），労働政策審議会報告・建議1頁（本書242頁）など参照。

立って，労働制度の抜本改革を行い，企業文化や風土を変えようとするものである。……

　働き方改革こそが，労働生産性を改善するための最良の手段である。生産性向上の成果を働く人に分配することで，賃金の上昇，需要の拡大を通じた成長を図る『成長と分配の好循環』が構築される。個人の所得拡大，企業の生産性と収益力の向上，国の経済成長が同時に達成される。すなわち，働き方改革は，社会問題であるとともに，経済問題であり，日本経済の潜在成長力の底上げにもつながる，第三の矢・構造改革の柱となる改革である。」
と述べられている（1-2頁〔本書231-232頁〕）。

> **Q2** ｜「生産性向上」という言葉がよく出てくるが，具体的にはどのようなことを意味しているのか？

　「生産性」とは，あるもの（製品，サービス）を生産するにあたり，どれくらいの生産要素（労働，資本，原材料など＝投入）を使って，製品，サービス（＝産出）が作り出されたかを示す指標である。式で示すと，

　　生産性 ＝ 産出（製品，サービス）／ 投入（労働，資本，原材料など）

と表される。例えば，ある一定量の製品を作るのに，その労働，資本，原材料などの投入量が少なくなれば少なくなるほど生産性は高くなり，また，投入量を一定とした場合，そのなかで作り出される製品の量が増えれば増えるほど生産性は高くなる。

　この「生産性」概念のなかで最もよく用いられるのが，「労働生産性」である。労働生産性とは，どれくらいの労働を投入して，製品，サービスの生産がなされたかを示す指標であり，式で示すと，

　　労働生産性 ＝ 産出（製品，サービス）の量・額 ／ 労働投入量

と表される。さらに，この分子（産出）を，量（生産量）として計ったものを「物的生産性」，額（付加価値額）として計ったものを「付加価値生産性」という。

　この労働生産性を上昇させるために重要になるのは，①分母にある労働の

投入量を減らすことと，②分子にある生産のアウトプット（産出の量または額）を増やすことである。例えば，10人の従業員に週50時間働いてもらって，1万個の製品または200万円の付加価値（売上高から原材料費等の外部購入費用を引いたもの）を産出していた場合，①全従業員の労働時間を週40時間に減らすことで労働生産性は25％上昇する。また，労働投入量（従業員数・労働時間数）を一定としつつ，②生産のアウトプットを2割増やす（生産する製品量を1万2000個に増やす，または，付加価値〔売上高－外部購入費用〕を240万円に増やす）ことができれば，労働生産性は20％上昇する。①労働投入量を減らしつつ，②生産の量・額を増やすことができれば，労働生産性は相乗的に増加する。

　生産性向上のための具体的方法としては，①ⓐ労働時間のなかでの無駄な会議や手間などをなくし業務の効率化・短時間化を図る，ⓑ人間が行ってきた作業のAI化・ロボット化を進め省力化（労働投入量の減少）を図る，②ⓐ技術革新による新しい設備・機械の導入によって生産量を増やす，ⓑ新たなアイディアや教育訓練によってサービスの質や付加価値を高める，といった方法が考えられる。製品やサービスの価格を引き上げ売上高が増加することは，労働生産性（付加価値生産性）の向上をもたらす。

　これに対し，誤解されやすいのは，賃金を引き下げることによって人件費を減らして企業の利益を高めようとしたり，製品やサービスの価格を引き下げて顧客の獲得を図ろうとすることである。賃金を引き下げても売上高が変わらなければ労働生産性は何ら向上せず，むしろ従業員のやる気や消費意欲を失わせることになり，業務の効率や売上げに悪影響をもたらす（労働生産性を低迷させる）おそれがある。また，製品やサービスの価格の引下げは，それを上回る割合での顧客拡大が得られなければ，売上高が低下して労働生産性の減少をもたらすこととなり，マクロ的には物価の下落によるGDP（国内総生産）の減少によって経済成長率の低下をもたらすことにつながる。この賃下げと経済成長率の低下は，日本経済や世界経済にデフレ・スパイラルをもたらした元凶といえるものであり，デフレ・スパイラルを脱却し「成長と分配の好循環」の実現を目指す今回の改革の方向性と真っ向から対立する動きである。

　今回の改革で目指されている労働生産性の向上（特に付加価値生産性の向上）

は，日常業務の効率化，生産過程の AI 化・ロボット化等によって人間労働の省力化・短時間化を図り，同時に，技術革新や教育訓練等によって製品やサービスの付加価値の上昇（それに伴う価格の引上げ）を図ることによってもたらされるものである。このような動きのなかで，経済成長がもたらされ，それが賃金引上げ・消費拡大につながり，さらなる経済成長につながること（「成長と分配の好循環」の実現）が，今回の改革の経済政策としての目標である。

　このような趣旨・目的に立ち，本改革では，有期雇用労働者に関する労働契約法，パートタイム労働者に関するパートタイム労働法，派遣労働者に関する労働者派遣法の三法を一括して改正することとされた。具体的には，有期雇用労働者について不合理な労働条件を禁止した労働契約法 20 条を削除し，パートタイム労働法の題名をパートタイム・有期雇用労働法（正式な題名は「短時間労働者及び有期雇用労働者の雇用管理の改善等に関する法律」）に改めて，パートタイム労働者と有期雇用労働者とを同法で同じ規制の下に置くこととし，また，派遣労働者については，労働者派遣法を改正して，パートタイム・有期雇用労働法と原則として同じ規制（不合理な待遇の禁止など）を置くこととした[3]。以下，改正法ごとに，改正された主要な条文について逐条解説をする[4]。

3）　パートタイム労働法（改正後はパートタイム・有期雇用労働法）は公務員を適用除外としている（29 条）が，本改革の趣旨は，社会的公正さの追求という点でも，賃金引上げによる経済成長力の底上げという点でも，いわゆる非正規公務員の待遇をめぐる問題に同様に及ぶものである。政府は，地方自治体の一般職の非常勤職員について，①「会計年度任用職員」と位置づける規定を新設し採用方法などを明確にしたうえで，②会計年度任用職員についてはフルタイムでもパートタイムでも期末手当（ボーナス）の支給を可能にする地方公務員法および地方自治法の改正を行い（2017〔平成 29〕年 5 月 11 日，衆議院本会議で可決・成立），地方自治体における正規・非正規職員間の待遇格差の是正を促している（改正法は 2020〔令和 2〕年 4 月施行）。

4）　本書の初版では，法案提出前の条文案をもとに逐条解説をしていた。この新版では法案成立後の条文について解説をしているが，初版と新版との間に条文の文言そのものの変更点はない。新版では，初版後の判例，立法過程，施行規則・指針等の動きをフォローし，解説を拡充した。

2. パートタイム・有期雇用労働法
（パートタイム労働法，労働契約法改正）

【題名】

働き方改革関連法7条
　短時間労働者の雇用管理の改善等に関する法律（平成5年法律第76号）の一部を次のように改正する。
　題名を次のように改める。
　短時間労働者及び有期雇用労働者の雇用管理の改善等に関する法律
〔略〕

▼解説

> **Q3**　今回の法改正で法律の構成はどのように変わったのか？

　1993（平成5）年に制定されたパートタイム労働法（「短時間労働者の雇用管理の改善等に関する法律」）は，パートタイム労働者（週所定労働時間が通常の労働者と比べ短い労働者）を適用対象とするものであった。また，2012（平成24）年の労働契約法改正は，有期契約労働者を保護する規定として，無期労働契約への転換（18条），雇止め法理の法定（19条），不合理な労働条件の禁止（20条）を規定していた。

　今回の法改正は，これらのうち，有期労働契約に固有の規制である無期労働契約への転換および雇止め法理に関する規定（18条，19条）は労働契約法に残しつつ，有期契約労働者の待遇一般について定める規定（20条）については労働契約法から削除し，行政取締法規と司法規範という双方の性格をもつ従来のパートタイム労働法の法規制の下で，パートタイム労働者と有期契約労働者とを合わせて規制しようとするものである。

　この法改正にあわせて，法律の題名も，パートタイム労働法（「短時間労働者の雇用管理の改善等に関する法律」）から，これに有期雇用労働者を加える形で，パートタイム・有期雇用労働法（「短時間労働者及び有期雇用労働者の雇用管理の改善等に関する法律」）に改められた。

　なお，派遣労働者の待遇については，労働者派遣法を改正し，そのなかに

パートタイム・有期雇用労働法の改正部分と対応する規定を盛り込むことによって，法整備が図られている（→3）。

【定義】

パートタイム・有期雇用労働法2条

1　この法律において「短時間労働者」とは，1週間の所定労働時間が同一の事業主に雇用される通常の労働者（当該事業主に雇用される通常の労働者と同種の業務に従事する当該事業主に雇用される労働者にあっては，厚生労働省令で定める場合を除き，当該労働者と同種の業務に従事する当該通常の労働者）の1週間の所定労働時間に比し短い労働者をいう。

2　この法律において「有期雇用労働者」とは，事業主と期間の定めのある労働契約を締結している労働者をいう。

3　この法律において「短時間・有期雇用労働者」とは，短時間労働者及び有期雇用労働者をいう。

▼解説

Q4　パートタイム・有期雇用労働法の適用対象はどのような人か？
有期労働契約から無期転換した者も含まれるのか？

　パートタイム・有期雇用労働法2条は，この法律の適用対象となる労働者の定義を定めた規定である。

　「短時間労働者」については，改正前のパートタイム労働法の定義（2条）と同様に，1週間の所定労働時間が通常の労働者に比べ短い労働者との定義が採用されている。もっとも，改正前の定義では比較の対象が「同一の事業所に雇用される通常の労働者」と事業所単位に設定されているのに対し，本改正では「同一の事業主に雇用される通常の労働者」と事業主（企業，使用者）単位で設定されており，当該事業所に通常の労働者（いわゆる正社員）がいない場合には同一企業の他の事業所にいる通常の労働者と比較するなど，より広い範囲で短時間かどうかの比較が行われるものとされている。なお，「通常の労働者」とは，いわゆる「正社員」（正規型の労働者，フルタイムの基

幹的労働者）を指し，労働契約の期間の定めがなく長期雇用を前提とした待遇を受けているなど，雇用形態，賃金体系等の事情を総合的に勘案し社会通念に従って判断されるものとされている[5]。例えば，労契法18条によって有期労働契約から無期労働契約に転換しフルタイムで就労しているが，待遇は有期労働契約のときと変わらない労働者については，その待遇の内容から「通常の労働者」にはあたらないものと解される。

「有期雇用労働者」については，改正前の労契法20条の適用対象と同様に，事業主（使用者）と期間の定めのある労働契約を締結している労働者との定義がなされている。短時間ではなくフルタイムで働いている労働者についても，有期労働契約を締結している者であれば，これに該当し，本法の適用対象となる。

「短時間・有期雇用労働者」とは，短時間労働者および有期雇用労働者をいうと定義されている。この法律の各条文のなかで適用対象とされている「短時間・有期雇用労働者」とは，短時間もしくは有期雇用のいずれか（または双方）に該当する労働者であることが，ここで明らかにされている。企業内でいわゆる非正社員として処遇されているが所定労働時間はいわゆる正社員と同じ労働者（いわゆる「疑似パート」など）であっても，期間の定めのある労働契約で雇用されている場合には，これに該当し，本法の適用対象となる。

以上の定義に該当すれば，パートタイマー，学生アルバイト，契約社員などいかなる名称・形態の労働者であっても，この法律の適用対象となる。逆に，通常の労働者と週の所定労働時間が全く同じである労働者で，期間の定めのない労働契約を締結している者は，いわゆる正社員よりも不利な処遇を受けていたとしても，この法律の適用対象外となる。例えば，労契法18条によって有期労働契約から無期労働契約に転換した者が，フルタイムで働い

---

5) 平26・7・24基発0724第2号・職発0724第5号・能発0724第1号・雇児発0724第1号第1の2(3)参照。なお，同種の業務に従事する通常の労働者がいる場合には，原則としてその労働者と比較し，同種の業務に従事する通常の労働者がいない場合または同種の業務に従事する通常の労働者がいるがその数が著しく少ない場合（パートタイム・有期雇用労働法2条のかっこ書の厚生労働省令で定める場合〔同法施行規則1条〕）には，1週間の所定労働時間が最長の通常の労働者と比較するものとされている（同通達第1の2(5)参照）。

ているとすれば,「有期雇用労働者」にも「短時間労働者」にも該当せず,本法の適用を受けないことになる。もっとも,この法律のなかで司法規範としての性格をもつ規定(不合理な待遇の禁止〔本法8条〕,差別的取扱いの禁止〔同9条〕)については,これらの規定の類推適用またはその趣旨を踏まえた公序法理(本書58頁以下)によって,本法の適用対象外の非正規的な労働者も司法救済の対象とすることが考えられる。

この定義の変更とあわせて,パートタイム労働法のなかで「短時間労働者」と記載されていた部分は,パートタイム・有期雇用労働法では「短時間・有期雇用労働者」に書き換えられた(1条,3条,4条,5条,6条,10条,11条,13条,16条,17条,18条,19条,20条,21条,22条,23条,24条,25条,28条など)。

【基本的理念】
パートタイム・有期雇用労働法2条の2
　短時間・有期雇用労働者及び短時間・有期雇用労働者になろうとする者は,生活との調和を保ちつつその意欲及び能力に応じて就業することができる機会が確保され,職業生活の充実が図られるように配慮されるものとする。

▼解説
　本改革の趣旨・目的(本書67頁以下)に照らし,ワーク・ライフ・バランス,意欲と能力に応じた就業機会の確保,職業生活の充実という本法の基本的理念を定めた規定である。事業主,国・地方自治体等に対して,これらの基本的理念に沿った配慮を求めた訓示的な規定であり,この規定自体から具体的な法的効力が発生する性質のものではない。

【労働条件に関する文書の交付等】
パートタイム・有期雇用労働法6条
1　事業主は,短時間・有期雇用労働者を雇い入れたときは,速やかに,

当該短時間・有期雇用労働者に対して，労働条件に関する事項のうち労働基準法（昭和22年法律第49号）第15条第1項に規定する厚生労働省令で定める事項以外のものであって厚生労働省令で定めるもの（次項及び第14条第1項において「特定事項」という。）を文書の交付その他厚生労働省令で定める方法（次項において「文書の交付等」という。）により明示しなければならない。

2 事業主は，前項の規定に基づき特定事項を明示するときは，労働条件に関する事項のうち特定事項及び労働基準法第15条第1項に規定する厚生労働省令で定める事項以外のものについても，文書の交付等により明示するように努めるものとする。

▼解説

　改正前のパートタイム労働法が，短時間労働者について定めていた文書の交付等による特定事項（昇給・退職手当・賞与の有無，相談窓口）の明示義務（6条）の対象を，有期雇用労働者にも広げた規定である（パートタイム・有期雇用労働法6条，同法施行規則2条）。これに違反した事業主に対しては，10万円以下の過料の制裁が科されうる（パートタイム・有期雇用労働法31条）。

　なお，今回の法改正とあわせて行われたパートタイム労働法施行規則の改正（パートタイム・有期雇用労働法施行規則への改正）で，労基法15条の労働条件明示の方法等に関する法令改正とあわせて，明示すべき労働条件を事実と異なるものとしてはならないこと（パートタイム・有期雇用労働法施行規則2条2項），文書の交付以外に労働者が希望する場合にはファクシミリによる送信・電子メール等の送信の方法によることもできることが定められた（同条3項）。

【就業規則の作成の手続】

パートタイム・有期雇用労働法7条

1 事業主は，短時間労働者に係る事項について就業規則を作成し，又は変更しようとするときは，当該事業所において雇用する短時間労働者の過半数を代表すると認められるものの意見を聴くように努めるものとする。

2　前項の規定は，事業主が有期雇用労働者に係る事項について就業規則を作成し，又は変更しようとする場合について準用する。この場合において，「短時間労働者」とあるのは，「有期雇用労働者」と読み替えるものとする。

▼解説

Q5　パートタイム労働者や有期雇用労働者の就業規則を作成したり変更したりするときに，特別にとらなければならない手続はあるのか？

　改正前のパートタイム労働法が，短時間労働者に係る就業規則の作成・変更について定めていた過半数代表者の意見聴取の努力義務（7条。改正後は7条1項。この項は変更なし）を，有期雇用労働者に係る就業規則の作成・変更についても同様に定めるもの（パートタイム・有期雇用労働法7条2項。新設）である。これらの就業規則の作成・変更についても，使用者に事業所の過半数組合，それがない場合は過半数代表者の意見を聴取する一般的な義務が課されている（労基法90条）が，これとは別に，利益状況が異なることが多いパートタイム労働者および有期雇用労働者については，それぞれ，事業所においてパートタイム労働者の過半数を代表するものおよび有期雇用労働者の過半数を代表するものに意見聴取を行う努力義務を事業主に課し，就業規則の作成・変更についてそれぞれの労働者の意見の反映を促そうとする規定である。

　この規定によれば，パートタイム労働者，有期雇用労働者に関する就業規則の作成や変更をする場合には，労基法上の通常の手続（過半数代表の意見聴取〔労基法90条〕，労働基準監督署長への届出〔89条〕，労働者への周知〔106条〕）に加えて，当該事業所のパートタイム労働者の過半数を代表すると認められるもの（労働組合または労働者），当該事業所の有期雇用労働者の過半数を代表すると認められるもの（労働組合または労働者）からの意見聴取をすることが，事業主に努力義務として求められている。

【不合理な待遇の禁止】

パートタイム・有期雇用労働法8条

　事業主は，その雇用する短時間・有期雇用労働者の基本給，賞与その他の待遇のそれぞれについて，当該待遇に対応する通常の労働者の待遇との間において，当該短時間・有期雇用労働者及び通常の労働者の業務の内容及び当該業務に伴う責任の程度（以下「職務の内容」という。），当該職務の内容及び配置の変更の範囲その他の事情のうち，当該待遇の性質及び当該待遇を行う目的に照らして適切と認められるものを考慮して，不合理と認められる相違を設けてはならない。

▼解説

> **Q6** 不合理な待遇の禁止を定めた改正法の条文（パートタイム・有期雇用労働法8条）は，改正前の条文（労契法20条など）と同じものか？両者はどのような関係に立つのか？

（1）　改正前の規定との関係と本条の趣旨

　本条は，パートタイム労働者および有期雇用労働者を対象として，通常の労働者との間の不合理な待遇の相違を禁止しようとするものである。本改正前は，2012（平成24）年労契法改正によって有期契約労働者と無期契約労働者との間の不合理な労働条件の禁止（労契法20条）が定められ，また，2014（平成26）年パートタイム労働法改正によってパートタイム労働者と通常の労働者との間の不合理な待遇の禁止（パートタイム労働法8条）が定められていた。本条は，前者（労契法20条）を削除して後者（パートタイム労働法8条）に統合しつつ，その判断の方法をより明確にする方向（それぞれの待遇ごとにその性質・目的に照らして適切な要素を考慮して不合理性を個別に判断することを明らかにする形）で条文の文言に修正を加えたものである。

　また，2016（平成28）年12月に公表された「同一労働同一賃金ガイドライン案」（→巻末資料4）は，本条における「不合理な待遇の相違」とはいかなるものかを具体的に示す意図で作成されたものであり，2018（平成30）年12月に正式に公布された「同一労働同一賃金ガイドライン」（平30・12・28

厚労告430号）（→巻末資料10）は，これをベースに正式に作成・告示された改正法に基づく「指針」である。さらに，派遣労働者についても，改正労働者派遣法において，本条と同様の原則規定が定められており（労働者派遣法30条の3，30条の4。本書132頁以下），「同一労働同一賃金ガイドライン」のなかでその具体的内容が示されている。

　パートタイム・有期雇用労働法8条は，パートタイム労働者および有期雇用労働者と通常の労働者（いわゆる正社員）の間の不合理な待遇の相違を禁止することによって，両者間の待遇格差を是正し，パートタイム・有期雇用労働者の待遇についての納得性を高めるとともに，その賃金引上げを含む待遇改善を図ることを趣旨とした規定である。本条の「不合理な待遇の禁止」は，正規・非正規労働者間の待遇の基本原則と位置づけられるものでもある。

　パートタイム・有期雇用労働法8条と，改正前の労契法20条およびパートタイム労働法8条とは，いわゆる正社員（通常の労働者）とパートタイム労働者および有期雇用労働者間の「不合理な待遇の相違」を禁止している点では共通している。しかし，パートタイム・有期雇用労働法8条は，改正前は不明確であった不合理性の判断の方法をより明確にする形で（上述のように個別の待遇ごとに当該待遇の性質・目的に照らして判断することを）示しており，また，同条と同時に施行される「同一労働同一賃金ガイドライン」で不合理性判断の基本的な考え方と具体的な内容が示されている点も，改正前の労契法20条，パートタイム労働法8条とは異なる点である。

　改正法施行前の労契法20条をめぐる裁判所の判断のなかには，同一労働同一賃金ガイドライン（案）を事実上参考にしたものから，ガイドライン（案）の考え方とは異なる考え方に立ったものまで，さまざまなものがある。これに対し，改正法の施行後は，裁判所は，改正法に基づく指針として改正法と同時に施行される同一労働同一賃金ガイドラインに沿った判断をすることが，改正法の趣旨として，求められることになる。

(2) 本条の射程と性格

(a) 「待遇」

> **Q7** 不合理な待遇の禁止の「待遇」とはどのようなものか？ 解雇や配転といった個別の人事措置も含まれるのか？

　本条の対象とされる「待遇」とは，条文上明記されている基本給，賞与のほか，諸手当，教育訓練，福利厚生，休憩，休日，休暇，安全衛生，災害補償，服務規律，付随義務，解雇など，労働者に対するすべての待遇を含む（ただし，パートタイム労働者については所定労働時間の長さ，有期雇用労働者については期間の定めの有無を除く）ものである[6]。改正前の労契法20条の規制対象である「労働条件」については，学説上，解雇，配転，懲戒処分等の人事の個別的な措置は「労働契約の内容」として定められる性質のものではないので「労働条件」に入らないとする見解[7]もあった。しかし，実際には，集団的な制度と個別的な措置を明確に切り分けることは難しく，仮に前者のみを規制対象とすると，就業規則規定（集団的な制度）はあいまいな形で定めておいて，それを適用する個別の人事措置で実質的に不利な取扱いをすることが，本条の規制の対象外となってしまい，本条の趣旨が損なわれることになってしまう。また，本条は「労働契約の内容である労働条件」ではなく，雇用管理上の「待遇」一般を広く規制対象とする性格のものである。したがって，解雇，配転，懲戒処分等の人事上の措置も，本条の「待遇」に含まれるものと解釈すべきである。

(b) 比較対象となる「通常の労働者の待遇」

> **Q8** 不合理な待遇の禁止は，誰（何）と比べて不合理性が判断されるのか？ 待遇ごとに比較対象が変わることもあるのか？

---

[6] 平24・8・10基発0810第2号第5の6(2)イ，平26・7・24基発0724第2号等第3の3(4)参照。

[7] 荒木尚志＝菅野和夫＝山川隆一『詳説労働契約法〔第2版〕』（弘文堂，2014年）233頁。

本条で問題となる「待遇の相違」は，「事業主……の雇用する短時間・有期雇用労働者の……待遇」と「当該待遇に対応する通常の労働者の待遇」との間の相違である。そこで，比較対象となる「当該待遇に対応する通常の労働者の待遇」とは何かが問題となる。

　第1に，その場所的範囲であるが，改正法では，通常の労働者（いわゆる正社員）は「事業所」単位ではなく「事業主〔使用者〕」単位で定義・設定されているため（パートタイム・有期雇用労働法2条1項），比較の対象は，短時間・有期雇用労働者と同一の事業所だけでなく，同一使用者（企業）内の他の事業所も含まれることとなる。労働政策審議会報告・建議（→巻末資料7）は，近年は非正規雇用労働者自身が店長などの事業所の長であり，同一の事業所内に正規雇用労働者がいないケースもみられるため，同一使用者に雇用される正規雇用労働者を比較対象とすることが適当としている（2(1)）。

　第2に，比較対象は，ある特定の通常の労働者か，待遇ごとに比較対象となる通常の労働者を選択できるのかである。すなわち，比較対象として特定の通常の労働者を決定してその待遇全般と比較するのか，通常の労働者を特定せず待遇ごとに比較対象となる通常の労働者を選べるのかである。この点につき，本条は，待遇のそれぞれについて不合理性の判定を行うこととし，その比較の対象を「当該待遇に対応する通常の労働者の待遇」と規定している。この文言は，問題となる待遇（「当該待遇」）ごとにそれに対応する通常の労働者の待遇と比較することを想定したものである。したがって，例えば，多様な形態の正社員のなかで短時間・有期雇用労働者と職務内容等が類似し待遇が低いフルタイム・無期雇用労働者（低待遇正社員）がいたとしても，その労働者（低待遇正社員）の待遇が常に比較対象となるわけではなく，待遇ごとに比較される通常の労働者は変わりうるもの（基本的には原告となる労働者が選択できるもの）と解される。本改正法案の国会での審議過程でも，待遇差を比較する対象となる通常の労働者を誰にするかは訴える労働者側が選択することができることが，加藤勝信厚生労働大臣の答弁で確認されている（→第1章5(2)衆議院厚生労働委員会②〔本書30頁〕）。このように比較対象を労働者側が選択できるものとすることで，例えば賞与を支給しない正社員類型を一部に置いてパートタイム労働者への賞与支給を免れようとするような事業主の脱法的行為を回避することができる。本条の内容を具体的に示すもの

として定められた指針（「同一労働同一賃金ガイドライン」〔→巻末資料10〕）も，それぞれの待遇の性質ごとに比較対象となる通常の労働者（フルタイム・無期雇用労働者）は異なるという前提で，基本的な考え方や具体例を記載している。

　なお，待遇の相違の内容と理由についての事業主の説明義務を定めた規定（パートタイム・有期雇用労働法14条2項）については，行政取締りの対象となる公法上の義務であり，比較対象を明確に特定する必要性があることから，「職務の内容，職務の内容及び配置の変更の範囲等が，短時間・有期雇用労働者〔と〕最も近いと事業主が判断する通常の労働者」を比較対象とするものとされている[8]が，この場合であっても，非正規雇用労働者が司法判断の根拠規定に基づいて不合理な待遇差の是正を求める際の比較対象はこれに限られるものではないとされ[9]，司法判断の根拠規定となる不合理な待遇の禁止（8条）と公法上の義務である事業主の説明義務（14条2項）とでは，比較対象は異なりうるものとされている。

(c)　短時間労働者であることまたは期間の定めがあること「を理由とする」か？

> **Q9**　短時間または有期雇用であること「を理由とする」待遇の相違のみが禁止されるのか？　例えば，短時間・有期雇用であることではなく勤務地限定の有無を理由とする待遇の違いは禁止の対象にならないのか？

　パートタイム・有期雇用労働者に対する差別的取扱いの禁止を定めた規定（パートタイム・有期雇用労働法9条）には「短時間・有期雇用労働者であることを理由として……差別的取扱いをしてはならない」，改正前の労働契約法上の不合理な労働条件の禁止規定（労契法20条）には「期間の定めがあるこ

---

8)　短時間・有期雇用労働指針（平30・12・28厚労告429号による改正後のもの）第三の二（一）。

9)　2018（平成30）年衆議院厚生労働委員会における加藤勝信厚生労働大臣答弁（→第1章5(2)衆議院厚生労働委員会②〔本書30頁〕），労働政策審議会報告・建議（→巻末資料7）3(1)参照。

とにより……〔無期雇用労働者の〕労働条件と相違する場合に……，〔当該相違は〕……不合理と認められるものであってはならない」と定められ，パートタイム・有期雇用労働者であること「を理由と〔する〕」（または「によ〔る〕」）差別または相違を禁止することが条文上定められている。労契法20条に関する最高裁のハマキョウレックス（差戻審）事件判決および長澤運輸事件判決では，本条の「期間の定めがあることにより」とは，有期契約労働者と無期契約労働者との労働条件の相違が期間の定めの有無に関連して生じたものであることをいうとされている[10]。

　これに対し，本条（パートタイム・有期雇用労働法8条）には，このような文言がない。

　この点につき，改正前のパートタイム労働法8条にもこのような記載がないことについて，厚生労働省の解釈通達は，不合理性の判断の対象となる待遇の相違は「短時間労働者であることを理由とする」待遇の相違であることが自明であることから，その旨が条文上は明記されていないことに留意すること[11]としていた。しかし，改正後のパートタイム・有期雇用労働法8条にもこのような解釈が妥当するかについては疑問がある。このような要件（「短時間・有期雇用労働者であることを理由とする」相違であること）を設定すると，フルタイム・無期雇用労働者のなかに短時間・有期雇用労働者と同様の待遇の者を一部置いたり，短時間・有期雇用労働者のなかにそれとは異なる待遇の者を一部置くことにより，本条の適用を免れようとする事業主の脱法的行為を招くことになり，正規雇用労働者と非正規雇用労働者間の不合理な待遇差を解消し，どのような雇用形態であっても公正な処遇を受けることができる社会を創るという本改革の趣旨・目的（本書67頁以下）に反することになりかねない。

　また，本改正では，「同一労働同一賃金ガイドライン」（→巻末資料10）が示すように，前提条件が同じ場合の均等待遇だけでなく，前提条件に違いがある場合の違いに応じた均衡待遇の確保が求められている（「不合理な待遇の

10）　ハマキョウレックス（差戻審）事件・最二小判平成30・6・1民集72巻2号88頁，長澤運輸事件・最二小判平成30・6・1民集72巻2号202頁。
11）　平26・7・24基発0724第2号等第3の3(2)。

禁止」には均衡待遇を欠くことも含まれる〔本書85頁以下〕)。そのなかで，例えば勤務地限定の有無による基本給の違いが，勤務地限定の有無を理由としたものであり，短時間・有期雇用労働者であることを理由とするものではないとして本条の適用対象とならないとすると，本条が前提条件の違い（ここでは勤務地限定の有無）に応じた均衡待遇の確保を求めていることと論理的に矛盾することになる。さらに，短時間・有期雇用労働者であること以外の理由の存在については，その理由の「不合理性」の判断のなかで考慮できる（考慮すべき）ものでもある。

　以上のことからすると，少なくとも本改正後のパートタイム・有期雇用労働法8条においては，その条文通り，「短時間・有期雇用労働者であることを理由とする」相違であることは要件として求められていない（その他の理由の有無・内容等は待遇差の「不合理性」の判断のなかで考慮されるべきものである）と解釈することが適当である[12]。

(d)　「有利な」待遇も禁止されるか？

> **Q10** 不合理な待遇の禁止には短時間・有期雇用労働者に有利な待遇の違いも含まれるのか？

　本条が禁止する「不合理な待遇の相違」には，パートタイム労働者や有期雇用労働者に対する有利な待遇も含まれるのかが，理論的には問題となりうる。

　非正規雇用労働者の待遇の改善を図るという本改革の趣旨・目的（本書67頁以下），および，短時間労働の場合には労働密度や効率性・集中度が相対的に高くなる分より高い給付（短時間プレミアム）を支給することが合理的な場合があり，有期雇用の場合には雇用の不安定さを補償する給付（有期プレ

---

12)　法理論的にも，「差別的取扱いの禁止」については「○○〔差別事由〕を理由とする」という使用者の動機・意思を問うことになじみやすいが，「不合理な待遇の禁止」については「○○〔差別事由〕を理由とする」という使用者の動機・意思ではなく格差を正当化する事情の有無（本条では待遇差の不合理性の有無）を問うことになじみやすいものである（Jeammaud (A.), Du principe d'égalité de traitement des salariés, *Droit Social*, 2004, pp.694 et s., Porta (J.), Égalité, discrimination et égalité de traitement, *Revue de Droit du Travail*, 2011, pp.290 et s. など参照）。

ミアム）を支給することが合理的な場合があることを考慮すると，短時間・有期雇用労働者に対する有利な待遇は本条が禁止する「不合理な待遇の相違」にはあたらないものと解釈することができる。改正前の労契法 20 条の「不合理な労働条件の禁止」についても，学説上同様の見解が示されていた[13]。

(e) 「不合理な」「相違」の意味——「均衡」か「均等・均衡」か？

> **Q11** 不合理な待遇の禁止とはどのような待遇の違いを禁止するものか？ それは，前提条件が同じときに同一に取り扱う「均等待遇」を求めるものか，前提条件が違う場合に違いに応じて取り扱う「均衡待遇」を求めるものか？

本条が禁止する「不合理な」待遇の「相違」がどのような意味・内容をもつものであるかは，本改革の鍵を握る重要なポイントである。

本条の前身である改正前の労契法 20 条（およびパートタイム労働法 8 条）が定めていた「不合理な労働条件〔待遇〕の禁止」について，学説は，①均衡処遇（バランスのとれた処遇）を求めるものであるとする見解（「均衡」説）と，②給付の性質によって均等処遇（同一取扱い）を求めるものと均衡処遇を求めるものの双方を含んだ規定であるとする見解（「均等・均衡」説）とに大きく分かれており，裁判所の解釈・判断も，この学説の対立に呼応して多様に分岐していた（本書 55 頁以下）。両説の違いは，具体的には，ⓐ職務内容など前提となる事情が同じ場合に，一定の格差を許容するのか（ⓐ-1），同一の待遇（均等待遇）を求めるのか（ⓐ-2），また，ⓑ職務内容など前提となる事情が異なる場合には，格差を許容するのか（ⓑ-1），前提事情の違いに応じた待遇（均衡待遇）を求めるのか（ⓑ-2）の 2 点において生じうる。

このようななか，ハマキョウレックス事件最高裁判決[14]は，労契法 20 条（当時）は，「職務の内容等の違いに応じた均衡のとれた処遇を求める規定である」ことを明示し，最高裁として，前提事情が異なる場合に違いに応じた

---

13) 荒木ほか・前掲注 7）229 頁以下など。
14) ハマキョウレックス（差戻審）事件・最高裁判決（前掲注 10））。

均衡待遇を求める見解（ⓑ-2）に立つことを明らかにした。また，同判決は，諸手当の違いの不合理性の判断において，各手当の趣旨・性質など前提となる事情が異ならない場合（当該労働条件の趣旨・目的が同様に及ぶ場合）には，労働条件の相違（支給・不支給の相違だけでなく支給額の相違）を不合理とし，相違全体について損害賠償請求を認めている。これは，当該労働条件について前提となる事情が同じ場合には，同一の待遇（「均等待遇」）を求めるもの（ⓐ-2）といえる。このように，最高裁は，改正前の労契法20条の「不合理な」「相違」の意味・内容について，前提事情が同じ場合には均等待遇，前提事情が違う場合にも均衡待遇が求められるという解釈（「均等・均衡」説）をとることを明らかにしたものといえる[15]。

また，働き方改革関連法の制定・施行にあたって作成された指針（「同一労働同一賃金ガイドライン」〔→巻末資料10〕）は，その具体的な記述のなかで，例えば，職業能力・経験に応じて支給しようとする基本給については，フルタイム・無期雇用労働者とパートタイム・有期雇用労働者との間で蓄積している職業能力・経験が同一の場合には同一の支給，相違がある場合にはその相違に応じた支給をしなければならない，と述べ，パートタイム・有期雇用労働法8条の「不合理な待遇の禁止」のなかに，均等待遇（前提条件が同じ場合の同一取扱い）と均衡待遇（前提条件が違う場合の違いに応じた取扱い）の双方が含まれることを，個別の待遇ごとに具体的に明らかにしている。

このように，パートタイム・有期雇用労働法8条の「不合理な待遇の禁止」においては，個々の待遇ごとに，当該待遇の性質・目的にあたる事情がフルタイム・無期雇用労働者と同様にあてはまるパートタイム・有期雇用労働者には同一の取扱い（均等待遇）を，当該事情に一定の違いが認められる場合にはその違いに応じた取扱い（均衡待遇）をすることが求められ，この均等待遇または均衡待遇が実現されていなければ，不合理な待遇の相違として本条違反となるものと解される。

---

15) 水町勇一郎〔判批〕労判1179号（2018年）11頁以下など参照。この改正前の労契法20条についての解釈枠組み（「均等・均衡」説）は，「同一労働同一賃金ガイドライン」（→巻末資料10）が示すように，パートタイム・有期雇用労働法8条においても基本的にあてはまるものといえる。

(f) 本条と異なる労働者の希望等を考慮してよいか？
　　——本条の強行法規性

> **Q12** 不合理な待遇の禁止は，労働者がそれを望まないときにも適用されるのか？　例えば，社会保険の保険料の支払いや夫の会社からの配偶者手当の打切りを避けるために賃金の引上げを望まないパートタイム労働者に対してはどのように対応すべきか？

　本条は，改正前の労契法20条およびパートタイム労働法8条と同様に，これに反する当事者間の取決めを無効とする強行法規性を有するものと解される（本書113頁以下）。したがって，本条の解釈にあたって当事者の主観的な事情（労働者の希望等）や契約の文言・形式（就業規則の文言，誓約書の存在等）は重視すべきではなく，客観的な実態に基づいて解釈・判断することが求められる。

　例えば，社会保険の適用の有無や配偶者の配偶者手当の支給状況を考慮して，労働者自身が就業時間の調整をしたり，基本給の引上げなど待遇の改善を望まないことが考えられる。しかし，このような労働者の希望等を理由に均等・均衡待遇を実現しない（短時間・有期雇用労働者を低待遇にとどめる）ことは，強行法規である本条に違反するものといえる。

　仮に，労働者が待遇の改善を望まず，その旨を記載した書面を作成して労働者から署名・押印を得たとしても，この契約書は強行法規に反するものとして法的には無効となる。例えば，この労働者が退職後に不合理な待遇の相違だとして損害賠償の支払いを求める訴訟を提起してきた場合，会社は労働者が同意していた（その旨の署名・押印を得た書面がある）ことを理由として待遇の相違は不合理ではないと主張することはできない。

　会社としては，社会保険の保険料の支払いや夫の会社からの配偶者手当の打切りを避けるために賃金の引上げを望まないパートタイム労働者等がいたとしても，①本条の趣旨や性格を労働者にきちんと説明すること，そして，②待遇の引上げを受けることは，一時的には社会保険料の支払いや夫の配偶者手当の不支給で不利益を受けるかもしれないが，自らの今後の待遇改善でそれをカバーできたり，社会保険上も自らが健康保険や厚生年金の被保険者

となることで得られる利益は小さくないこと（例えば，社会保険料の半分を会社が負担してくれること，傷病手当金や出産一時金等を受給することができること，将来の年金額が増えることなど）を説明して，労働者に納得してもらいながら，実態と法の趣旨に沿った待遇改善を図っていくことが重要になるだろう。

(3) 「不合理」性の判断

(a) 判断枠組みと考慮要素

> **Q13** 待遇の相違の「不合理」性はどのような方法で判断されるのか？ 待遇ごとに個別に判断するのか，包括的に判断するのか？ 判断にあたっては職務内容の違いが重視されるのか？ そのほかにどのような点が考慮されるのか？

本条は，待遇の相違の不合理性につき，基本給，賞与その他の待遇のそれぞれについて，職務内容，職務内容・配置の変更範囲その他の事情のうち，当該待遇の性質・目的に照らして適切と認められるものを考慮して判断するものとしている。

改正前の規定（労契法 20 条，パートタイム労働法 8 条）では，待遇の相違の不合理性は，職務内容，職務内容・配置の変更範囲その他の事情を考慮して判断するものと規定されていた。この規定では，①不合理性は待遇のそれぞれについて個別に判断するのか，包括して判断するのか，②どの待遇についてどのような事情を考慮して判断するのか，③考慮要素としてそのほかにどのような事情があるのかなどが条文上明らかでないため，法的に判断の幅が広く，当事者にとって予見可能性が低い状況にあった。本改正では，これまでの議論状況を踏まえて，これらの点を明確にしつつ，本規定の解釈についての予見可能性を高めることが目指された。

まず，①判断の範囲（個別か包括か）については，「待遇のそれぞれについて」個別に判断することが，条文上明らかにされた。例えば，あるフルタイム・無期雇用労働者（通常の労働者）とある短時間・有期雇用労働者の待遇を全体的にみて，不合理か否かを包括的に判断するという方法はとらないことが，ここで明確にされている[16]。ただし，非正規雇用労働者を含めた労使交渉等で複数の待遇を包括して調整がなされている場合（例えば無期雇用労働

者には基本給の一部として支給されている部分を有期雇用労働者にはそれに相応する調整給として支給することについて有期雇用労働者を含む労使交渉で合意がなされている場合）など，労使交渉の経緯や給付の実態等から複数の待遇が一体のものとして取り扱われているという客観的な実態を備えている場合には，それら複数の待遇を合わせて不合理性が判断されうる[17]。

　②待遇と考慮要素との関係性については，それぞれの待遇について，当該待遇の性質・目的に照らして適切と認められる事情を考慮して判断することが，条文上明らかにされた[18]。その判断をより具体的な形で示した「同一労働同一賃金ガイドライン」（→巻末資料10）では，例えば，職業能力・経験に応じて支給される基本給（職能給）については職業能力・経験，会社の業績等への貢献に応じて支給される賞与については会社の業績等への貢献，役職手当については役職の内容と責任の範囲・程度が，それぞれの待遇の性質・目的に照らした考慮要素となるものとして例示されている（本書95頁以下）。なお，それぞれの待遇がいかなる性質・目的をもつか（例えば賞与が過去の功労報償的な性格をもつか，将来への勤労奨励的な性格をもつか）は，事業主の主観的な意図・認識ではなく，それぞれの待遇の実態（例えば賞与の計算方法や給付の実態）を踏まえて判断されるべきものである[19]。

　③考慮要素の例については，条文上は，職務内容[20]，職務内容・配置の変

16）　従来の労契法20条をめぐる裁判例のうち，例えば，ハマキョウレックス（差戻審）事件・大阪高判平成28・7・26労判1143号5頁，日本郵便（時給制契約社員ら）事件・東京地判平成29・9・14労判1164号5頁などでは，待遇ごとに個別に判断する方法がとられていたのに対し，長澤運輸事件・東京高判平成28・11・2労判1144号16頁では，諸待遇を総合して判断する方法がとられた。本改正は，改正法の施行後は，後者の総合判断方式をとることを否定し，基本的には前者の個別判断方式をとるべきことを明らかにしたものといえる。改正前の労契法20条の解釈につき，ハマキョウレックス（差戻審）事件の最高裁判決（前掲注10））は，その具体的判断のなかで，長澤運輸事件の最高裁判決（前掲注10））は，不合理性の判断の枠組みとして，個別の待遇ごとに不合理性を判断すべきことを示している。

17）　長澤運輸事件・最高裁判決（前掲注10）），労働政策審議会報告・建議（→巻末資料7）2(1)参照。これは，理論的には，強行法規である本条の解釈は，給付の名称や形式等によらず，その客観的な実態に基づいて判断すべきである（名称が異なる給付であっても実態として関連性を有する場合にはその客観的な実態に基づいて解釈すべきである）ことに由来するものである。

18）　改正前の労契法20条に関する最高裁のハマキョウレックス（差戻審）事件判決（前掲注10））および長澤運輸事件判決（前掲注10））においても，待遇の相違の不合理性は，各待遇の趣旨・目的に照らして判断するという立場が示されていた。

19）　労働政策審議会報告・建議（→巻末資料7）2(1)参照。

更範囲[21]，その他の事情が明記されるにとどまっており，法律の文言上は改正前後で変更されていない。もっとも，本条の判断の方法と具体例を示した「同一労働同一賃金ガイドライン」（→巻末資料10）によれば，上記（②）の例以外に，労働者の業績・成果（成果給），勤続年数（勤続給），勤続による職業能力の向上（昇給），業務の危険度・作業環境（特殊作業手当），勤務形態（特殊勤務手当），出勤日数（精皆勤手当），時間外・深夜・休日労働時間（時間外・深夜・休日労働手当），通勤・出張に係る実費（通勤手当・出張旅費），勤務時間の配置（食事手当），手当・給付の支給要件（単身赴任手当，転勤者用社宅），勤務地域（地域手当），勤務する事業場（給食施設，休憩室，更衣室），家族や親族にかかわる事情（慶弔休暇），健康確保の必要性（健康診断に伴う勤務免除・有給保障），私傷病時に安心して休職する必要性（病気休職），勤続期間（法定外年休・休暇），職務内容（職務に必要な技能・知識を習得する教育訓練），業務環境（安全管理）などが，考慮要素となりうるものとして例示されている。

　以上の説明や例示からわかるように，条文上最初に考慮要素として明記されている職務内容についても，それが実際に考慮要素となるのは，基本給や教育訓練など職務内容と関連性をもつ一部の待遇にとどまる。それぞれの待遇の不合理性を判断する（①）にあたっては，当該待遇の性質・目的に照らして適切と認められる考慮要素（③）を抽出して，それとの関係で（②）待遇の相違の不合理性を判断することが求められている。さまざまな要素をランダムにピックアップして，それらの事情を総合的に考慮し，不合理性を総合的・相対的に決定するという手法はとられていない。

（b）　判断のポイント・留意点

　以上の点に加えて，待遇差の不合理性の判断について本改正で述べられている重要なポイントを3点述べておこう。

20）　「職務の内容」とは，条文上，「労働者の業務の内容及び当該業務に伴う責任の程度」を指すとされている。

21）　「職務の内容及び配置の変更の範囲」とは，転勤，昇進といった人事異動や本人の役割の変化等の有無や範囲を指すものと解される（平24・8・10基発0810第2号第5の6(2)エ参照）。

第1に，労使交渉の経緯等のプロセスを考慮要素（条文上は「その他の事情」）に含めて考慮することの是非である。

不合理性の判断において，労使間で誠実な交渉が行われ労使合意に達したというプロセスを重視することは，現場に近い労使の声を反映しながら個別企業の多様な実態に対応できる制度設計を可能とし，当事者の納得性や予見可能性を高めることができるという利点をもつ。しかし他方で，労使交渉や合意そのものが少数者への差別を生み出すもととなる（例えば正社員組合が正社員の利益を守るために非正規労働者との大きな待遇差を容認する協定を締結する）という懸念も否定できない。

これらの点を勘案し，労使交渉のプロセスについては，関係する非正規雇用労働者の意見も反映させた形で公正に手続が踏まれている場合[22]には不合理性を否定する考慮要素とするなど，個別事案の事情に応じて考慮要素に含まれうるもの（労使合意の存在が常に不合理性を否定する要素となるわけではない）と解釈することが適当であろう。

改正前の労契法20条に関するハマキョウレックス（差戻審）事件の最高裁判決（前掲注10））は，「均衡のとれたものであるか否かの判断に当たっては，労使間の交渉……を尊重すべき面があることも否定し難い」，長澤運輸事件の最高裁判決（前掲注10））は，「賃金に関する労働条件の在り方については，基本的には，団体交渉等による労使自治に委ねられるべき部分が大きいということもできる」と述べ，不合理性の判断において労使交渉の経緯が考慮事情となりうることを示している。また，本改正法案の審議過程では，「労使交渉の経緯等〔は〕個別事案の事情に応じて〔考慮要素に〕含まれうる」との報告がなされている[23]。

---

22) 非正規労働者を包摂した労使関係システムの整備を進めることを提言した報告書として，労働政策研究・研修機構「様々な雇用形態にある者を含む労働者全体の意見集約のための集団的労使関係法制に関する研究会報告書」（2013年7月）（http://www.jil.go.jp/press/documents/20130730/report.pdf）がある。
23) 労働政策審議会報告・建議（→巻末資料7）2(1)。

第2に，不合理性の考慮要素の判断において，事業主の主観ではなく，客観的・具体的な実態に照らして判断することの重要性である。

「同一労働同一賃金ガイドライン」（→巻末資料10）は，通常の労働者と短時間・有期雇用労働者との賃金の決定基準・ルールの相違について，「将来の役割期待が異なる」といった「主観的又は抽象的な説明では足りず」，当該待遇の性質・目的に照らして適切と認められる事情の客観的・具体的な実態に照らして，不合理と認められるものであってはならないとしている（第3の1の(注)1〔本書280頁〕）。

これは，例えば，正社員の雇用管理区分と非正社員の雇用管理区分を分けている（その雇用管理のなかで賃金の決定基準・ルールが別に設定されている）場合に，長期雇用予定の正社員とそうではない非正社員とは将来に向けた役割や期待が違うため賃金制度を別に設定しているという使用者側の主観的・抽象的な認識・説明では不十分であり，実際に，職務内容が違うとか，人事異動の有無・範囲が違うといった，客観的・具体的な実態の違いがあるか否かによって，不合理性が判断されることを示すものである。これは，理論的には，本条の強行法規性に由来し，当事者の主観的な事情・認識ではなく，客観的な事情・実態に基づいて判断すべきことを明らかにしたものといえる。

改正前の労契法20条に関する裁判例のなかで散見される「長期雇用を前提とした無期契約労働者に対する福利厚生を手厚くし，有為な人材の確保・定着を図るなどの目的」[24]や「長期的な勤務に対する動機付け」[25]といった理由・事情は，使用者側の主観的・抽象的な説明・事情にすぎず，改正後の本条（パートタイム・有期雇用労働法8条）の解釈としては，これらの事情を具体的に基礎づける客観的な実態の違い（例えば長期雇用のなかでの人事異動〔配転義務〕の範囲の具体的な違い），および，その実態の違いと待遇の違いとの関連性・相当性（例えば人事異動〔キャリア展開〕の実態の違いに相当する職能給や教

---

[24] メトロコマース事件・東京高判平成31・2・20労判1198号5頁など。

[25] 日本郵便(時給制契約社員ら)事件・東京高判平成30・12・13労判1198号45頁など。

育訓練の違いとなっていること）を考慮して，不合理性を判断すべきこととなる。

改正前の労契法 20 条に関するハマキョウレックス（差戻審）事件の最高裁判決（前掲注 10））では，住宅手当の相違の不合理性について，原審[26]が論拠としていた「有為人材確保」論（正社員を厚遇して有為な人材の獲得・定着を図るという目的の合理性）は採用されず，広域転勤義務の有無という実態の違いのみを考慮して，不合理性が判断されている。

> **Q16** 定年後再雇用で有期雇用されている労働者にも不合理な待遇の禁止規定は適用されるのか？　その場合，どのような待遇のどのような違いであれば許容されるのか？

第 3 に，定年後の継続雇用の有期雇用労働者の取扱いについてである。

定年後の継続雇用であっても，有期労働契約によって雇用されている以上，通常の労働者と有期雇用労働者との間の不合理な待遇の禁止規定（改正前の労契法 20 条および改正後のパートタイム・有期雇用労働法 8 条）は適用される。問題は，定年後継続雇用の有期雇用労働者について，定年後継続雇用であることを理由に処遇を低く設定することは許されるか（定年後継続雇用であることは「その他の事情」として考慮事情となるか）である。

この点が争点となった長澤運輸事件で，最高裁は，定年退職者の有期契約による再雇用では長期雇用は通常予定されず，同労働者は定年退職までは無期契約労働者（正社員）としての待遇を受け，定年退職後は老齢厚生年金の支給を受けることも予定されていることから，定年後再雇用者であることは，待遇の相違の不合理性の判断で「その他の事情」として考慮されうるとし，定年後再雇用者の待遇を異なるものとすることがただちに不合理とされるわけではないことを示した[27]。もっとも，その具体的判断については，次の 2 点に注意が必要である。

まず，定年後再雇用であることが考慮事情となりうるとしても，個々の賃金項目ごとに，その性質・目的に基づいて不合理性が判断されるため，その

---

26)　ハマキョウレックス（差戻審）事件・大阪高判平成 28・7・26 労判 1143 号 5 頁。
27)　長澤運輸事件・最高裁判決（前掲注 10））。

性質・目的が定年後再雇用であることと関連性のない給付については，無期雇用労働者と同一の支給が求められることがあることである。長澤運輸事件の最高裁判決は，精勤手当の皆勤奨励という趣旨は定年後再雇用であるか否かにかかわらず同様に及ぶものであるため，定年後再雇用者に精勤手当を支給しないことは不合理であるとした。

　次に，定年後再雇用であることと関連する賃金項目についても，前提事情の違いに応じた均衡のとれた処遇が求められるため，相違（賃金差）の幅を考慮した不合理性の判断がなされている。具体的には，基本給相当部分については，使用者の賃金設計上の配慮・工夫，団体交渉を経た調整給の支給等の事情を考慮に入れて，正社員との約2％ないし12％の相違は不合理でないとされ，賞与については，賞与を含めた賃金（年収）の相違は21％程度であり，収入の安定と成果の反映のために配慮・工夫をして設計した賃金体系であること等を考慮すると不合理とはいえないと判断されている。最高裁は，本件事案の判断として，基本給相当部分は1割前後，賞与を含む賃金全体で2割程度の相違は不合理ではないとしているが，本件のような労使交渉を踏まえた調整給の支給等がない事案では，より厳格な判断がなされる可能性がある点には注意が必要である。

　「同一労働同一賃金ガイドライン」（→巻末資料10）は，この長澤運輸事件最高裁判決を受けて，「有期雇用労働者が定年に達した後に継続雇用された者であることは，……短時間・有期雇用労働法第8条のその他の事情として考慮される事情に当たりうる。定年に達した後に有期雇用労働者として継続雇用する場合の待遇について，様々な事情が総合的に考慮されて，通常の労働者と……の待遇の相違が不合理と認められるか否かが判断されるものと考えられる。したがって，当該有期雇用労働者が定年に達した後に継続雇用された者であることのみをもって，直ちに通常の労働者と当該有期雇用労働者との間の待遇の相違が不合理ではないと認められるものではない」としている（第3の1の(注)2）。

　つまり，定年後継続雇用で有期雇用されている労働者の待遇については，定年前の正社員（通常の労働者）との待遇の相違の程度（大きさ）だけでなく，それを基礎づける職務内容，職務内容・配置の変更範囲の違い，労働組合等との交渉の経緯，退職金・企業年金・特別給付金の支給等による収入安定へ

の配慮等の事情を総合的に考慮して，待遇の不合理性を判断することになる[28]。

(c)　具体的判断

　不合理性の具体的な判断については，「同一労働同一賃金ガイドライン」（→巻末資料10）が個々の待遇ごとに基本的な考え方と判断の例を示している。以下，ガイドラインを主に参考にしつつ，個々の待遇ごとにみていこう。
　(ア)　基本給　　「同一労働同一賃金」の実現を図ろうとする今回の改革は，労働（職務内容）が同一であれば賃金（基本給）を同一とする職務給制度をとることを法的に義務づけようとするものではなく，どのような性質・形態の賃金制度（職能給，成果給，勤続給，職務給など）とするかは基本的に労使の決定に委ねた（賃金決定の自由）うえで，それぞれの形態のなかで通常の労働者と短時間・有期雇用労働者の間の均等・均衡を図ることを求めている[29]。

> **Q17**　賃金制度を設計するうえで，例えば，現時点では同じ仕事をしていても，長期間にわたる訓練や評価を考慮に入れて賃金の制度や額を異なるものにするなど，一定のタイムスパンを考慮に入れた制度とすることはできるのか？

　同一労働同一賃金ガイドラインは，基本給について，(1)職業能力・経験

28)　長澤運輸事件最高裁判決以降の労契法20条に関する下級審裁判例として，日本ビューホテル事件・東京地判平成30・11・21労判1197号55頁〔定年後の嘱託社員の賃金が定年退職時の年俸月額の約54％等であることにつき，両者の職務内容は大きく異なり，職務内容・配置の変更範囲にも差異があり，職務内容が近似した一般職正社員と比べるとそれほど低くはないこと等から，不合理とはいえないと判示〕，北日本放送事件・富山地判平成30・12・19労経速2374号18頁〔正社員と再雇用社員の基本給の約27％の相違は，職務内容，職務内容・配置の変更範囲の違い，労働組合との十分な労使協議を経て決定されたものであること，再雇用社員の月収は給付金，企業年金を加えると正社員の基本給を上回ること等から不合理とはいえず，賞与の相違も，十分な労使協議を経たものであること，退職時に2000万円を超える退職金を受けていること，再雇用社員の給与，給付金，企業年金を合わせて年収500万円程度を保障するなど収入安定への配慮は相応に行われていたこと等から不合理とはいえないと判示〕などがある。

29)　「同一労働同一賃金」を原則とする欧州諸国（例えばフランス）でも，職務給以外の賃金制度をとることが許されていないわけではなく，例えば，労働の成果，職業経験，勤続年数に応じた賃金制度も客観的な理由に基づくものとして適法となりうると解されている（本書165頁以下）。

に応じて支給するもの（職能給），(2)業績・成果に応じて支給するもの（成果給），(3)勤続年数に応じて支給するもの（勤続給）という 3 つの典型的な形態を挙げ，そのどれをとるか（または職務給などそれ以外の形態をとるか）は基本的に労使の決定に委ねられるという前提に立って，それぞれの形態のなかで正規雇用労働者と非正規雇用労働者の間の均等・均衡を図るための考え方と例を示している（第 3 の 1）。

　まず，(1)基本給が労働者の職業能力・経験に応じて支給される制度（いわゆる「職能給」）がとられている場合，フルタイム・無期雇用労働者と同一の職業能力・経験を蓄積しているパートタイムまたは有期雇用労働者には，同一の支給をしなければならず，蓄積している職業能力・経験に一定の違いがある場合には，その相違に応じた支給をしなければならないとされる。正社員（フルタイム・無期雇用労働者）について，職業能力・経験の蓄積を〇級△号俸という職能資格で表しそれに応じて基本給額を決定している職能給制度をとっている場合には，短時間・有期雇用労働者についても，同じ尺度で職業能力・経験を判定し，それが正社員と同じレベルの場合には同一の基本給を，レベルに一定の違いがある場合には違いに応じた基本給を支払うことが求められているのである[30][31]。例えば，A 社は職業能力向上のための特殊なキャリアコースを設定しており，フルタイム・無期雇用労働者の X はこのコースを選択してその職業能力を習得したが，パートタイム労働者の Y はこのコースを選択しておらずその職業能力を習得していない場合，X にその職業能力に応じた支給[32]をすることは不合理とはいえない（問題とならない例イ）。なお，ここで評価の対象となる職業経験は，現在の業務と何らかの意味で関連性をもつものでなければならず，現在の業務と何ら関連性をも

---

30)　したがって，正社員（フルタイム・無期雇用労働者）について職能給制度をとっている企業では，短時間・有期雇用労働者にも〇級△号俸という職能資格を付与し，正社員と短時間・有期雇用労働者とを連結した（一体となった）基本給制度のなかに位置づけることによって，双方の均等・均衡を図っていくことが，基本的な方向性として求められることになる。

31)　改正前の労契法 20 条に関する裁判例として，学校法人産業医科大学事件・福岡高判平成 30・11・29 労判 1198 号 63 頁〔臨時職員として 30 年以上勤続してきた労働者と同時期採用の正規職員の基本給の約 2 倍の格差を不合理とし，同学歴の正規職員の主任昇格前の賃金水準との差（月額 3 万円）を限度に損害賠償請求を認容〕参照。

32)　この「職業能力に応じた支給」とは，蓄積している職業能力の相違に応じた支給（「均衡」のとれた上乗せ支給）の意味である。

たない学位や前職経験を有していることを考慮して基本給（職能給）に差をつけることは不合理と考えられる（問題となる例）。

Q17にあるように，ある時点で同じ仕事をしているとしても，一方は将来に向けてより幅の広い経験や訓練を積み上げていくコース，他方はそのような経験や訓練を予定していないコースとし，その経験や訓練（職業経験・能力）の違いを考慮して，その違いに見合った賃金差をつけることは，それが単に「将来への期待」という主観的・抽象的な事情によるものではなく，配転義務の有無・範囲の違いや課される職業訓練の幅・深さの違いといった客観的・具体的な事情に基づくものであれば，不合理でないものとして許容されうる。

(2)基本給が労働者の業績・成果に応じて支給される制度（いわゆる「成果給」）がとられている場合[33]，フルタイム・無期雇用労働者と同一の業績・成果を出しているパートタイムまたは有期雇用労働者には，同一の支給をしなければならず，業績・成果に一定の違いがある場合には，その相違に応じた支給をしなければならないとされる。正社員について業績・成果給制度をとっている場合，短時間・有期雇用労働者についても，同様に業績・成果に応じた基本給の支給（業績・成果が同一の場合には同一の支給，違う場合には相違に応じた支給）をすることが求められているのである。例えば，フルタイム労働者が一定の販売目標を達成した際に一定の支給を行っている場合，短時間労働者（例えばフルタイムの半分の時間勤務のハーフタイム労働者）がフルタイム労働者の販売目標に届かない場合にその支給をしないことは目標設定・支給の方法として不合理であり（問題となる例），ハーフタイム労働者にフルタイム労働者の販売目標の半分を達成した場合に半分の支給をする制度とすることは不合理でないとされる（問題とならない例イ）[34]。

(3)基本給が労働者の勤続年数に応じて支給される制度（いわゆる「勤続給」）がとられている場合，フルタイム・無期雇用労働者と同一の勤続年数であるパートタイムまたは有期雇用労働者には同一の支給，勤続年数に一定の違いがある場合にはその相違に応じた支給をしなければならないとされる。

---

33)　基本給とは別に，「手当」として，労働者の業績・成果に応じた支給を行っている場合も同様とされている（「同一労働同一賃金ガイドライン」〔→巻末資料10〕第3の1(2)〔本書278頁〕）。

正社員について勤続給制度をとっている場合，短時間・有期雇用労働者についても，その勤続年数に応じて同一の支給（短時間・有期雇用労働者と同一の勤続年数の正社員がいない場合にはその勤続年数の相違に応じた支給）をすることが求められているのである[35]。なお，有期雇用労働者の勤続年数は，その時点の労働契約の期間のみではなく，当初の労働契約開始時から通算して勤続年数を算定・評価しなければならない（問題とならない例，問題となる例）。

　ガイドラインには例示されていないが，もう1つの典型的な基本給制度として，労働者の職務の内容に応じて支給される「職務給」制度がある。これについても同様に考えると，いわゆる正社員（通常の労働者）について職務の内容に応じて支給される職務給制度がとられている場合，短時間・有期雇用労働者についても，職務の内容に応じた基本給の支給（職務の内容が同一の場合には同一の支給，違う場合には相違に応じた支給）をすることが求められることになる。

> **Q18** | 正社員と短時間・有期雇用労働者の間で職務を明確に区分（いわゆる「職務分離」）すれば，不合理な待遇の禁止規定は適用されないのか？　簡単な仕事で待遇が低くてもよいと言っている短時間・有期雇用の従業員についても同じようにしなければならないのか？

　使用者が正社員の職務と短時間・有期雇用労働者の職務を明確に切り分けた（いわゆる「職務分離」）としても，ここでは，職務内容の違いに応じてバランス（均衡）のとれた職務給の支給が求められる。例えば，職務遂行の難易度や職務の価値が 100 対 80 の場合，正社員の 8 割に相当する職務給の支給，難易度や価値が明確に数値化できるわけではない場合には，難易度・価

---

34) フルタイム・無期雇用労働者は，生産効率や品質の目標値に対する責任を負っており，目標値未達成の場合には待遇上の不利益を課されるが，短時間労働者は生産効率・品質の目標値に対する責任を負っておらず，目標値未達成の場合にも待遇上の不利益を課されていないケースで，当該フルタイム・無期雇用労働者の基本給を待遇上の不利益を課されることとの見合いに応じて高くすることも，不合理でないとされている（問題とならない例ロ）。未達成による待遇上の不利益の幅はわずかで，基本給の差がそれに比べて大きい場合には，両者の均衡を欠くものとして不合理となりうる。

35) 改正前の労契法 20 条に関する裁判例として，井関松山ファクトリー事件・高松高判令和元・7・8 判例集未登載〔年齢に応じて増大する生活費補助の趣旨で支給される物価手当を有期契約労働者に支給しないことは不合理と判示〕参照。

値に照らして不相当に低くない水準の職務給の支給をすることが求められており，本条の適用を免れるわけではない。企業や実務家のなかには，「同一労働同一賃金」というフレーズに引きずられて，正社員と短時間・有期雇用労働者の間で職務分離をして「労働」を別にすれば，改正法の適用を受けなくなると誤解している人がなお一部にみられるが，「同一労働同一賃金ガイドライン」が「基本的な考え方」（第2）として明確に示しているように，仮に職務分離がなされたとしても，職務の違いに応じた支給をすること（通勤手当，食事手当など職務に関連しない給付の多くについては職務が違っても同一の支給をすること）が求められており，職務分離によって本条の適用を免れることはできない構造となっている。労働者本人が簡単な仕事で待遇が低くてもよいと言っている場合でも，本条は強行法規であるため，実態に応じた均等または均衡待遇を実現することが必要である（→(2)(f)）。

Q19 基本給がいくつかの性格を併せもっている複合的な制度となっている場合，どのようにして均等・均衡を実現すればよいか？

実際には，上記のような形態（職能給，成果給，勤続給，職務給など）が組み合わされた形で正社員の基本給が設計されていることが少なくない。このような複合的な形態（例えば職能給部分6割，成果給部分4割で構成された基本給）の場合には，それぞれの部分について，上述の方法で，正社員と短時間・有期雇用労働者との均等・均衡を図り，これらを足し合わせて全体として均等・均衡を図るという方法（例えば職能給部分は60対50，成果給部分は40対35の場合，合計で100対85）をとることが求められている。実際の手順としては，まず，正社員の基本給制度がどのような性質をもつものとして設計されているか（職能給か，成果給か，勤続給か，職務給か，その複合形態か等）をその実態に照らして判定（いわゆる「性質決定」「要素分解」）し，次に，それぞれの性質をもつ部分について上述の方法で正社員と短時間・有期雇用労働者との均等・均衡という観点から評価・計算を行い，最後に，複合形態の場合には各部分を足し合わせて全体の均等・均衡を図るという方法をとることが必要になる[36]。

Q20 | 基本給について，正社員と短時間・有期雇用労働者で同じ賃金制度としなければならないのか，違う制度としてもよいのか？ その際に気をつけなければならない点はどこか？

　以上のような観点から均等・均衡を実現するには，短時間・有期雇用労働者も正社員と同じ賃金制度のなかに位置づけ，同じ基準を適用して賃金額を決定することが，一番シンプルな方法である。

　もっとも，正社員と短時間・有期雇用労働者を違う賃金制度の下に置くことが禁止されているわけではない。例えば，フルタイム・無期雇用労働者は職能給制度，短時間・有期雇用労働者は職務給制度とし，それぞれ別の基準で賃金額を決定することも，それが不合理なものといえない限り，本条に違反し禁止されるわけではない。しかし，この場合にも，本条やガイドラインの適用を免れるわけではなく，両者の違いが不合理でないことが求められる。

　別の賃金制度とした場合に，不合理でないというためには，両者の均等・均衡という観点から，次の二重のチェックがかかってくる。第1に，別制度とすることを根拠づける（パートタイム・有期雇用労働法14条2項の「相違の……理由」となる）客観的な実態の違いが両者の間にあるか（職務の内容，転勤義務の有無・範囲，課される訓練の幅・深さ等の実態の違いに基づく制度設計となっているか）[37]，第2に，そのような実態の違いがあって別制度とすること自体は不合理でないとしても，両制度を適用して支給される賃金額の違いが実態の違いに見合ったバランスのとれたものとなっているか（職務内容等の違いに応じた均衡のとれた賃金額の相違となっているか）という2段階のチェックである。別制度としその適用をするなかで均衡を失した賃金差が放置・容認されることを防ぐために，別制度とする場合にはこのような二重のチェックをかけることが求められている。

---

36)　厚生労働省が作成し周知啓発を図っている「パートタイム・有期雇用労働法対応のための取組手順書」（第1章6(2)②）および業界別の「同一労働同一賃金導入マニュアル」（同③）は，基本的にはこのような作業をワークシートに沿って段階立てて行うことを促すマニュアルとなっている。

37)　「同一労働同一賃金ガイドライン」（→巻末資料10）第3の1の(注)1（本書280頁）参照。

100

Q21 | 昇給にあたってはどのような対応をとることが必要か?

「同一労働同一賃金ガイドライン」は，(4)昇給にも言及している。ガイドラインは，基本給の引上げである昇給を，勤続による職業能力の向上に応じて行う場合，フルタイム・無期雇用労働者と勤続による職業能力の向上が同一のパートタイムまたは有期雇用労働者には同一の昇給を，一定の違いがある場合にはその相違に応じた昇給を行わなければならないとしている。

昇給は，一般に，勤続による職業能力の向上に応じた定期昇給と，物価上昇や会社の業績等を考慮したベースアップから構成されることが多い。ガイドラインは，このうち，定期昇給部分（勤続による職業能力の向上に応じた昇給部分）について，短時間・有期雇用労働者にも同様に昇給（勤続による職業能力の向上が同一の場合には同一の昇給，一定の違いがある場合には相違に応じた昇給）を行うことを求めている。これは，勤続による職業能力の向上に特に違いがあるとはいえないような場合には，短時間・有期雇用労働者にも正社員と同じ定期昇給を行うことを求めるものである。

ガイドラインで言及されていないベースアップ部分については，物価上昇や会社の業績等を考慮したものであることが多い。これらの事情が短時間・有期雇用労働者にも同様に及んでいると認められる場合には，本条の適用により，短時間・有期雇用労働者にも正社員と同様のベースアップを行うことが求められるものと解釈される。

(イ) 賞与

Q22 | 短時間・有期雇用労働者にも賞与を支給しなければならないか? その対象者と計算方法はどうすべきか?

賞与について，「同一労働同一賃金ガイドライン」は，会社の業績等への貢献に応じて支給しようとする場合，通常の労働者と同一の貢献であるパートタイムまたは有期雇用労働者には同一の支給，貢献に一定の違いがある場合にはその相違に応じた支給をしなければならないとしている（第3の2）。

賞与がどのような性質・目的をもつかはその実態によるが，例えば，賞与の算定基礎期間（夏の賞与については前年度下半期〔10月から3月〕，冬の賞与については同年度上半期〔4月から9月〕など）を定め，会社の業績に応じてその

期の賞与の支給月数（平均）を決めたうえで，同期間における各労働者の出勤率（例えば9割出勤要件）と成績評価を考慮して各労働者への支給額を決定するという一般的な形態の賞与の場合，その性質・目的は，賃金後払いとともに，会社業績への貢献に対する報償（功労報償）にあると解される。このように会社業績への貢献に対する報償との性格をもつ賞与については，いわゆる正社員（通常の労働者）と短時間・有期雇用労働者との間で，会社業績への貢献が同一であれば同一の支給，一定の違いがある場合にはその相違に応じた支給をすることが求められているのである[38)39)]。実際には，基本給額の違いは別に検討される（本書95頁以下）として，賞与の支給月数については，会社業績への貢献の点で正社員と短時間・有期雇用労働者との間に特別の違いがあるとは認められない場合には両者に同じ月数，会社業績への貢献に一定の違いが認められる場合（例えば，正社員Aが会社業績につながる顧客獲得やリスク対応等の点で重い責任や義務を負っているのに対し，短時間・有期雇用労働者Bはそのような責任や義務を負っていないなど，AとBとの間に具体的に会社への貢献度に一定の違いがあると説明できる場合）にはその違いに応じた月数（例えば会社業績への貢献度が100対75といえる場合には支給月数を2か月対1.5か月）で支給することは不合理とはいえない。これに対し，会社業績に貢献しているにもかかわらず，短時間・有期雇用労働者に賞与を支給しないまたは寸志程度しか支給しないこと（その額が会社業績への貢献度の違いから説明できる水準に達していない場合）は不合理とされることになる[40)]。使用者による査定を経て賞与の額が具体的に決定される制度がとられている場合には，正社員と短時間・有期雇用労働者との間で同様に査定を行って賞与額を決定しなければならず，査定上短時間・有期雇用労働者を不利益に取り扱っている場

---

38) 改正前の労契法20条に関する裁判例として，学校法人大阪医科薬科大学（旧大阪医科大学）事件・大阪高判平成31・2・15労判1199号5頁〔有期雇用のアルバイト職員への賞与の不支給（少なくとも60％を下回る不支給）を不合理と判示〕参照。

39) これに対し，例えば，賞与が過去の勤務状況等にかかわらずその時点で在籍している労働者に定額または一定月数分支給されるなど，過去の功労への報償ではなく将来の勤務に対する勤労奨励的な性格をもつ場合には，その性質・目的に照らし，その時点で在籍しその後も勤務することが予定されている短時間・有期雇用労働者に対し，フルタイム・無期雇用労働者と同額または同月数分の賞与を支給することが求められる（その時点で既に労働契約関係が終了している労働者には支給しなくてもよい）ことになるだろう。

合には本条違反となる。

　（ウ）　手当

Q23 | 諸手当については，短時間・有期雇用労働者にも正社員と同じように支給しなければならないか？

　諸手当について，ガイドラインは以下のように示している（第3の3）。

　役職の内容，責任の範囲・程度に対して支給される(1)役職手当については，通常の労働者（いわゆる正社員）と同一の役職・責任に就く短時間・有期雇用労働者には同一の支給，役職・責任に一定の違いがある場合にはその相違に応じた支給をしなければならない。役職に伴う責任の重さ等への対償として支給されるという役職手当の性質・目的に照らし，役職に伴う責任の重さ等を考慮して，均等（同一支給）または均衡（違いに応じた支給）が求められている。例えば，店長という役職の内容，責任の範囲・程度に対して支給されている店長手当については，フルタイム・無期雇用労働者である店長Xと同じ役職の内容・責任を負っている有期雇用労働者の店長Yには，同じ店長手当を支給しなければならず，Yの店長手当をXより低額とすることは不合理とされる（問題とならない例イ，問題となる例）。なお，パートタイムの店長に対して，フルタイムの店長に比べて労働時間に比例した分低額の店長手当を支給することは不合理とはいえない（問題とならない例ロ）。

　業務の危険度または作業環境に応じて支給される(2)特殊作業手当については，通常の労働者と同一の危険度または作業環境の業務に従事する短時間・有期雇用労働者には，同一の支給をしなければならない。業務の危険度や作業環境への代償として支給されるという特殊作業手当の性質・目的に照らし，業務の危険度や作業環境が同一の労働者には，フルタイム・無期雇用労働者か短時間・有期雇用労働者かを問わず，同一の支給をすることが求め

---

40)　正社員Xは生産効率や品質の目標値への責任を負っており目標値未達の場合には待遇上の不利益を課されているが，正社員Yや有期雇用労働者Zはそのような責任を負っておらず生産効率や品質が低かった場合にも待遇上の不利益を課されていないような場合，Xに対して賞与を支給し，YやZに対して賞与を支給していないことは，Xに課されている待遇上の不利益と均衡のとれた範囲内であれば，不合理でないとされている（問題とならない例ロ）。Xへの待遇上の不利益の幅や実際の責任はさほど大きくないにもかかわらず，Xの賞与額が過大に設定されている場合には，均衡を欠き不合理と解される。

られている[41]。

　交替制勤務など勤務形態に応じて支給される(3)特殊勤務手当については，通常の労働者と同一の勤務形態で業務に従事する短時間・有期雇用労働者には，同一の支給をしなければならない。交替制勤務など特殊な勤務形態に就くことの代償として支給されるという特殊勤務手当の性質・目的に照らし，その特殊な勤務形態に同じように就いている労働者には，フルタイム・無期雇用労働者か短時間・有期雇用労働者かを問わず，同一の支給をすることが求められている。なお，パートタイム労働者の採用時に特殊勤務に就くことが明確にされたうえで，特殊勤務手当に相当する部分が基本給に盛り込まれその分基本給が高く設定・支給されている場合，当該パートタイム労働者に特殊勤務手当を支給しないことは不合理ではないとされている（問題にならない例ロ）[42]。

　一定日数以上出勤したことに対する報償として支給される(4)精皆勤手当については，その対象となっている通常の労働者と同一の業務に従事する短時間・有期雇用労働者には，同一の支給をしなければならない。シフト勤務などにおいて指定された勤務日に無欠勤または少ない欠勤で勤務することで業務の円滑な遂行等に寄与することの報償として支給されるという精皆勤手当の性質・目的に照らし，同じ業務で勤務日の指定を受け無欠勤または少欠勤で勤務した労働者には，フルタイム・無期雇用労働者か短時間・有期雇用労働者かを問わず，同一の支給をすることが求められている[43]。なお，正社員Ｘには欠勤についてマイナス査定をして処遇に反映させ，一定日数以上出勤した場合には精皆勤手当を支給しているが，有期雇用労働者Ｙには欠勤についてマイナス査定を行っておらず，マイナス査定を行っていないこと

---

41)　改正前の労契法20条の解釈として，ハマキョウレックス(差戻審)事件・最高裁判決（前掲注10)）は有期雇用労働者への作業手当の不支給を不合理と判示している。

42)　これは理論的には，給付の形式・名称等によらず実態に応じて判断すべきことを示す例である。基本給の増額部分が，特殊勤務手当の額に比べて低額である場合には，均衡を欠くものとして不合理と判断されうる。

43)　改正前の労契法20条に関する判例・裁判例で，有期雇用労働者への精皆勤手当の不支給を不合理と判断したものとして，ハマキョウレックス(差戻審)事件・最高裁判決（前掲注10)），長澤運輸事件・最高裁判決（前掲注10)），井関松山製造所事件・高松高判令和元・7・8判例集未登載参照。

との見合いの範囲内で（マイナス査定分と精皆勤手当のプラス分とで量的に均衡がとれ両者を合わせて有利・不利とならない態様で）精皆勤手当を支給しないことは，不合理ではないとされている（問題とならない例）。

　フルタイムの所定労働時間を超えて行われる時間外労働に対して割増しして支給される(5)時間外労働手当については，同様にフルタイムの所定労働時間を超えて時間外労働を行った短時間・有期雇用労働者には，同一の割増率等で支給をしなければならない。一定の所定労働時間を超える労働による過重な負荷に対する代償となるとともに長時間労働への抑制効果をもつという時間外労働手当の性質・目的に照らし，同一の時間労働する労働者には，フルタイム・無期雇用労働者か短時間・有期雇用労働者かを問わず，同一の支給をすることが求められている[44]。例えば，法定内時間外労働に対する割増手当や，法定時間外労働に対する法定割増率を超えた割増手当を正社員に支給している企業では，同じ時間労働した短時間・有期雇用労働者にも同一の割増率で手当を支給することが求められる。

　深夜・休日労働に対して支給される深夜・休日労働手当については，同様に深夜・休日労働を行った短時間・有期雇用労働者には，同一の割増率等で支給をしなければならない。深夜・休日労働による過重な負荷，私生活の抑制に対する代償として支給されるという深夜・休日労働の性質・目的に照らし，同一の深夜・休日労働をし同様の負荷・抑制を負っている労働者には，フルタイム・無期雇用労働者か短時間・有期雇用労働者かを問わず，同一の支給をすることが求められているのである[45]。例えば，法定内休日労働への休日手当，法定割増率を超えた深夜・休日割増手当について，短時間・有期雇用労働者にも同一の支給をすることが求められる。所定労働時間が短いパートタイム労働者についても，同一の割増率等で支給することが求められ，深夜・休日労働手当の単価をフルタイム労働者より低く設定することは不合

---

44)　改正前の労契法20条に関する裁判例として，メトロコマース事件・東京高判平成31・2・20労判1198号5頁〔早出残業手当の割増率の相違を不合理と判示〕参照。

45)　改正前の労契法20条の解釈で，有期雇用労働者への年末年始勤務手当の不支給を不合理とした裁判例として，日本郵便(時給制契約社員ら)事件・東京高判平成30・12・13労判1198号45頁，日本郵便(非正規格差)事件・大阪高判平成31・1・24労判1197号5頁参照（後者は年始勤務への祝日給の不支給も不合理と判断した）。

理とされている（問題となる例）。

　通勤手当・出張旅費については，短時間・有期雇用労働者にも，通常の労働者と同一の支給をしなければならない。通勤や出張にかかる実費を補償するという通勤手当・出張旅費の性質・目的に照らし，通勤や出張によって実費を負担する労働者には，フルタイム・無期雇用労働者か短時間・有期雇用労働者かを問わず，同一の支給をすることが求められている[46]。所定労働日数が多いフルタイム労働者には月額で定期代を支給し，所定労働日数が少ないまたは出勤日数が変動するパートタイム労働者には日額で交通費を支給することは，支給額が労働日数に応じたものとなっていれば，不合理なものとはいえない（問題とならない例ロ）。また，採用圏を限定していない無期雇用フルタイム労働者には交通費実費の全額を支給し，採用圏を近隣に限定しているパートタイム労働者にも（採用圏内での）交通費実費の全額を支給しているが，パートタイム労働者が本人の都合で圏外に転居した場合に採用圏内の公共交通機関の費用の限りで通勤手当を支給することは，不合理とはいえないとされている（問題とならない例イ）[47]。

　食費の負担補助として支給される(8)食事手当については，短時間・有期雇用労働者にも，通常の労働者と同一の支給をしなければならない。勤務時間内に食事時間が挟まれている場合にその食費負担を補助するという食事手当の性質・目的に照らし，同様に勤務時間内に食事時間が挟まれている短時間・有期雇用労働者には同一の支給をすることが求められている[48]。例えば，勤務時間が午後2時から5時のパートタイム労働者については，勤務時間内に昼食時間が挟まれていないため，昼食費用を補助する食事手当を支給しな

---

46)　改正前の労契法20条の解釈で，有期雇用労働者への通勤手当の低額支給を不合理とした判例・裁判例として，ハマキョウレックス(差戻審)事件・最高裁判決（前掲注10)），九水運輸商事事件・福岡高判平成30・9・20労判1195号88頁参照。労契法20条制定時の国会答弁（平成24年6月19日第180回国会参議院厚生労働委員会会議録8号3頁以下〔金子順一厚生労働省労働基準局長答弁〕），厚生労働省の解釈通達（平24・8・10基発0810第2号第5の6(2)オ）も，通勤手当や出張旅費の不支給を不合理としている。

47)　理論的には，採用圏限定ゆえの通勤手当の限定は不合理とはいえず，かつ，本人都合で転居した場合に通勤手当の限定を維持することも不合理とはいえないと考えられることの帰結である。

48)　改正前の労契法20条の解釈で，有期雇用労働者への給食手当の不支給を不合理とした判例として，ハマキョウレックス(差戻審)事件・最高裁判決（前掲注10)）参照。

いことも不合理ではないとされる（問題とならない例）。これに対し，同じように食事時間が勤務時間に挟まれている場合に，フルタイム・無期雇用労働者に高額の食事手当，有期雇用労働者に低額の食事手当を支給することは，不合理とされる（問題となる例）。

単身赴任の労働者で一定の要件を満たすものに支給される(11)単身赴任手当については，通常の労働者と同一の支給要件を満たす短時間・有期雇用労働者には，同一の支給をしなければならない。会社都合による転勤で，やむを得ない事情のために単身赴任し，家族と別居している場合など，一定の要件を満たす場合に，二重生活による経済的負担等を補償するために支給されるという単身赴任手当の性質・目的に照らし，同一の要件を満たして単身赴任している短時間・有期雇用労働者には，二重生活による経済的負担等を補償するために，正社員と同一の支給をすることが求められている。

特定の地域で働く労働者に対する補償として支給される(10)地域手当については，通常の労働者と同一の地域で働く短時間・有期雇用労働者には，同一の支給をしなければならない。特定の地域の物価の高さ等による生活費の高負担を補償するために支給されるという地域手当の性質・目的に照らし，同じ地域で働く労働者については，フルタイム・無期雇用労働者か短時間・有期雇用労働者かを問わず，同一の支給をすることが求められている。例えば，無期雇用労働者と有期雇用労働者でいずれも転勤があるにもかかわらず，有期雇用労働者には地域手当を支給しないことは不合理とされる（問題となる例）。これに対し，フルタイム・無期雇用労働者には全国一律の基本給で，転勤による地域勤務に対し地域物価等を勘案した地域手当を支給しているのに対し，地域採用の有期雇用またはパートタイム労働者には，地域物価考慮分が基本給のなかに盛り込まれている（その分フルタイム・無期雇用労働者の基本給より相対的に高額となっている）ため地域手当を支給していないことは，不合理ではないとされている（問題とならない例）。

（エ）　福利厚生

Q24 ｜ 福利厚生等については短時間・有期雇用労働者にも同じように利用を認めなければならないか？　病気休職，特別休暇についてはどうすべきか？

福利厚生についてガイドラインは以下のように示している（第3の4）。

(1)給食施設，休憩室，更衣室といった福利厚生施設は，通常の労働者と同一の事業場で働く短時間・有期雇用労働者には，同一の利用を認めなければならない。職場で働く労働者への勤務に伴う便宜として提供されるという福利厚生施設（給食施設，休憩室，更衣室）の性質・目的に照らし，同じ職場で働く労働者については，フルタイム・無期雇用労働者か短時間・有期雇用労働者かを問わず，同一の利用を認めることが求められているのである[49]。

(2)転勤者用社宅については，通常の労働者と同一の支給要件を満たす短時間・有期雇用労働者には，同一の利用を認めなければならない。転勤の有無，扶養家族の有無，住宅の賃貸，収入の額など一定の要件を満たす労働者に対して転勤に伴う住宅賃貸の負担をなくすという転勤者用社宅の性質・目的に照らし，同一の要件を満たす（同一の状況に置かれている）労働者については，フルタイム・無期雇用労働者か短時間・有期雇用労働者かを問わず，同一の利用を認めることが求められている。

(3)慶弔休暇，健康診断に伴う勤務免除・有給保障については，短時間・有期雇用労働者にも，通常の労働者と同一の付与をしなければならない。一定の家族や親族にかかわる事情（慶弔）への配慮，有給の勤務免除で安心して健康診断を受診することによる健康確保という慶弔休暇・健康診断保障の性質・目的の点では，フルタイム・無期雇用労働者も短時間・有期雇用労働者も違いがないため，同一の付与をすることが求められている。ただし，所定労働日が少ない（例えば週2日勤務の）パートタイム労働者については，勤務日の振替での対応を基本としつつ，振替が困難な場合にのみ慶弔休暇を付与することも不合理ではないとされている（問題とならない例）[50]。

(4)病気休職については，無期雇用の短時間労働者には通常の労働者と同

---

49)　労契法20条制定時の国会答弁（平成24年6月19日第180回国会参議院厚生労働委員会会議録8号3頁以下〔金子順一厚生労働省労働基準局長答弁〕），および，厚生労働省の解釈通達（平24・8・10基発0810第2号第5の6(2)オ）も，有期雇用労働者に食堂の利用を認めないことを不合理としている。

50)　週2日勤務のパートタイム労働者は，週5日勤務のフルタイム労働者に比べて所定休日が多いため，基本的には所定休日での対応を求めつつ，所定労働日に慶弔休暇をとる必要性が高い場合（振替が難しい場合）には慶弔休暇の取得を認めることは，不合理ではないと考えられているのである。

一の付与をしなければならず，有期雇用労働者（有期雇用のフルタイムおよびパートタイム労働者）にも労働契約の残存期間を踏まえて付与しなければならない。病気休職中の解雇を猶予することで安心して休職し健康回復を図ることを促すという病気休職制度の性質・目的は，フルタイム・無期雇用労働者にも短時間・有期雇用労働者にも同じようにあてはまるため，基本的には同一の支給を求めつつ[51]，有期雇用労働者については労働契約の残存期間が短い場合があるため，残存期間に応じた付与をすること（例えば無期雇用労働者の病気休職期間が1年半，有期雇用労働者の契約残存期間が6か月の場合，契約期間終了日まで〔6か月間〕病気休職を認めること）が求められているのである（問題とならない例)[52]。

(5)法定外年休・休暇（(3)慶弔休暇を除く）が勤続期間に応じて認められている場合，通常の労働者と同一の勤続期間である短時間・有期雇用労働者には，同一の付与をしなければならない。勤続への報償としての休暇付与という性質・目的に照らして，勤続期間が同一の場合には，フルタイム・無期雇用労働者か短時間・有期雇用労働者かを問わず，同一の付与をする（要件・付与日数・繰越し等の点で基本的に同一の取扱いをする）ことが求められている。有期労働契約が更新されている場合には，その実態に照らし，当初の契約期間から通算して勤続期間を算定すべきものとされている。なお，その休暇の趣旨が，単なる勤続への報償ではなく，業務従事時間全体（総労働時間）を通じた貢献への報償という趣旨で支給されている場合には，パートタイム労働者に対してフルタイム労働者と比べて労働時間に比例した日数だけ付与することも，不合理ではないとされている（問題とならない例）。

また，夏期や冬期等の過密・過酷な勤務に対する報償として付与される特

---

51) 改正前の労契法20条に関する裁判例として，日本郵便（時給制契約社員ら）事件・東京高判平成30・12・13労判1198号45頁〔契約社員の病気休暇中の無給扱いは不合理と判示〕，日本郵便（非正規格差）事件・大阪高判平成31・1・24労判1197号5頁〔契約社員の病気休暇中の無給扱いは不合理と判示〕，学校法人大阪医科薬科大学（旧大阪医科大学）事件・大阪高判平成31・2・15労判1199号5頁〔有期雇用のアルバイト職員の私傷病欠勤中の無給扱いは不合理と判示〕参照。
52) 病気休職期間が当該有期労働契約の期間終了日までとされるとしても，当該契約終了時に雇止めが当然認められるわけではなく，雇止めの可否については労契法19条および信義則に沿って別に判断されることになる。

別休暇については，通常の労働者と同様の勤務状況にある有期雇用労働者に対して不支給とすることは，不合理であると解される[53]。

（オ）　その他　　(1)教育訓練については，例えば，現在の職務に必要な技能・知識を習得するために実施する場合，通常の労働者と同一の職務内容である短時間・有期雇用労働者には，同一の教育訓練を実施しなければならない。職務の内容，責任に一定の違いがある場合には，その相違に応じた教育訓練を実施しなければならない。職務に必要な技能・知識の習得という性質・目的に照らし，職務の内容が同一であれば同一の教育訓練，職務の内容に違いがあればその違いに応じた教育訓練を実施することが求められている（ガイドライン第3の5(1)）。

(2)安全管理に関する措置・給付については，通常の労働者と同一の業務環境に置かれている短時間・有期雇用労働者には，同一の支給をしなければならない。業務環境に応じた十全の安全管理により労働者の健康を確保するという性質・目的に照らし，同一の業務環境にある労働者に対しては，無期雇用フルタイム労働者か短時間・有期雇用労働者かにかかわらず，同一の付与をすることが求められている[54]（同(2)）。

（カ）　ガイドラインに記載されていない待遇

Q25 ｜ ガイドラインに記載されていない退職金，住宅手当，家族手当についてはどうすべきか？

「同一労働同一賃金ガイドライン」は，上述のように，基本給，賞与，手当，福利厚生，その他について，均等・均衡を確保するための基本的な考え方と例を，それぞれ示している。そこでは，かなり広範囲にわたってさまざまな待遇について記載がなされているが，ガイドラインに記載されていない

---

53)　改正前の労契法20条に関する裁判例として，日本郵便（時給制契約社員ら）事件・東京高判平成30・12・13労判1198号45頁〔契約社員への夏期冬期休暇の不付与は不合理と判示〕，日本郵便（非正規格差）事件・大阪高判平成31・1・24労判1197号5頁〔契約社員への夏期冬期休暇の不付与は不合理と判示〕，学校法人大阪医科薬科大学（旧大阪医科大学）事件・大阪高判平成31・2・15労判1199号5頁〔有期雇用のアルバイト職員への夏期特別有給休暇の不付与は不合理と判示〕参照。

54)　改正前の労契法20条に関する厚生労働省の解釈通達で，安全管理に関する労働条件を相違させることは不合理であるとされている（平24・8・10基発0810第2号第5の6(2)オ）。

待遇もある。ガイドラインに記載されていない待遇については，すべての待遇を適用対象とする改正法の条文（パートタイム・有期雇用労働法8条）を根拠に，裁判所で待遇の相違の不合理性が争われうる（働き方改革実行計画〔→巻末資料6〕5頁の図1〔本書235頁〕参照）。その代表的な例として退職金，住宅手当，家族手当がある。以下，この3つの待遇について，本条の判断枠組み（待遇の性質・目的に照らした適切な考慮要素を踏まえた不合理性の判断）に沿って，基本的な考え方を示しておこう。

　退職金については，勤続期間に応じた功労への報償として支給しようとする場合，通常の労働者と同一の勤続期間である短時間・有期雇用労働者には，同一の支給をしなければならない。有期雇用労働者については，当初の契約期間から通算した期間を勤続期間として算定しなければならない。勤続期間に応じて算定され，賃金の後払いまたは勤続の功労への報償として支給されるという退職金の性質・目的に照らし，フルタイム・無期雇用労働者か短時間・有期雇用労働者かを問わず，勤続期間の長さに応じて同一の支給をすることが求められる。例えば，フルタイム・無期雇用労働者には勤続4年目から退職金の支給が始まる退職金制度をとっている会社では短時間・有期雇用労働者にも勤続4年目から，勤続20年目から支給が始まる退職金制度をとっている会社では短時間・有期雇用労働者にも勤続20年目から，同じ計算式で支給することが求められる[55]。退職金についてポイント型退職金制度をとる場合も，退職一時金制度ではなく，確定給付型（DB）または確定拠出型（DC）の企業年金をとる場合も，同じ制度を適用する（同じ機会を与える）べきことは，同様である。なお，退職金として後払いとするのではなく，退職金引当金に相当する額を基本給に上乗せして支給している（その分退職金支給対象者より上乗せ支給部分を含む基本給額が高額となっている）労働者に対して退職金を支給しないことは，不合理とはいえないと解される[56]。

　住宅手当については，通常の労働者と同一の支給要件（既婚の世帯主，扶養

55）　改正前の労契法20条に関する裁判例として，メトロコマース事件・東京高判平成31・2・20労判1198号5頁〔契約社員への退職金の不支給（少なくとも正社員の4分の1を支給しないこと）を不合理と判示〕参照。

56）　後述する派遣労働者の労使協定方式による退職手当支払いの選択肢（→巻末資料11〔本書304頁以下〕）も，同様の考え方に立っている。

家族の有無，住宅の賃貸または持ち家のローン返済，勤務地など）を満たす短時間・有期雇用労働者には，同一の支給をしなければならない。一定の要件を満たす労働者について住宅にかかる費用を補助するために支給するという住宅手当の性質・目的に照らし，住宅・居住について同一の状況にある場合には，同一の支給をすることが求められる。改正前の労契法20条に関する判例・裁判例として，事案により，正社員（無期雇用労働者）と契約社員（有期雇用労働者）の間に広域転勤義務の点で違いがあることから後者への不支給を不合理でないとしたもの[57]と，両者の間に転勤義務の点で違いがなく住宅費用の負担の点で両者の間に実質的に違いがあるとはいえないことから有期雇用労働者への不支給を不合理としたもの[58]がある。なお，世帯主要件は，実質的に性差別をもたらしうるもの（間接差別）として別の法的考慮がはたらく可能性があること（男女雇用機会均等法7条参照）には注意が必要である。

　配偶者手当，子供手当などの家族手当については，通常の労働者と同一の支給要件（扶養家族の存在，その年齢・収入の額など）を満たす短時間・有期雇用労働者には，同一の支給をしなければならない。扶養する家族の生活を援助するために支給されるという家族手当の性質・目的に照らして，家族の扶養状況が同一の場合には，同一の支給をすることが求められる[59]。なお，被扶養配偶者の収入要件（年収103万円以下等）や世帯主要件は，実質的に性差別をもたらしうるもの（間接差別）として別の法的考慮がはたらく可能性があること（男女雇用機会均等法7条参照）には注意が必要である。

　そのほか，ガイドラインに記載されていない無事故手当，勤続報償などについても，有期雇用労働者への不支給の不合理性が裁判所で争われ，不支給を不合理として法的救済を肯定した判例・裁判例がある[60]。

---

57)　ハマキョウレックス(差戻審)事件・最高裁判決（前掲注10））。

58)　井関松山製造所事件・高松高判令和元・7・8判例集未登載，日本郵便（時給制契約社員ら）事件・東京高判平成30・12・13労判1198号45頁，日本郵便（非正規格差）事件・大阪高判平成31・1・24労判1197号5頁，メトロコマース事件・東京高判平成31・2・20労判1198号5頁。

59)　改正前の労契法20条の裁判例として，井関松山製造所事件・高松高判令和元・7・8判例集未登載〔契約社員への家族手当の不支給は不合理と判示〕参照。

60)　ハマキョウレックス(差戻審)事件・最高裁判決（前掲注10））〔契約社員への無事故手当の不支給を不合理と判示〕，メトロコマース事件・東京高判平成31・2・20労判1198号5頁〔契約社員への勤続10年褒賞の不支給を不合理と判示〕。

（4） 立証責任と効果

> **Q26** 「不合理」性の立証責任はどちらが負うのか？　不合理とされた場合，正社員の契約内容がそのまま短時間・有期雇用労働者の契約内容になるのか？

　短時間・有期雇用労働者側は，まず，通常の労働者の待遇と自らの待遇との間に相違があることを主張・立証する責任を負う。比較対象となる「通常の労働者の待遇」（本書80頁以下）として，誰のどの待遇を選択するかは，基本的に原告となる短時間・有期雇用労働者側が選択し，それと自らの待遇との相違を主張・立証することになる。通常の労働者の待遇について十分な情報がない等の場合には，待遇の相違の内容と理由等についての事業主の説明義務（パートタイム・有期雇用労働法14条2項）によって事業主から情報を得ることが考えられる。

　待遇の相違の「不合理性」については，規範的評価を伴うもの（いわゆる「規範的要件」）であると解されるため，短時間・有期雇用労働者側が不合理であることを基礎づける事実（評価根拠事実）を主張・立証し，事業主側が不合理でないことを基礎づける事実（評価障害事実）を主張・立証するという形で，双方が主張・立証責任を負うものと解される[61]。具体的には，例えば職能給にあたる基本給（本書95頁以下）の相違については，短時間・有期雇用労働者側が，当該通常の労働者と職業能力・経験が同一であるにもかかわらず基本給に相違があること，または，職業能力・経験に一定の違いがあるが基本給の相違がその違いに応じたものになっていない（均衡を欠く）こと，事業主側が，当該通常の労働者と短時間・有期雇用労働者とは職業能力・経験の点で違いがあり，かつ，両者の間の基本給の相違はその違いに応じたものとなっていることを，主張・立証することになる。これらの双方の主張を踏まえて，裁判所が，待遇の相違の不合理性の有無（当該待遇について均等・均衡待遇が確保されているか否か）を判断する。

---

61)　改正前の労契法20条に関する判例，解釈通達として，ハマキョウレックス（差戻審）事件・最高裁判決（前掲注10)），平24・8・10基発0810第2号第5の6(2)キ参照。

本条に違反する不合理な待遇の相違にあたると判断された場合，本条の強行法規性ゆえ不合理とされた待遇の定めは無効となり，不法行為（民法709条）として損害賠償請求の対象となる。また，無効となった労働契約の部分について，正社員に適用されている就業規則規定を短時間・有期雇用労働者に適用する等の契約の補充的解釈を行うことにより，労働契約上の権利として差額賃金請求等を行うことも，事案によっては（正社員に適用される明確な規定があり，それをそのまま短時間・有期雇用労働者に適用することができるなど，契約の補充的解釈を可能とする事実関係がある場合には）考えられる[62]。

【通常の労働者と同視すべき短時間・有期雇用労働者に対する
**　差別的取扱いの禁止】**

パートタイム・有期雇用労働法９条

　事業主は，職務の内容が通常の労働者と同一の短時間・有期雇用労働者（第11条第１項において「職務内容同一短時間・有期雇用労働者」という。）であって，当該事業所における慣行その他の事情からみて，当該事業主との雇用関係が終了するまでの全期間において，その職務の内容及び配置が当該通常の労働者の職務の内容及び配置の変更の範囲と同一の範囲で変更されることが見込まれるもの（次条及び同項において「通常の労働者と同視すべき短時間・有期雇用労働者」という。）については，短時間・有期雇用労働者であることを理由として，基本給，賞与その他の待遇のそれぞれについて，差別的取扱いをしてはならない。

---

62)　ハマキョウレックス（差戻審）事件・最高裁判決（前掲注10））は，改正前の労契法20条に係る解釈として，当該事案において，正社員就業規則と契約社員就業規則が別個独立のものとして作成されていること等を考慮して，正社員就業規則の定めを契約社員に適用すると解することは就業規則の合理的解釈としても困難と判断した。

▼解説

（1） 本改正による適用対象者の拡大

> **Q27** 有期雇用労働者についても正社員との差別的取扱いを禁止する規定の適用はあるのか？

　本条は，2007（平成19）年パートタイム労働法改正によりパートタイム労働者を対象として導入され，2014（平成26）年同法改正によって一部修正された，「通常の労働者と同視すべき短時間労働者」に対する差別的取扱いの禁止規定（パートタイム労働法9条）について，その適用対象を有期雇用労働者にも広げ，「通常の労働者と同視すべき短時間・有期雇用労働者」を適用対象としたものである。労働政策審議会報告・建議（→巻末資料7）は，この点について，「同じ有期契約であっても，短時間労働者であれば……適用がなされるにもかかわらず，フルタイム労働者であれば適用がない現状となっているが，有期契約労働者についても，〔その〕対象としていくことが適当である」（2(1)）としている。

　本改正により，本条の適用対象者は，パートタイム労働者（短時間労働者）および有期雇用労働者（パートタイム・有期雇用労働法2条）のうち下記の2要件を満たすもの（「通常の労働者と同視すべき短時間・有期雇用労働者」）となる。この2要件を満たせば，有期雇用労働者も本条（通常の労働者〔いわゆる正社員〕との差別的取扱いの禁止）の対象となる。

（2） 本条の内容と射程

> **Q28** 正社員と職務内容および人材活用の仕組み（職務内容・配置の変更範囲）が同じ短時間・有期雇用労働者については，すべての待遇について正社員と同じにしなければならないのか？　長澤運輸事件のように正社員と職務内容および職務内容・配置の変更範囲が同じ定年後再雇用の労働者についても，低処遇とすることは差別的取扱いとして禁止されるか？

　本条は，「基本給，賞与その他の待遇のそれぞれ」について「差別的取扱

い」をしてはならないとしている。この差別禁止の対象は，基本給，賞与，諸手当，退職金等の賃金のみならず，教育訓練，福利厚生，休憩，休日，休暇，安全衛生，災害補償，解雇など，すべての待遇（ただし，パートタイム労働者については所定労働時間の長さ，有期雇用労働者については期間の定めの有無を除く）に及ぶものと解され[63]，これらの待遇について違いがあれば，本条が禁止する「差別的取扱い」にあたるものと解される。例えば，本条の要件を満たす短時間・有期雇用労働者に対し，通常の労働者（いわゆる正社員）に支給している賞与や退職金を支給しないまたは労働時間の違いに比べより低額としていること，整理解雇の際に通常の労働者より先に解雇の対象とすることなどである。

　もっとも，労働者の待遇のうち労働時間に比例して定められる性質の給付（例えば労働時間の長さで計算される基本給）については，労働時間に比例したものとすること（例えば1日4時間働くパートタイム労働者の基本給を1日8時間働く通常の労働者の半分とすること）は「差別的取扱い」にはあたらないものと解される。

　また，短時間・有期雇用労働者の待遇改善によりその福祉の増進を図ろうとしている本法の趣旨（1条参照），および，短時間労働であることで労働密度や効率性・集中度が相対的に高くなる分より高い給付（短時間プレミアム）を支給すること，有期雇用であることによる雇用の不安定さを補償する給付（有期プレミアム）を支給することが合理的な場合があることを考慮すると，短時間・有期雇用労働者に対する有利な取扱いについては，本条が禁止する「差別的取扱い」にあたらない（本条が禁止している「差別的取扱い」は短時間・有期雇用労働者に対する不利益な取扱いを指す）ものと解される。

　本条が禁止しているのは，「短時間・有期雇用労働者であることを理由とし〔た〕」差別的取扱いである。例えば，正社員には賞与や福利厚生給付を支給しているのに，短時間・有期雇用労働者にはそれを支給していない，または，低額の支給しかしていないなど，正社員と短時間・有期雇用労働者との間で制度的に異なる取扱いをしていることが，短時間・有期雇用労働者であることを理由とした差別的取扱いの典型例である。また，短時間・有期雇

---

63)　平26・7・24基発0724第2号等第3の4(9)参照。

用労働者は一般的に勤続年数が短いことから正社員に支給している退職金を支給しないといった平均的な属性・特徴に基づく差別的取扱いも，本条違反となりうる。これに対し，例えば，ある短時間・有期雇用労働者の低賃金が，その職業経験・能力，業績・成果，勤続年数など，短時間・有期雇用労働者であること以外の個別具体的な理由に基づくものであると認められる場合には，「短時間・有期雇用労働者であることを理由とし〔た〕」差別的取扱いにはあたらないものと解される[64]。

なお，長澤運輸事件（前掲注10））のように，定年後再雇用の有期雇用労働者について定年前の無期雇用労働者と一定の待遇の相違を設けていることについては，定年後再雇用者であることを考慮して設けられた待遇の相違であり（→8条(3)(b)Q16参照），「有期雇用労働者であることを理由とし〔た〕」差別的取扱いにはあたらないものと解されよう。したがって，定年後再雇用で有期雇用されている労働者の処遇が定年前の正社員と比べて一定程度低く設定されていることについては，下に述べる2要件を満たす（定年前の正社員と職務内容および職務内容・配置の変更範囲が同一である）としても，「定年後再雇用であることを理由」とした取扱いと位置づけられうるものであり，「有期雇用労働者であることを理由」とした差別的取扱いにはあたらない（本条による禁止の対象にはならない）ものと解される。

本条の適用対象となる「通常の労働者と同視すべき短時間・有期雇用労働者」とは，①通常の労働者と職務の内容（業務の内容とそれに伴う責任の程度）が同一の短時間・有期雇用労働者であって，②当該事業所における慣行その他の事情からみて，当該事業主との雇用関係が終了するまでの全期間において，職務内容・配置の変更の範囲が通常の労働者と同一と見込まれるものをいう。差別的取扱いの禁止規定の適用にあたり，ある一時点でフルタイム・無期雇用労働者（通常の労働者）と職務内容が同一である（①）だけでなく，人事異動の有無や範囲など長期的な人材活用の仕組み・運用が同一であること（②）を要件としたものである[65]。

---

64) 裁判例では，待遇に差を設けることに他に合理的理由があるとは認められないというチェックをしたうえで，本条（2014〔平成26〕年改正前のパートタイム労働法8条1項）の禁止する「短時間労働者であることを理由とし〔た〕差別的取扱い」にあたるとしている（ニヤクコーポレーション事件・後掲注66)判決，京都市立浴場運営財団ほか事件・後掲注69)判決）。

本条（2014〔平成 26〕年改正前のパートタイム労働法 8 条 1 項）を適用してパートタイム労働者への差別の救済を図った裁判例として，ニヤクコーポレーション事件判決[66]がある。同判決では，1 日の所定労働時間が正社員より 1 時間短い準社員（貨物自動車運転手）について，正社員と職務内容が同一（①）で，転勤・出向や役職への任命等でも正社員と大きな差があったとはいえない（②）にもかかわらず，賞与の額，週休日の日数（休日割増賃金部分），退職金の有無の点で正社員と差が設けられていることは，短時間労働者であることを理由とした差別的取扱いにあたるとしてパートタイム労働法 8 条 1 項（当時）違反とされ，不法行為に基づく損害賠償請求が認められた[67]。この事件では，職務内容・配置の変更の範囲（人事異動等の有無と範囲）の同一性の要件（②）の充足性について，全体としてみると，転勤・出向，チーフ・運行管理者等への任命，事務職への転換・昇進等の点で，正社員と準社員の間でそれぞれ違いがなくはないが，正社員のなかでもそれらの数は非常に少ないこと，近年は正社員でも転勤・出向はないこと，数年前まではチーフ・運行管理者等への任命の点で差はなかったことなどの実情を勘案して，人事異動等の有無・範囲についても同一のものと見込まれると判断されている。ここで問題となっているのは私法上の救済（不法行為該当性）の可否であり形式的・厳格に解釈する必然性はないこと，実態に応じて柔軟に解釈することは同規定の趣旨[68]にも沿うものである（逆に形式的・厳格に解釈すると当事者による法潜脱行為を招くおそれがある）ことからすると，妥当な解釈であるといえよう。

---

65)　平 26・7・24 基発 0724 第 2 号等第 3 の 4(5)参照。

66)　ニヤクコーポレーション事件・大分地判平成 25・12・10 労判 1090 号 44 頁。

67)　同判決では，一般論としては退職金の有無も差別的取扱いにあたるとしつつ，同事件では雇止めが違法とされ労働契約上の権利を有する地位確認が認められた（退職したものとはならなかった）ため，退職金の支払請求については損害の存在が否定された。また，賞与や休日増賃金については，不法行為損害賠償請求として 3 年の消滅時効にかかる（民法 724 条〔当時〕）ものとされた。

68)　厚生労働省は，本条の差別的取扱いの禁止について，職務内容の同一性については個々の作業まで完全に一致していることを求めるのではなく中核的業務を抽出して実質的に判断すること，人事異動等の有無・範囲の同一性についても完全な一致ではなく実質的な同一性を客観的な事情・実態を考慮して判断することなどを示した通達を発出している（平 19・10・1 雇児発 1001002 号第 1 の 4(2)）。

また，本条（2014〔平成 26〕年改正前のパートタイム労働法 8 条 1 項）を適用してパートタイム労働者への退職金不支給を違法とした裁判例もある[69]。期間 1 年の有期労働契約を 5 回ないし 13 回更新され，1 日の所定労働時間が 7 時間 15 分（正規職員より 30 分短い），週 4 日勤務の嘱託職員に対し，正規職員に支給されている退職金が支給されていないことについて，本件嘱託職員は正規職員と職務内容が同一（①）で，人材活用の仕組み・運用が異なっていたわけでもなく（②），このような嘱託職員に退職金を支給しない合理的理由も見当たらないことから，パートタイム労働法 8 条 1 項（当時）が禁止する短時間労働者であることを理由とした差別的取扱いに該当すると判断し，不法行為に基づく退職金相当額の損害賠償請求を認容したのである。

　これらの裁判例は，パートタイム労働者を適用対象とした規定（2018〔平成 30〕年改正前のパートタイム労働法の規定）を適用したものであるが，これらの判断は本改正後の条文（パートタイム・有期雇用労働法 9 条）の解釈にも基本的に妥当するものであり，かつ，新たに適用対象に含まれた有期雇用労働者（有期雇用フルタイム労働者）にも同様にあてはまるものといえる（実際に両事件は有期雇用労働者の事件であった）。

（3）　効果

　本条に違反する事業主の行為は不法行為（民法 709 条）として損害賠償請求の対象となり，また，本条に違反する労働契約の定めは本条の強行法規性ゆえ無効となる。無効となった労働契約の部分が補充されるか否かは，労働協約，就業規則，個別労働契約など当該事案における労働契約の解釈による。この点は，不合理な待遇の禁止規定（パートタイム・有期雇用労働法 8 条）の解釈と同様である（本書 113 頁以下参照）。

【福利厚生施設】

パートタイム・有期雇用労働法 12 条
　事業主は，通常の労働者に対して利用の機会を与える福利厚生施設であ

69）　京都市立浴場運営財団ほか事件・京都地判平成 29・9・20 労判 1167 号 34 頁。

って，健康の保持又は業務の円滑な遂行に資するものとして厚生労働省令で定めるものについては，その雇用する短時間・有期雇用労働者に対しても，利用の機会を与えなければならない。

▼解説

> **Q29** パートタイム労働者や有期雇用労働者に社内食堂，休憩室，更衣室の利用を認めないことはできるか？

　本改正前の規定（パートタイム労働法12条）では，健康の保持，業務の円滑な遂行に資するものとして厚生労働省令で定める福利厚生施設（給食施設，休憩室，更衣室。パートタイム労働法施行規則5条）について，パートタイム労働者に対しても利用の機会を与えるように配慮することが事業主に義務づけられていた。本改正は，その適用対象者を有期雇用労働者にも広げるとともに，「利用の機会を与えるように配慮しなければならない」という文言を「利用の機会を与えなければならない」として，配慮義務規定を義務規定に改めたものである。したがって，パートタイム労働者および有期雇用労働者に，社内食堂，休憩室，更衣室の利用を認めないことは，本条違反として禁止されることになる。本改正によって，本条に反する使用者の行為（作為・不作為）は，不法行為（民法709条）として損害賠償請求権を発生させる可能性が高くなっている。

【事業主が講ずる措置の内容等の説明】

パートタイム・有期雇用労働法14条

1　事業主は，短時間・有期雇用労働者を雇い入れたときは，速やかに，第8条から前条までの規定により措置を講ずべきこととされている事項（労働基準法第15条第1項に規定する厚生労働省令で定める事項及び特定事項を除く。）に関し講ずることとしている措置の内容について，当該短時間・有期雇用労働者に説明しなければならない。

2　事業主は，その雇用する短時間・有期雇用労働者から求めがあったときは，当該短時間・有期雇用労働者と通常の労働者との間の待遇の相違の

内容及び理由並びに第6条から前条までの規定により措置を講ずべきこととされている事項に関する決定をするに当たって考慮した事項について，当該短時間・有期雇用労働者に説明しなければならない。

3　事業主は，短時間・有期雇用労働者が前項の求めをしたことを理由として，当該短時間・有期雇用労働者に対して解雇その他不利益な取扱いをしてはならない。

▼解説

Q30　正社員と短時間・有期雇用労働者との待遇の違いについて，使用者はどのような場合にどのような方法で待遇の違いの内容と理由を説明しなければならないか？　この説明義務を果たさないとどうなるか？

　本改正前の規定（パートタイム労働法14条）では，①パートタイム労働者の雇入れ時に，差別的取扱いの禁止（9条），賃金（10条），教育訓練（11条），福利厚生施設（12条），通常の労働者への転換（13条）に関して事業主が講ずることとしている措置の内容についての説明（14条1項），および，②パートタイム労働者から求めがあったときに，労働条件に関する文書交付等（6条），就業規則の作成の手続（7条），差別的取扱いの禁止（9条），賃金（10条），教育訓練（11条），福利厚生施設（12条），通常の労働者への転換（13条）に関する決定に際して考慮した事項についての説明（14条2項）が，事業主に義務づけられていた。

　本改正は，有期雇用労働者をこの説明義務の対象者に含めるとともに，不合理な待遇の禁止（パートタイム・有期雇用労働法8条）に関する措置（①）や考慮事項（②）も説明義務の対象とし，また，短時間・有期雇用労働者と通常の労働者との間の待遇の相違の内容および理由について，短時間・有期雇用労働者からの求めに応じて説明することを事業主に義務づけるものである。とりわけ，短時間・有期雇用労働者と通常の労働者との間の待遇の相違の内容と理由について課された説明義務は，労働者と使用者間の情報の不均衡を是正し，労働者が不合理な待遇の禁止規定（8条）に関し訴えを提起することを可能とするための情報的基盤となるものである。したがって，労働者からの求めに対し待遇の相違の内容と理由について事業主が十分な説明をしな

かったことは，待遇の相違の不合理性を基礎づける重要な事情となるものと解される。このことは，本改正法案の国会審議のなかでも，厚生労働大臣答弁として確認されている（→第1章5(2)衆議院厚生労働委員会④〔本書30頁〕）。

　また，本改正では，短時間・有期雇用労働者が事業主に説明を求めた場合に事業主から不利益を受けるかもしれないという不安から説明を求めることを躊躇することにならないよう，事業主に対し，説明を求めたことを理由として解雇その他の不利益取扱いをすることを禁止している（14条3項）。

　この待遇の相違の内容および理由の説明の比較対象となる「通常の労働者」について，短時間・有期雇用労働指針（平30・12・28厚労告429号による改正後のもの）は，職務内容，職務内容・配置の変更範囲等が，短時間・有期雇用労働者と最も近いと事業主が判断する通常の労働者との待遇の相違の内容と理由について説明するものとしている（第三の二(一)）。これは，基本的に司法規範とされる不合理な待遇の禁止規定（8条）とは異なり，国が事業主に一定の行為を義務づける行政取締法規としての性格をもつ本規定（14条2項）においては，事業主がその行為を行うにあたりその内容を特定できることが必要となることから，実態が最も近い通常の労働者（正社員）を事業主に選定させて，その選定理由とともに待遇の相違の内容と理由を事業主に説明させるものとしたものである（労働政策審議会報告・建議〔→巻末資料7〕3(1)参照）。この規定（14条2項）の比較対象となる「通常の労働者」と，不合理な待遇の禁止規定（8条）の比較対象となる「通常の労働者」（→8条(2)(b)Q8）とは，その選定方法や射程が異なるものとして設定されている。

　同指針は，待遇の相違の内容と理由の説明の内容と方法についても規定している。事業主は，(a)待遇の相違の「内容」として，①通常の労働者と短時間・有期雇用労働者との間の待遇の基準の相違の有無，②両者の待遇の個別具体的な内容，③両者の待遇に関する基準を説明すること（第三の二(二)），(b)待遇の相違の「理由」について，待遇の性質・目的に照らして適切と認められる事情に基づき待遇の相違の理由を説明すること（第三の二(三)），(c)「説明」の方法として，短時間・有期雇用労働者がその内容を理解することができるよう，資料を活用し，口頭により説明することを基本とすること（ただし，説明すべき事項をすべて記載した短時間・有期雇用労働者が容易に理解可能な内容の資料を用いる場合には，当該資料の交付等の方法でも差し支えないこと

〔第三の二(四)〕）としている。ここでは特に，待遇の相違の個別具体的な内容も含めて説明すること，待遇の相違の理由を当該待遇の性質・目的に照らして説明すること，短時間・有期雇用労働者がその内容を理解できるように資料を活用して説明することが求められている点に，留意が必要である。これらの説明が十分になされなかった場合，上述のように，待遇の相違の不合理性（8条）が肯定され，使用者（事業主）に損害賠償の支払いが命じられやすくなる。

【指針】

パートタイム・有期雇用労働法 15 条

1　厚生労働大臣は，第 6 条から前条までに定める措置その他の第 3 条第 1 項の事業主が講ずべき雇用管理の改善等に関する措置等に関し，その適切かつ有効な実施を図るために必要な指針（以下この節において「指針」という。）を定めるものとする。

2　第 5 条第 3 項から第 5 項までの規定は指針の策定について，同条第 4 項及び第 5 項の規定は指針の変更について，それぞれ準用する。

▼解説

　改正前のパートタイム労働法においては，事業主が講ずべき雇用管理の改善等に関する措置等の適切かつ有効な実施を図るための指針を定めるものとされていた（15条）。本改正では，この指針の対象に有期雇用労働者を含めるとともに，その内容として，労働条件に関する文書交付等（6条），就業規則の作成の手続（7条），不合理な待遇の禁止（8条），差別的取扱いの禁止（9条），賃金（10条），教育訓練（11条），福利厚生施設（12条），通常の労働者への転換（13条），事業主が講ずる措置の内容等の説明（14条）の各条文に定める措置等を対象に指針を定めるものとし，同一労働同一賃金ガイドライン案（→巻末資料4）の指針化を含めて，指針の内容の大幅な充実を図ることとした。「同一労働同一賃金ガイドライン」（→巻末資料10）は，この条文に基づいて策定・公表されたものである（平30・12・28厚労告430号）。

【紛争の解決等】

［報告の徴収並びに助言，指導及び勧告等］

パートタイム・有期雇用労働法 18 条

1　厚生労働大臣は，短時間・有期雇用労働者の雇用管理の改善等を図るため必要があると認めるときは，短時間・有期雇用労働者を雇用する事業主に対して，報告を求め，又は助言，指導若しくは勧告をすることができる。

2　厚生労働大臣は，第 6 条第 1 項，第 9 条，第 11 条第 1 項，第 12 条から第 14 条まで及び第 16 条の規定に違反している事業主に対し，前項の規定による勧告をした場合において，その勧告を受けた者がこれに従わなかったときは，その旨を公表することができる。

3　前 2 項に定める厚生労働大臣の権限は，厚生労働省令で定めるところにより，その一部を都道府県労働局長に委任することができる。

［苦情の自主的解決］

パートタイム・有期雇用労働法 22 条

　事業主は，第 6 条第 1 項，第 8 条，第 9 条，第 11 条第 1 項及び第 12 条から第 14 条までに定める事項に関し，短時間・有期雇用労働者から苦情の申出を受けたときは，苦情処理機関（事業主を代表する者及び当該事業所の労働者を代表する者を構成員とする当該事業所の労働者の苦情を処理するための機関をいう。）に対し当該苦情の処理を委ねる等その自主的な解決を図るように努めるものとする。

［紛争の解決の促進に関する特例］

パートタイム・有期雇用労働法 23 条

　前条の事項についての短時間・有期雇用労働者と事業主との間の紛争については，個別労働関係紛争の解決の促進に関する法律（平成 13 年法律第 112 号）第 4 条，第 5 条及び第 12 条から第 19 条までの規定は適用せず，次条から第 27 条までに定めるところによる。

［紛争の解決の援助］

パートタイム・有期雇用労働法 24 条

1　都道府県労働局長は，前条に規定する紛争に関し，当該紛争の当事者の双方又は一方からその解決につき援助を求められた場合には，当該紛争の当事者に対し，必要な助言，指導又は勧告をすることができる。

2　事業主は，短時間・有期雇用労働者が前項の援助を求めたことを理由として，当該短時間・有期雇用労働者に対して解雇その他不利益な取扱いをしてはならない。

[調停の委任]

パートタイム・有期雇用労働法 25 条

1　都道府県労働局長は，第 23 条に規定する紛争について，当該紛争の当事者の双方又は一方から調停の申請があった場合において当該紛争の解決のために必要があると認めるときは，個別労働関係紛争の解決の促進に関する法律第 6 条第 1 項の紛争調整委員会に調停を行わせるものとする。

2　前条第 2 項の規定は，短時間・有期雇用労働者が前項の申請をした場合について準用する。

[調停]

パートタイム・有期雇用労働法 26 条

　雇用の分野における男女の均等な機会及び待遇の確保等に関する法律（昭和 47 年法律第 113 号）第 19 条，第 20 条第 1 項及び第 21 条から第 26 条までの規定は，前条第 1 項の調停の手続について準用する。この場合において，同法第 19 条第 1 項中「前条第 1 項」とあるのは「短時間労働者及び有期雇用労働者の雇用管理の改善等に関する法律第 25 条第 1 項」と，同法第 20 条第 1 項中「関係当事者」とあるのは「関係当事者又は関係当事者と同一の事業所に雇用される労働者その他の参考人」と，同法第 25 条第 1 項中「第 18 条第 1 項」とあるのは「短時間労働者及び有期雇用労働者の雇用管理の改善等に関する法律第 25 条第 1 項」と読み替えるものとする。

▼解説

> **Q31** 不合理な待遇の相違など，この法律に関する紛争が生じた場合
> に，裁判所に訴える以外に，解決を図る方法はあるか？

以上の諸規定は，行政による履行確保（報告徴収・助言・指導・勧告・公表）
および行政 ADR（裁判外紛争解決手続）（都道府県労働局長による紛争解決援助，
調停）の整備を図ろうとするものである。

改正前のパートタイム労働法は，パートタイム労働者についてこれらの規
定を定めていた。本改正は，その対象に有期雇用労働者を含めることとし，
有期雇用労働者も，行政による履行確保措置の対象とするとともに，行政
ADR を利用できるようにした。

また，改正前のパートタイム労働法では，不合理な待遇の禁止規定（8条）
は，行政による履行確保（報告徴収・助言・指導・勧告・公表）および行政
ADR（都道府県労働局長による紛争解決援助，調停）の対象とされていなかった。
本改正は，短時間・有期雇用労働者の均等・均衡待遇の実現のため，司法規
範としての不合理な待遇の禁止規定（パートタイム・有期雇用労働法8条）の整
備を図るとともに，短時間・有期雇用労働者がより救済を求めやすくなるよ
う，行政による履行確保および行政 ADR の対象に不合理な待遇の禁止規定
も含めることとし，司法と行政の両面から均等・均衡待遇の実現を図ろうと
するものである。

したがって，不合理な待遇の禁止規定（8条）も含め，この法律に関して
紛争が生じたり不満をもった場合，パートタイム労働者も有期雇用労働者も，
都道府県労働局に相談して，都道府県労働局長の助言・指導・勧告等による
履行確保や，行政 ADR（紛争調整委員会による調停〔25条1項〕）による紛争
解決制度を利用することができるようになる。実際には，都道府県労働局等
に設置されている総合労働相談コーナーに相談して，適切な紛争解決方法に
ついてアドバイスをもらう（そこから適切な紛争解決制度につないでもらう）こ
とが簡便だろう。

なお，行政による履行確保においては，全国的にある程度明確で画一的な
決定をしていくことが求められることから，不合理な待遇の禁止規定につい
ては，解釈が明確でないグレーゾーンは報告徴収・助言・指導・勧告の対象

としない一方，非正規であることを理由とする不支給など解釈が明確な場合は報告徴収・助言・指導・勧告の対象としていくことが適当とされている。また，不合理な待遇の禁止規定（8条）については，従来通り，企業名公表の対象とはされていない（パートタイム・有期雇用労働法18条2項上の列挙から「第8条」は外されている）。これに対し，行政ADRについては，個別の事案に応じた判断が可能であるから，「均等・均衡待遇を求める労働者の救済を幅広く対象としていくことが適当」とされている[70]。

【施行期日・経過措置等】

働き方改革関連法 附則1条

　この法律は，平成31年4月1日から施行する。ただし，次の各号に掲げる規定は，当該各号に定める日から施行する。

　一　〔略〕

　二　第5条の規定（労働者派遣法第44条から第46条までの改正規定を除く。）並びに第7条及び第8条の規定並びに附則第6条，第7条第1項，第8条第1項，第9条，第11条，第13条及び第17条の規定，附則第18条（前号に掲げる規定を除く。）の規定，附則第19条（前号に掲げる規定を除く。）の規定，附則第20条（前号に掲げる規定を除く。）の規定，附則第21条，第23条及び第26条の規定並びに附則第28条（前号に掲げる規定を除く。）の規定　平成32年4月1日

　三　〔略〕

働き方改革関連法 附則11条

1　中小事業主〔その資本金の額又は出資の総額が3億円（小売業又はサービス業を主たる事業とする事業主については5000万円，卸売業を主たる事業とする事業主については1億円）以下である事業主及びその常時使用する労働者の数が300人（小売業を主たる事業とする事業主については50人，卸売業又

---

70)　労働政策審議会報告・建議（→巻末資料7）4(1)。

はサービス業を主たる事業とする事業主については100人）以下である事業主をいう）については，平成33年3月31日までの間，第7条の規定による改正後の短時間労働者及び有期雇用労働者の雇用管理の改善等に関する法律（以下この条において「短時間・有期雇用労働法」という。）第2条第1項，第3条，第3章第1節（第15条及び第18条第3項を除く。）及び第4章（第26条及び第27条を除く。）の規定は，適用しない。この場合において，第7条の規定による改正前の短時間労働者の雇用管理の改善等に関する法律第2条，第3条，第3章第1節（第15条及び第18条第3項を除く。）及び第4章（第26条及び第27条を除く。）の規定並びに第8条の規定による改正前の労働契約法第20条の規定は，なおその効力を有する。

2・3〔略〕

働き方改革関連法 附則12条
1・2〔略〕
3　政府は，前2項に定める事項のほか，この法律の施行後5年を目途として，この法律による改正後のそれぞれの法律（以下この項において「改正後の各法律」という。）の規定について，……改正後の各法律の施行の状況等を勘案しつつ検討を加え，必要があると認めるときは，その結果に基づいて所要の措置を講ずるものとする。

▼解説
　パートタイム・有期雇用労働法の施行は，2017（平成29）年9月に作成された法律案要綱の段階では，働き方改革関連法案に盛り込まれた他の法律改正とあわせて，2019（平成31）年4月1日とされていた。パートタイム・有期雇用労働法については，通常の労働者と短時間・有期雇用労働者のそれぞれの待遇の内容，待遇差の理由の再検証など必要な準備を行うために一定の時間を要するため，十分な施行準備期間を設けるという観点から，予定される法律の成立から施行まで一定の期間を置くこととされた[71]。

---

71)　労働政策審議会報告・建議（→巻末資料7）6参照。

また，特に中小企業・小規模事業者等については，各事業主における賃金制度等の点検等に向けて十分な周知・相談支援を行うことが必要であることから，資本金・出資総額が3億円以下（小売業・サービス業では5000万円以下，卸売業では1億円以下）の事業主，および，常時使用労働者数が300人以下（小売業では50人以下，卸売業・サービス業では100人以下）の事業主（いわゆる「中小事業主」）については，パートタイム・有期雇用労働法のうち，短時間労働者の定義の変更（2条1項），事業主等の責務（3条），不合理な待遇の禁止，差別的取扱いの禁止等を含む雇用管理の改善等に関する措置（6条以下。ただし，指針〔15条〕，行政による履行確保の都道府県労働局長への委任〔18条3項〕を除く），紛争の解決（22条以下。ただし，調停〔26条〕，調停手続の厚生労働省令への委任〔27条〕を除く）に関する規定の適用を，2020年4月1日まで猶予するものとされていた。

しかし，2017年9月に召集された臨時国会冒頭での解散とそれに伴う総選挙のため，パートタイム・有期雇用労働法を含む働き方改革関連法案の国会提出・審議が2018（平成30）年の通常国会に先送りされ，本法案の成立は，同年6月29日となった。これに伴い，国会提出前に，パートタイム・有期雇用労働法の施行は2020年4月（附則1条2号），中小事業主への適用猶予は2021年4月（附則11条）に修正され，そのような形で成立した。

パートタイム・有期雇用労働法については，他の働き方改革関連法と同様に，施行の5年後を目途に，施行状況等を勘案しつつ，必要な見直しを行うものとされている（附則12条3項）。

3. 労働者派遣法改正

【契約の内容等】

労働者派遣法26条

1〜6 〔略〕

7 労働者派遣の役務の提供を受けようとする者は，第1項の規定により労働者派遣契約を締結するに当たつては，あらかじめ，派遣元事業主に対し，厚生労働省令で定めるところにより，当該労働者派遣に係る派遣労働者が従事する業務ごとに，比較対象労働者の賃金その他の待遇に関する情

報その他の厚生労働省令で定める情報を提供しなければならない。

8　前項の「比較対象労働者」とは，当該労働者派遣の役務の提供を受けようとする者に雇用される通常の労働者であつて，その業務の内容及び当該業務に伴う責任の程度（以下「職務の内容」という。）並びに当該職務の内容及び配置の変更の範囲が，当該労働者派遣に係る派遣労働者と同一であると見込まれるものその他の当該派遣労働者と待遇を比較すべき労働者として厚生労働省令で定めるものをいう。

9　派遣元事業主は，労働者派遣の役務の提供を受けようとする者から第7項の規定による情報の提供がないときは，当該者との間で，当該労働者派遣に係る派遣労働者が従事する業務に係る労働者派遣契約を締結してはならない。

10　派遣先は，第7項の情報に変更があつたときは，遅滞なく，厚生労働省令で定めるところにより，派遣元事業主に対し，当該変更の内容に関する情報を提供しなければならない。

11　労働者派遣の役務の提供を受けようとする者及び派遣先は，当該労働者派遣に関する料金の額について，派遣元事業主が，第30条の4第1項の協定に係る労働者派遣以外の労働者派遣にあつては第30条の3の規定，同項の協定に係る労働者派遣にあつては同項第2号から第5号までに掲げる事項に関する協定の定めを遵守することができるものとなるように配慮しなければならない。

▼解説

Q32　派遣労働者については派遣先の正社員との不合理な待遇の禁止が求められることから，派遣先として行わなければならないことはあるか？　それを行わなかった場合どうなるか？

　本改正では，派遣労働者について，原則として派遣先の通常の労働者との均等・均衡待遇を確保すること（「不合理な待遇の禁止」の「派遣先均等・均衡方式」）が求められている（後述する労働者派遣法30条の3第1項）。派遣労働者の待遇の多くは労働契約を締結している派遣元事業主によって給付されるものであるため，派遣元事業主が派遣先労働者の賃金等の待遇に関する情報を

もっていなければ，派遣労働者と派遣先労働者との均等・均衡待遇の確保義務を履行できない。そこで，改正法は，派遣先（労働者派遣の役務の提供を受けようとする者）に対し，労働者派遣契約を締結するにあたり，派遣先労働者の賃金等の待遇に関する情報を派遣元事業主に提供することを義務づけることとした[72]（26条7項）。この情報（派遣先労働者の待遇）に変更があった場合にも，派遣先は，遅滞なく変更内容の情報を派遣元事業主に提供する義務を負う（同条10項）。

　労働者派遣は業務を特定して行われることが一般的であることから，派遣先は，派遣労働者の従事する業務ごとに，当該派遣労働者と待遇を比較すべき労働者（比較対象労働者）の賃金等の待遇に関する情報を派遣元事業主に提供しなければならないとされている（26条7項）。この情報提供義務は，派遣元事業主が均等・均衡待遇の確保義務を履行するための前提となるものであり，この均等・均衡確保義務の射程はすべての待遇に及ぶものであるため，派遣先は，基本給・賞与・諸手当・福利厚生などのすべての待遇について，比較対象労働者の待遇に関する情報を提供しなければならない（労働者派遣法施行規則24条の4第1号）[73]。情報提供義務における比較対象労働者とは，派遣先に雇用される通常の労働者であって，職務内容および職務内容・配置の変更範囲が当該派遣労働者と同一であると見込まれるもの（これに該当する労働者がいない場合は職務内容が同一と見込まれるもの，これに該当する労働者もいない場合にはこれらに準ずる労働者）とされている（労働者派遣法26条8項，同法施行規則24条の5）。均等・均衡待遇の確保義務の対象は，職務内容や人材活用の仕組み・運用と関連するものに限られない（またこれらに関連する給付についてもこれらの点の相違に応じた給付〔均衡待遇〕が求められる）ため，派遣先に当該派遣労働者と職務内容や人材活用の仕組み・運用（職務内容・配置の変更範囲）が同一の労働者がいない場合であっても，派遣先は情報提供義務

72）　働き方改革実行計画（→巻末資料6）9頁（本書238頁）参照。
73）　なお，「不合理な待遇の禁止」について「労使協定方式」（30条の4。本書135頁以下）をとる場合の派遣先から派遣元事業主への待遇情報の提供義務については，同方式の下でも派遣先に求められる教育訓練の内容（40条2項）および派遣先労働者との均等・均衡が求められる福利厚生施設の内容（給食施設，休憩室，更衣室の利用〔同条3項〕）に限定されている（労働者派遣法施行規則24条の4第2号）。

を免れるものではなく，当該派遣労働者と類似の状況にある労働者（当該派遣労働者と待遇を比較すべき労働者）の待遇に関する情報を提供する義務を負うものとされている。

　派遣先がこの情報提供義務を履行しないときには，派遣元事業主は，当該派遣先との間で，当該業務について労働者派遣契約を締結してはならない（26条9項）。また，派遣先の情報提供義務（26条7項・10項）違反は，厚生労働大臣の指導・助言の対象とされ（48条），それに従わない場合には勧告，企業名公表の対象となる（49条の2）。

　派遣元事業主が，派遣労働者について均等・均衡待遇の確保義務を履行しようとする場合，派遣先から派遣料金としてその履行に必要な原資を得ることが必要になる。派遣元事業主と派遣先との交渉力の差によって，派遣先から十分な派遣料金が提供されなければ，派遣労働者の均等・均衡待遇の確保を持続的に実現することは困難となる。そこで，本改正は，派遣先に対し，派遣料金の設定に際して，派遣元事業主が均等・均衡待遇の確保規定（派遣先均等・均衡方式〔30条の3〕または労使協定方式〔30条の4第1項2号から5号〕）を遵守することができるよう配慮する義務を課している（26条11項）。派遣先が派遣元事業主に対し，均等・均衡待遇の確保を困難とする低額の派遣料金しか支払わない場合には，本条の配慮義務違反として不法行為（民法709条）に基づく損害賠償請求を行うことも考えられよう。

　このように，派遣労働者を派遣してもらおうとする派遣先は，自らの会社の通常の労働者の待遇に関する情報（労使協定方式をとる場合には教育訓練，福利厚生施設の情報に限定される）を派遣会社に提供しなければ，そもそも派遣会社と労働者派遣契約を締結することができなくなる（派遣先の情報提供義務違反は厚生労働大臣の指導・助言・勧告・企業名公表の対象でもある）。また，派遣先は，派遣労働者の均等・均衡待遇規定の遵守が可能となるよう配慮して派遣料金を適切に設定しなければならない。

【不合理な待遇の禁止等】

労働者派遣法30条の3

1　派遣元事業主は，その雇用する派遣労働者の基本給，賞与その他の待

遇のそれぞれについて，当該待遇に対応する派遣先に雇用される通常の労働者の待遇との間において，当該派遣労働者及び通常の労働者の職務の内容，当該職務の内容及び配置の変更の範囲その他の事情のうち，当該待遇の性質及び当該待遇を行う目的に照らして適切と認められるものを考慮して，不合理と認められる相違を設けてはならない。

2 派遣元事業主は，職務の内容が派遣先に雇用される通常の労働者と同一の派遣労働者であつて，当該労働者派遣契約及び当該派遣先における慣行その他の事情からみて，当該派遣先における派遣就業が終了するまでの全期間において，その職務の内容及び配置が当該派遣先との雇用関係が終了するまでの全期間における当該通常の労働者の職務の内容及び配置の変更の範囲と同一の範囲で変更されることが見込まれるものについては，正当な理由がなく，基本給，賞与その他の待遇のそれぞれについて，当該待遇に対応する当該通常の労働者の待遇に比して不利なものとしてはならない。

労働者派遣法 30 条の 4
1 派遣元事業主は，厚生労働省令で定めるところにより，労働者の過半数で組織する労働組合がある場合においてはその労働組合，労働者の過半数で組織する労働組合がない場合においては労働者の過半数を代表する者との書面による協定により，その雇用する派遣労働者の待遇（第 40 条第 2 項の教育訓練，同条第 3 項の福利厚生施設その他の厚生労働省令で定めるものに係るものを除く。以下この項において同じ。）について，次に掲げる事項を定めたときは，前条の規定は，第 1 号に掲げる範囲に属する派遣労働者の待遇については適用しない。ただし，第 2 号，第 4 号若しくは第 5 号に掲げる事項であつて当該協定で定めたものを遵守していない場合又は第 3 号に関する当該協定の定めによる公正な評価に取り組んでいない場合は，この限りでない。
　　一　その待遇が当該協定で定めるところによることとされる派遣労働者の範囲
　　二　前号に掲げる範囲に属する派遣労働者の賃金の決定の方法（次のイ及びロ（通勤手当その他の厚生労働省令で定めるものにあつては，イ）

に該当するものに限る。）

　　イ　派遣労働者が従事する業務と同種の業務に従事する一般の労働者の平均的な賃金の額として厚生労働省令で定めるものと同等以上の賃金の額となるものであること。

　　ロ　派遣労働者の職務の内容，職務の成果，意欲，能力又は経験その他の就業の実態に関する事項の向上があつた場合に賃金が改善されるものであること。

　三　派遣元事業主は，前号に掲げる賃金の決定の方法により賃金を決定するに当たつては，派遣労働者の職務の内容，職務の成果，意欲，能力又は経験その他の就業の実態に関する事項を公正に評価し，その賃金を決定すること。

　四　第1号に掲げる範囲に属する派遣労働者の待遇（賃金を除く。以下この号において同じ。）の決定の方法（派遣労働者の待遇のそれぞれについて，当該待遇に対応する派遣元事業主に雇用される通常の労働者（派遣労働者を除く。）の待遇との間において，当該派遣労働者及び通常の労働者の職務の内容，当該職務の内容及び配置の変更の範囲その他の事情のうち，当該待遇の性質及び当該待遇を行う目的に照らして適切と認められるものを考慮して，不合理と認められる相違が生じることとならないものに限る。）

　五　派遣元事業主は，第1号に掲げる範囲に属する派遣労働者に対して第30条の2第1項の規定による教育訓練を実施すること。

　六　前各号に掲げるもののほか，厚生労働省令で定める事項

2　前項の協定を締結した派遣元事業主は，厚生労働省令で定めるところにより，当該協定をその雇用する労働者に周知しなければならない。

▼解説

　本改正では，パートタイム労働者，有期雇用労働者だけでなく，派遣労働者も含めて，非正規雇用労働者の待遇改善（均等・均衡待遇の確保）を一体のものとして進めることとされた。この2つの規定（労働者派遣法30条の3，30条の4）は，派遣労働者について，不合理な待遇の禁止と差別的取扱い（不利益取扱い）の禁止を定めたものである。

(1) 不合理な待遇の禁止
──「派遣先均等・均衡方式」と「労使協定方式」

> **Q33** 派遣労働者については，正社員との不合理な待遇の禁止はどのような形で求められているか？ その例外は，なぜ，どのようなものとして認められるか？

　派遣労働者の不合理な待遇の禁止（均等・均衡待遇の確保）については，実際の就業場所である派遣先の通常の労働者（いわゆる正社員）との関係で実現することが求められる。派遣労働者について不合理な待遇の禁止を定める30条の3第1項は，短時間・有期雇用労働者について不合理な待遇の禁止を定めた規定（パートタイム・有期雇用労働法8条）と基本的に同じ文言を用い，「事業主」を「派遣元事業主」に，「短時間・有期雇用労働者」を「派遣労働者」に，「通常の労働者」を「派遣先に雇用される通常の労働者」に置き換える形で，派遣労働者と派遣先の通常の労働者との間の不合理な待遇の相違を禁止している（派遣先均等・均衡方式）。この規定の具体的な内容・解釈は，パートタイム・有期雇用労働法8条と基本的に同じものとなる。その具体的な内容は，「同一労働同一賃金ガイドライン」の第4で，短時間・有期雇用労働者（第3）と基本的に同じものとして，定められている（→巻末資料10）。

　もっとも，派遣労働者について，この派遣先労働者との均等・均衡方式を貫くと，派遣労働者がキャリアを蓄積して派遣先を移動しても，派遣先労働者の賃金が低下する場合に，派遣労働者の賃金が下がり，派遣労働者の段階的・体系的なキャリア形成支援と不整合な事態を招くことになりかねない[74]。そこで，本改正では，派遣労働者の不合理な待遇の禁止については，派遣先均等・均衡方式（30条の3第1項）を原則としつつ，労使協定で一定水準を満たす待遇を決定しそれを遵守すること（労使協定方式）を例外として認めることとしている（30条の4）。

　例外としての労使協定方式は，派遣元事業主が，労働者（派遣元事業所の派

---

74) 働き方改革実行計画（→巻末資料6）9頁（本書238頁），労働政策審議会報告・建議（→巻末資料7）2(2)参照。

遣労働者と派遣労働者以外の通常の労働者を含む）の過半数で組織する労働組合
または労働者の過半数代表者との書面による協定（労使協定）により，派遣
労働者の待遇（派遣先が講じるべき教育訓練〔40条2項〕と福利厚生施設〔40条3
項〕等は除く）について，以下の事項を定め，それを実際に遵守・実施して
いる場合に認められる。

　① 労使協定方式を適用する派遣労働者の範囲（30条の4第1項1号）

　② 賃金額が，同種の業務に従事する一般の労働者の平均的な賃金額とし
て厚生労働省令で定めるものと同等以上であること（同項2号イ）

　③ 適用対象となる派遣労働者に対し，法所定の教育訓練を実施し（同項5
号），派遣労働者の職務内容，職務の成果，意欲，能力，経験等を公正に評
価し（同項3号），これらの事項の向上があった場合に賃金が改善されるこ
と（同項2号ロ）

　④ 賃金以外の待遇について，派遣元事業主に雇用される通常の労働者の
待遇との間に不合理な待遇の相違が生じないように決定すること（同項4
号）

　⑤ その他，厚生労働省令で定める事項（同項6号）[75]

　以上のうち，賃金額の最低基準となる一般の労働者の平均的な賃金額
（②）は，派遣就業の場所の所在地を含む地域において同種業務に従事する
一般の労働者であって，当該派遣労働者と同程度の能力・経験を有する者の
平均的な賃金額とするものとされており（労働者派遣法施行規則25条の9），厚
生労働省職業安定局長通知によって，賃金構造基本統計調査および職業安定
業務統計等の調査結果をもとに，職種別に一般労働者の平均的な賃金額（職
種別の一覧表，能力・経験調整指数および都道府県別・ハローワーク管轄別の地域指
数）を毎年公表することとしている（→2019〔令和元〕年7月に公表された2020
〔令和2〕年度用の平均的な賃金額のサンプルは巻末資料11）。そこでは，まず，
基本給・賞与等を含む平均的な賃金額として，職種別に，賃金構造基本統計
調査による平均賃金額，職業安定業務統計の求人賃金を基準値とした一般基

75）厚生労働省令で定める事項として，有効期間，労使協定方式による派遣労働者を一部に限定
　する場合にはその理由，特段の事情がない限り労働契約の期間中に派遣先の変更を理由として
　協定対象派遣労働者であるか否かを変更しないことの3点が挙げられている（労働者派遣法施
　行規則25条の10）。

本給・賞与等の額の2種類の額が時間給換算でそれぞれ示されており（それぞれの賃金額には能力・経験調査指数を乗じた勤続1年目，2年目，3年目，5年目，10年目に相当する額も定められている），当該派遣労働者の職種，能力・経験，就業場所の所在地（地域の物価等を調整するため都道府県別またはハローワーク管轄別の地域指数のいずれかを乗じて調整する）を基準に，この2つの賃金額の少なくともいずれか以上の賃金額としなければならないものとされている。また，通勤手当については，通勤にかかる実費の支給，または，一般労働者の通勤手当相当額（時給換算で72円）以上を定額等で支給のいずれかを労使の話合いで選択してとることとされている。さらに，退職金については，ⓐ標準的な最低勤続年数（3年）・支給月数（勤続年数ごとに定められたもの）を満たした退職手当制度の導入，ⓑ賃金に退職費用に相当する分（6%）を上乗せ支給，または，ⓒ中小企業退職金共済制度に給与の6%以上の掛金で加入の3つのうちのいずれかを労使の話合いで選択してとることが求められている。なお，「基本給・賞与・手当等」，「通勤手当」，「退職金」の全部または一部を合算して「同等以上」を確保することも可能とされている。

　派遣労働者の職務内容，職務の成果，意欲，能力，経験等の公正な評価に基づく賃金改善（③）については，労使協定方式という例外が派遣労働者の段階的・体系的なキャリア形成の支援という目的で設定されることに対応する要件であり，能力・経験などの向上に伴って公正な評価に基づき賃金が上昇していくことを求めるものである。

　賃金以外の待遇についての不合理な相違の禁止（④）は，賃金以外の福利厚生等について派遣元の通常の労働者との間の均等・均衡待遇（パートタイム・有期雇用労働法8条と同義）を求めるものである。

　原則である「派遣先均等・均衡方式」と例外としての「労使協定方式」とを比較すると，派遣先にとって，前者は，待遇に関する情報提供義務（労働者派遣法26条7項・10項）の点でより重い負担を負うものといえ，後者は，特に現在の派遣労働者の賃金が一般労働者より低く設定されているケース（例えば製造業派遣，事務系派遣など）では，賃金の引上げに伴う派遣料金の引上げという負担を負うことになる。いずれの方式をとるにしても，本改正の趣旨に則って，派遣労働者の公正な待遇の実現を図ることが求められる。

　なお，どちらの方式をとっているのか，例外としての労使協定方式の場合

その内容はどのようなものかを労働者が知りうるようにするために，当該労使協定を締結した派遣元事業主は，当該協定をその雇用する労働者（派遣労働者以外の労働者を含む）に周知しなければならないとされている（労働者派遣法30条の4第2項）。また，行政が労使協定の内容（その適法性）をチェックできるようにするために，派遣元事業主は，締結した労使協定を事業報告書（23条）に添付して厚生労働大臣に提出しなければならないとされている（労働者派遣法施行規則17条3項，18条の2第3項3号・4号）。

(2) 不利益取扱いの禁止

> **Q34** 派遣労働者については，正社員との差別的取扱いの禁止はどのような形で求められているか？

　改正前はパートタイム労働者を対象にパートタイム労働法9条に規定されていた差別的取扱いの禁止を，本改正では，有期雇用労働者に広げる（パートタイム・有期雇用労働法9条）とともに，派遣労働者についても同様の規定を設けることとした（労働者派遣法30条の3第2項）。

　本項の基本的な内容は，パートタイム・有期雇用労働法9条と同じであり，その具体的な解釈にあたっては，パートタイム・有期雇用労働法9条の解釈が参考になる。なお，条文の文言上，「事業主」が「派遣元事業主」に，「短時間・有期雇用労働者」が「派遣労働者」に，「通常の労働者」が「派遣先に雇用される通常の労働者」に置き換えられていることに加えて，「短時間・有期雇用労働者であることを理由として」が「正当な理由がなく」に，「差別的取扱いをしてはならない」が「当該通常の労働者の待遇に比して不利なものとしてはならない」に換えられている。「正当な理由がなく」とされているのは，当該待遇が「派遣労働者であることを理由として」なされたこと（すなわち，他に正当な理由がないため派遣労働者であることを理由としてなされたものと解されること）を，法的にわかりやすい形で言い換えたものといえる。また，「不利なものとしてはならない」とされているのは，パートタイム・有期雇用労働法9条についてもその趣旨から同様に解釈されうるが，派遣労働者については派遣先の通常の労働者より待遇が高く設定されていることも少なくないことから，本項が派遣労働者に対して有利な待遇を定めるこ

とを禁止するものではないことをより明確にする趣旨で，このように表記されたものである。

　このように，正社員との差別的取扱いの禁止は，派遣労働者については，派遣先に雇用される通常の労働者（派遣先のいわゆる正社員）との関係で，短時間・有期雇用労働者と通常の労働者との間の差別的取扱いの禁止（パートタイム・有期雇用労働法9条）と同じ内容のものとして定められている。ただし，不合理な待遇の禁止（労働者派遣法30条の3第1項）の例外として労使協定方式（30条の4）がとられ，その内容が遵守されている場合には，本条の不利益取扱いの禁止の適用もないものとされている（同条1項本文）。

【職務の内容等を勘案した賃金の決定】

労働者派遣法30条の5

　派遣元事業主は，派遣先に雇用される通常の労働者との均衡を考慮しつつ，その雇用する派遣労働者（第30条の3第2項の派遣労働者及び前条第1項の協定で定めるところによる待遇とされる派遣労働者（以下「協定対象派遣労働者」という。）を除く。）の職務の内容，職務の成果，意欲，能力又は経験その他の就業の実態に関する事項を勘案し，その賃金（通勤手当その他の厚生労働省令で定めるものを除く。）を決定するように努めなければならない。

▼解説

　改正前のパートタイム労働法10条は，差別的取扱い禁止規定（改正前9条）が適用されないパートタイム労働者について，通常の労働者との均衡を考慮しつつ，賃金を決定するよう努力する義務を事業主に課していた。パートタイム・有期雇用労働法10条は，この規定の対象に有期雇用労働者（差別的取扱い禁止規定が適用されないもの）を含めるものとしている。本条は，これと同様に，派遣労働者についても，差別的取扱い禁止規定（労働者派遣法30条の3第2項）が適用されないもの（かつ，一定の賃金決定方法が義務づけられている協定対象派遣労働者〔30条の4第1項〕にあたらないもの）の賃金の決定において，派遣元事業主に，派遣先の通常の労働者との均衡を考慮しつつ，

派遣労働者の職務内容，職務の成果，意欲，能力，経験等を勘案して決定するよう努力する義務を課すものである。実際には，「同一労働同一賃金ガイドライン」（指針）に沿って個別具体的に均等・均衡待遇を実現するよう義務づけている不合理な待遇の禁止規定（パートタイム・有期雇用労働法8条，労働者派遣法30条の3第1項）によって，この努力義務の内容は実現されることになるだろう。

【就業規則の作成の手続】

労働者派遣法30条の6
　派遣元事業主は，派遣労働者に係る事項について就業規則を作成し，又は変更しようとするときは，あらかじめ，当該事業所において雇用する派遣労働者の過半数を代表すると認められるものの意見を聴くように努めなければならない。

▼解説

> **Q35** 派遣会社が派遣労働者の就業規則を作成したり変更したりするときに，特別にとらなければならない手続はあるのか？

　パートタイム労働者および有期雇用労働者に係る就業規則の作成・変更については，当該事業所においてパートタイム労働者の過半数を代表するものおよび有期雇用労働者の過半数を代表するものの意見聴取を行う努力義務が事業主に課されている（パートタイム・有期雇用労働法7条）。本条は，これと同様に，派遣労働者に係る就業規則の作成・変更については，一般の労働者とは利益状況が異なることが多いことから，当該事業所の派遣労働者の過半数を代表するものの意見を聴取する努力義務を派遣元事業主に課すものである。

　したがって，派遣会社が派遣労働者に関する就業規則を作成・変更する場合には，労基法上の通常の手続（過半数代表の意見聴取〔労基法90条〕，労働基準監督署長への届出〔89条〕，労働者への周知〔106条〕）に加えて，当該派遣元事業所の派遣労働者の過半数を代表すると認められるもの（労働組合または労

働者）からの意見聴取をすることが，事業主に努力義務として求められる。

【待遇に関する事項等の説明】

労働者派遣法31条の2

1 〔略〕

2 派遣元事業主は，労働者を派遣労働者として雇い入れようとするときは，あらかじめ，当該労働者に対し，文書の交付その他厚生労働省令で定める方法（次項において「文書の交付等」という。）により，第1号に掲げる事項を明示するとともに，厚生労働省令で定めるところにより，第2号に掲げる措置の内容を説明しなければならない。

　　一　労働条件に関する事項のうち，労働基準法第15条第1項に規定する厚生労働省令で定める事項以外のものであつて厚生労働省令で定めるもの

　　二　第30条の3，第30条の4第1項及び第30条の5の規定により措置を講ずべきこととされている事項（労働基準法第15条第1項に規定する厚生労働省令で定める事項及び前号に掲げる事項を除く。）に関し講ずることとしている措置の内容

3 派遣元事業主は，労働者派遣（第30条の4第1項の協定に係るものを除く。）をしようとするときは，あらかじめ，当該労働者派遣に係る派遣労働者に対し，文書の交付等により，第1号に掲げる事項を明示するとともに，厚生労働省令で定めるところにより，第2号に掲げる措置の内容を説明しなければならない。

　　一　労働基準法第15条第1項に規定する厚生労働省令で定める事項及び前項第1号に掲げる事項（厚生労働省令で定めるものを除く。）

　　二　前項第2号に掲げる措置の内容

4 派遣元事業主は，その雇用する派遣労働者から求めがあつたときは，当該派遣労働者に対し，当該派遣労働者と第26条第8項に規定する比較対象労働者との間の待遇の相違の内容及び理由並びに第30条の3から第30条の6までの規定により措置を講ずべきこととされている事項に関する決定をするに当たつて考慮した事項を説明しなければならない。

5 派遣元事業主は，派遣労働者が前項の求めをしたことを理由として，当該派遣労働者に対して解雇その他不利益な取扱いをしてはならない。

▼解説

改正前の労働者派遣法は，派遣元事業主に対し，①派遣労働者として雇用しようとするときに，賃金額の見込み等の待遇の内容を説明する義務（31条の2第1項），②派遣労働者から求めがあったときに，待遇の決定にあたって考慮した事項を説明する義務（同条2項）を課していた。しかし，改正前のパートタイム労働法が事業主に課していた文書交付等による明示義務（6条）や待遇の内容・考慮事項についての説明義務（14条）と比べると，その内容は不十分なものであった。

本改正は，パートタイム労働法が課していた労働条件明示義務・説明義務を派遣元事業主に課すとともに，パートタイム・有期雇用労働法が新たに課す待遇の相違の内容と理由等の説明義務および説明を求めた労働者への不利益取扱いの禁止（パートタイム・有期雇用労働法14条）を派遣元事業主にも課すことによって，派遣労働者についても，短時間・有期雇用労働者と同じ水準の労働条件明示義務・説明義務を設定しようとするものである。

具体的には，派遣元事業主は，まず，派遣労働者として雇い入れようとするときに，文書の交付等により特定事項（昇給・賞与・退職手当の有無）を明示する義務（労働者派遣法31条の2第2項1号），不合理な待遇の禁止（派遣先均等・均衡方式または労使協定方式）（30条の3第1項，30条の4第1項）・不利益取扱いの禁止（30条の3第2項）・職務内容等を勘案した賃金決定（30条の5）に関して講ずることとしている措置の内容を説明する義務（31条の2第2項2号）を負う。また，派遣労働者の場合，雇入れ時だけでなく，派遣先の変更により待遇全体が変更される可能性があるため，労働者派遣をしようとするときにも，同様の明示義務・説明義務を負うものとされている[76]（同条3項）。さらに，派遣元事業主は，派遣労働者から求めがあったときは，比較対象労働者（26条8項）との待遇の相違の内容と理由，および，不合理な待遇の禁止（30条の3第1項，30条の4第1項）・不利益取扱いの禁止（30条の3第2

---

[76] 労働政策審議会報告・建議（→巻末資料7）3(2)参照。

項）・職務内容等を勘案した賃金決定（30条の5）・就業規則の作成手続（30条の6）に関する決定にあたって考慮した事項について，派遣労働者に説明する義務を負うものとされている（31条の2第4項）。また，派遣労働者が説明を求めることを躊躇することがないよう，説明を求めたことを理由とする解雇その他の不利益取扱いが禁止されている（同条5項）。

【派遣先への通知】

労働者派遣法35条

1　派遣元事業主は，労働者派遣をするときは，厚生労働省令で定めるところにより，次に掲げる事項を派遣先に通知しなければならない。

　一　〔略〕

　二　当該労働者派遣に係る派遣労働者が協定対象派遣労働者であるか否かの別

　三〜六　〔略〕

2　派遣元事業主は，前項の規定による通知をした後に同項第2号から第5号までに掲げる事項に変更があつたときは，遅滞なく，その旨を当該派遣先に通知しなければならない。

▼解説

　派遣元事業主が労働者派遣をするときに派遣先に通知しなければならない事項に，新たに，当該労働者派遣に係る派遣労働者が協定対象派遣労働者であるか否かを追加するものである。派遣元事業主と派遣先との労働者派遣契約の締結や派遣料金の設定等において，派遣先均等・均衡方式（30条の3第1項）によるか，労使協定方式（30条の4第1項）によるかは重要事項であり，派遣先の法令遵守（26条7項・10項・11項等）のためにも認識しておくべき点であることから，これを派遣先への通知事項に加えようとするものである。

【派遣元管理台帳】

労働者派遣法37条

1　派遣元事業主は，厚生労働省令で定めるところにより，派遣就業に関し，派遣元管理台帳を作成し，当該台帳に派遣労働者ごとに次に掲げる事項を記載しなければならない。
　一　協定対象派遣労働者であるか否かの別
　二～十三　〔略〕
2　〔略〕

▼解説

　派遣元管理台帳に記載しなければならない事項に，新たに，協定対象派遣労働者であるか否かを追加するものである。派遣労働者への不合理な待遇の禁止について，派遣先均等・均衡方式（30条の3第1項）をとるか，労使協定方式（30条の4第1項）をとるかによって派遣元事業主が遵守すべき事項の内容も大きく異なってくることから，派遣元事業主の法令遵守を適切に管理するために，派遣元管理台帳への記載事項に加えようとするものである。

【適正な派遣就業の確保等】

労働者派遣法40条
1　〔略〕
2　派遣先は，その指揮命令の下に労働させる派遣労働者について，当該派遣労働者を雇用する派遣元事業主からの求めに応じ，当該派遣労働者が従事する業務と同種の業務に従事するその雇用する労働者が従事する業務の遂行に必要な能力を付与するための教育訓練については，当該派遣労働者が当該業務に必要な能力を習得することができるようにするため，当該派遣労働者が既に当該業務に必要な能力を有している場合その他厚生労働省令で定める場合を除き，当該派遣労働者に対しても，これを実施する等必要な措置を講じなければならない。
3　派遣先は，当該派遣先に雇用される労働者に対して利用の機会を与える福利厚生施設であつて，業務の円滑な遂行に資するものとして厚生労働省令で定めるものについては，その指揮命令の下に労働させる派遣労働者に対しても，利用の機会を与えなければならない。

4　前3項に定めるもののほか，派遣先は，その指揮命令の下に労働させる派遣労働者について，当該派遣就業が適正かつ円滑に行われるようにするため，適切な就業環境の維持，診療所等の施設であつて現に当該派遣先に雇用される労働者が通常利用しているもの（前項に規定する厚生労働省令で定める福利厚生施設を除く。）の利用に関する便宜の供与等必要な措置を講ずるように配慮しなければならない。

5　派遣先は，第30条の2，第30条の3，第30条の4第1項及び第31条の2第4項の規定による措置が適切に講じられるようにするため，派遣元事業主の求めに応じ，当該派遣先に雇用される労働者に関する情報，当該派遣労働者の業務の遂行の状況その他の情報であつて当該措置に必要なものを提供する等必要な協力をするように配慮しなければならない。

▼解説

Q36　派遣先は派遣労働者の待遇改善のためにどのような措置等をとることを法律上義務づけられているか？　これらの義務を果たさなかった場合どうなるか？

　派遣労働者の待遇改善に向けて，派遣労働者と労働契約を締結している派遣元事業主だけでなく，その指揮命令下で業務に従事させている派遣先についても，講ずべき措置に関する義務が強化される。

　改正前の労働者派遣法では，派遣先には，①派遣元事業主の求めに応じ，業務遂行に必要な能力を付与するための教育訓練を同種業務に従事する派遣労働者にも実施するよう配慮する義務（40条2項），②業務の円滑な遂行に資する福利厚生施設（給食施設，休憩室，更衣室）の利用機会を派遣労働者にも与えるよう配慮する義務（同条3項，労働者派遣法施行規則32条の3），③適切な就業環境，診療所等の施設（②以外のもの）の利用に関する便宜供与等の措置を派遣労働者にも講ずるよう努力する義務（改正前労働者派遣法40条4項），④派遣元事業主の求めに応じ，派遣労働者の段階的・体系的な教育訓練，均衡を考慮した待遇の確保が適切に講じられるように派遣労働者と同種業務に従事する派遣先労働者に関する情報の提供など必要な協力をするよう努力する義務（同条6項）が課されていた。

本改正では，これらの派遣先の義務が，①派遣元事業主の求めに応じ，当該教育訓練を同種業務の派遣労働者にも実施する等必要な措置を講じる義務（配慮義務から措置義務へ）（40条2項），②当該福利厚生施設（給食施設，休憩室，更衣室）の利用機会を派遣労働者にも付与する義務（配慮義務から付与義務へ）（同条3項），③当該施設（適切な就業環境，診療所等）の利用に関する便宜供与等の措置を講ずるよう配慮する義務（努力義務から配慮義務へ）（同条4項），④派遣元事業主の求めに応じ，段階的・体系的な教育訓練，不合理な待遇の禁止，不利益取扱いの禁止，待遇の相違の内容・理由等の説明義務の措置が適切に講じられるように，派遣先労働者に関する情報の提供など必要な協力をするよう配慮する義務（努力義務から配慮義務へ）（同条5項）に，それぞれ強化されている。なかでも，派遣先の派遣元事業主への情報提供等の協力義務（④）については，努力義務から配慮義務に義務の程度が強化されるだけでなく，情報提供・協力の目的が，今回の法改正の趣旨に沿って，派遣労働者の段階的・体系的な教育訓練，均衡を考慮した待遇の確保の措置を講じるためというものから，段階的・体系的な教育訓練，不合理な待遇の禁止，不利益取扱いの禁止，待遇の相違の内容・理由等の説明義務の措置を講じるためというものに拡張され，かつ，提供すべき情報の内容・対象も，派遣労働者と同種の業務に従事する派遣先労働者の情報から，派遣先に雇用される労働者に関する情報（派遣労働者と同種業務に従事する派遣先労働者の情報のみならずその他の派遣先労働者に関する情報も含む）に広げられている。

　派遣先がこれらの義務を履行しない場合には厚生労働大臣の指導・助言の対象とされ（48条），なかでも業務遂行に関する教育訓練の実施義務（①），福利厚生施設（給食施設，休憩室，更衣室）の利用機会の付与義務（②）違反に対する指導・助言に従わない場合には，厚生労働大臣による勧告，企業名公表の対象となる（49条の2）。

【派遣先管理台帳】────────────────────

　労働者派遣法42条

　1　派遣先は，厚生労働省令で定めるところにより，派遣就業に関し，派遣先管理台帳を作成し，当該台帳に派遣労働者ごとに次に掲げる事項を記

載しなければならない。

　　一　協定対象派遣労働者であるか否かの別

　　二～十一　〔略〕

2　〔略〕

3　派遣先は，厚生労働省令で定めるところにより，第1項各号（第4号を除く。）に掲げる事項を派遣元事業主に通知しなければならない。

▼解説

　派遣先管理台帳に記載しなければならない事項に，新たに，協定対象派遣労働者であるか否かを追加するものである。派遣労働者の待遇が，派遣先均等・均衡方式（30条の3第1項）によるか，労使協定方式（30条の4第1項）によるかは，派遣先の情報提供義務（26条7項・10項），派遣料金決定における配慮義務（同条11項）の遵守等にかかわる事項であることから，派遣先の法令遵守を適切に管理するため，これを派遣先管理台帳への記載事項に加えようとするものである。

【紛争の解決】

［苦情の自主的解決］

労働者派遣法47条の4

1　派遣元事業主は，第30条の3，第30条の4及び第31条の2第2項から第5項までに定める事項に関し，派遣労働者から苦情の申出を受けたとき，又は派遣労働者が派遣先に対して申し出た苦情の内容が当該派遣先から通知されたときは，その自主的な解決を図るように努めなければならない。

2　派遣先は，第40条第2項及び第3項に定める事項に関し，派遣労働者から苦情の申出を受けたときは，その自主的な解決を図るように努めなければならない。

［紛争の解決の促進に関する特例］

労働者派遣法47条の5

前条第 1 項の事項についての派遣労働者と派遣元事業主との間の紛争及び同条第 2 項の事項についての派遣労働者と派遣先との間の紛争については，個別労働関係紛争の解決の促進に関する法律（平成 13 年法律第 112 号）第 4 条，第 5 条及び第 12 条から第 19 条までの規定は適用せず，次条から第 47 条の 9 までに定めるところによる。

[紛争の解決の援助]
労働者派遣法 47 条の 6
1　都道府県労働局長は，前条に規定する紛争に関し，当該紛争の当事者の双方又は一方からその解決につき援助を求められた場合には，当該紛争の当事者に対し，必要な助言，指導又は勧告をすることができる。
2　派遣元事業主及び派遣先は，派遣労働者が前項の援助を求めたことを理由として，当該派遣労働者に対して不利益な取扱いをしてはならない。

[調停の委任]
労働者派遣法 47 条の 7
1　都道府県労働局長は，第 47 条の 5 に規定する紛争について，当該紛争の当事者の双方又は一方から調停の申請があつた場合において当該紛争の解決のために必要があると認めるときは，個別労働関係紛争の解決の促進に関する法律第 6 条第 1 項の紛争調整委員会に調停を行わせるものとする。
2　前条第 2 項の規定は，派遣労働者が前項の申請をした場合について準用する。

[調停]
労働者派遣法 47 条の 8
　雇用の分野における男女の均等な機会及び待遇の確保等に関する法律第 19 条，第 20 条第 1 項及び第 21 条から第 26 条までの規定は，前条第 1 項の調停の手続について準用する。この場合において，同法第 19 条第 1 項中「前条第 1 項」とあるのは「労働者派遣事業の適正な運営の確保及び派遣労働者の保護等に関する法律第 47 条の 7 第 1 項」と，同法第

20条第1項中「関係当事者」とあるのは「関係当事者又は関係当事者と同一の事業所に雇用される労働者その他の参考人」と，同法第25条第1項中「第18条第1項」とあるのは「労働者派遣事業の適正な運営の確保及び派遣労働者の保護等に関する法律第47条の7第1項」と読み替えるものとする。

[厚生労働省令への委任]
労働者派遣法47条の9
　この節に定めるもののほか，調停の手続に関し必要な事項は，厚生労働省令で定める。

▼解説

Q37　派遣労働者は，不合理な待遇の相違など労働者派遣法に関する紛争が生じた場合に，裁判所に訴える以外に，解決を図る方法はあるか？

　改正前の労働者派遣法には，都道府県労働局長による紛争解決援助や調停といった行政ADR（裁判外紛争解決手続）の制度は設けられていなかった。

　本改正では，派遣労働者も，短時間・有期雇用労働者と同様に，行政ADRの制度を利用できるようにするために，派遣労働者の苦情について派遣元事業主および派遣先による自主的な解決を促す（47条の4）とともに，都道府県労働局長による紛争解決の援助（47条の6），都道府県労働局長（その委任する紛争調整委員会）による調停（47条の7から47条の9）の手続を定める規定が，新たに設けられた。

　したがって，不合理な待遇の禁止，不利益取扱いの禁止（30条の3，30条の4など）も含め，この法律に関して紛争が生じたり不満をもった場合，派遣労働者も，都道府県労働局に相談して，都道府県労働局長の助言・指導・勧告等による履行確保や，行政ADR（紛争調整委員会による調停〔47条の7第1項〕）による紛争解決制度を利用することができるようになる。実際には，都道府県労働局等に設置されている総合労働相談コーナーに相談して，適切な紛争解決方法についてアドバイスをもらう（そこから適切な紛争解決制度に

つないでもらう）ことが簡便だろう。

【公表等】

労働者派遣法 49 条の 2

1　厚生労働大臣は，労働者派遣の役務の提供を受ける者が，第 4 条第 3 項，第 24 条の 2，第 26 条第 7 項若しくは第 10 項，第 40 条第 2 項若しくは第 3 項，第 40 条の 2 第 1 項，第 4 項若しくは第 5 項，第 40 条の 3 若しくは第 40 条の 9 第 1 項の規定に違反しているとき，又はこれらの規定に違反して第 48 条第 1 項の規定による指導若しくは助言を受けたにもかかわらずなおこれらの規定に違反するおそれがあると認めるときは，当該労働者派遣の役務の提供を受ける者に対し，第 4 条第 3 項，第 24 条の 2，第 26 条第 7 項若しくは第 10 項，第 40 条第 2 項若しくは第 3 項，第 40 条の 2 第 1 項，第 4 項若しくは第 5 項，第 40 条の 3 若しくは第 40 条の 9 第 1 項の規定に違反する派遣就業を是正するために必要な措置又は当該派遣就業が行われることを防止するために必要な措置をとるべきことを勧告することができる。

2　厚生労働大臣は，前項の規定による勧告をした場合において，その勧告を受けた者がこれに従わなかつたときは，その旨を公表することができる。

▼解説

　本条は，本改正による諸規定の整備に伴い，厚生労働大臣の勧告および企業名公表の対象となる事項として，従来から対象事項とされているものに加え，派遣先の派遣元事業主への比較対象労働者の待遇に関する情報提供義務違反（26 条 7 項・10 項），派遣先の業務遂行に関する教育訓練実施義務違反（40 条 2 項），派遣先の福利厚生施設（給食施設，休憩室，更衣室）の利用機会付与義務違反（同条 3 項）に対して厚生労働大臣の指導・助言を受けたにもかかわらずなおこれらに違反するおそれがあると認める場合を追加するものである。

【施行期日・検討規定】────────────────

働き方改革関連法 附則 1 条

　この法律は，平成 31 年 4 月 1 日から施行する。ただし，次の各号に
掲げる規定は，当該各号に定める日から施行する。

　一　〔略〕

　二　第 5 条の規定（労働者派遣法第 44 条から第 46 条までの改正規定
　を除く。）並びに第 7 条及び第 8 条の規定並びに附則第 6 条，第 7 条
　第 1 項，第 8 条第 1 項，第 9 条，第 11 条，第 13 条及び第 17 条の
　規定，附則第 18 条（前号に掲げる規定を除く。）の規定，附則第 19
　条（前号に掲げる規定を除く。）の規定，附則第 20 条（前号に掲げる
　規定を除く。）の規定，附則第 21 条，第 23 条及び第 26 条の規定並
　びに附則第 28 条（前号に掲げる規定を除く。）の規定　平成 32 年 4
　月 1 日

　三　〔略〕

働き方改革関連法 附則 12 条

1・2　〔略〕

3　政府は，前 2 項に定める事項のほか，この法律の施行後 5 年を目途
として，この法律による改正後のそれぞれの法律（以下この項において
「改正後の各法律」という。）の規定について，……改正後の各法律の施行
の状況等を勘案しつつ検討を加え，必要があると認めるときは，その結果
に基づいて所要の措置を講ずるものとする。

▼解説

　改正労働者派遣法の施行は，2017（平成 29）年 9 月に作成された法律案要
綱の段階では，働き方改革関連法案に盛り込まれた他の法律改正とあわせて，
2019（平成 31）年 4 月 1 日とされていた。パートタイム・有期雇用労働法で
設けられている中小事業主への 1 年間の適用猶予は，労働者派遣法改正では
設けられていない。派遣労働者についての均等・均衡待遇の確保は基本的に
派遣先に雇用される労働者との関係で求められるものであり，派遣元事業主
の規模等にかかわらず実現されるべきものであるからである。

なお，2017年9月に召集された臨時国会冒頭での解散とそれに伴う総選挙のため，パートタイム・有期雇用労働法を含む働き方改革関連法案の国会提出・審議が2018年の通常国会に先送りされたことに伴い，改正労働者派遣法の施行も2020年4月に修正され（附則1条2号），そのような形で成立している。

改正労働者派遣法についても，他の働き方改革関連法と同様に，施行の5年後を目途に，施行状況等を勘案しつつ，必要な見直しを行うものとされている（附則12条3項）。

4. 留意点

以上のパートタイム・有期雇用労働法，改正労働者派遣法の各条文の内容・解釈を超えて，本改革の全体にかかわる解釈・運用上の課題として留意しておくべき点を，3点述べておこう。

（1） パートタイム・有期雇用・派遣労働者以外はどうなるか？

> **Q38** 労働条件が変わらないまま無期転換した労働者（いわゆる「ただ無期」）や非正規的な取扱いを受けているフルタイム・無期・直接雇用労働者の待遇についてはどうなるか？

第1に，この「同一労働同一賃金」改革の対象となるのは，パートタイム労働者，有期雇用労働者，派遣労働者の3つの雇用形態のものに限られるのか，いずれにも該当しないがいわゆる「非正規」的な取扱いがなされている労働者（例えば労働条件が改善されないまま労契法18条により無期労働契約に転換されたフルタイム・無期・直接雇用労働者）の待遇はどうなるかである。

本改正法の適用対象となる労働者は，パートタイム労働者（週所定労働時間が通常の労働者より短い労働者〔パートタイム・有期雇用労働法2条1項〕），有期雇用労働者（事業主と期間の定めのある労働契約を締結している労働者〔同条2項〕），および，派遣労働者（事業主が雇用する労働者で労働者派遣の対象となるもの〔労働者派遣法2条1号・2号〕）であり，これらのいずれにも該当しない労働者（フルタイム・無期・直接雇用労働者）は，本改正法の直接の適用を受けな

いことになる。

　しかし，このフルタイム・無期・直接雇用労働者のなかに，いわゆる「非正規」的な取扱いを受けている労働者もいる。例えば，労契法 18 条によって（2018〔平成 30〕年 4 月以降）無期労働契約に転換したが，賃金等の労働条件はかつて有期労働契約であったときと同じままとされている（期間の定めだけがなくなった）いわゆる「ただ無期」と呼ばれる人たちである。そのままの状態で本改正法が施行されると，有期労働契約のままの労働者は不合理な待遇の禁止規定（パートタイム・有期雇用労働法 8 条）等により正規労働者との間の待遇格差が是正されることになるが，無期転換労働者については，本改正法は適用されず，待遇改善の法的効果を直接享受することはできないことになる。

　このような状態は，まず，人事労務管理上不適切な事態を招く。有期雇用から無期雇用に転換することにより，中長期的な視点から労働者の育成・活用をする必要性が高まるのが通常であるのに対し，無期雇用となった人が低処遇のまま取り残されてしまうことは，人事労務管理上の必要性に反する事態（ニーズに反する凸凹状態）を生み，企業として優秀な労働者を獲得し定着させていくことが難しい状況を生んでしまう。このような人事労務管理上の要請からすれば，少なくとも本改正法の施行（短時間・有期雇用労働者の待遇改善の実施）とあわせて，無期転換労働者の待遇改善を行っていくことが実務上必要となるだろう。また，法解釈としても，契約形態としてはフルタイム・無期・直接雇用労働者であるが，実態としては「非正規」労働者として扱われ，客観的・具体的な理由なく低い待遇とされている労働者については，正規・非正規労働者間の待遇格差の是正という本改正法の趣旨に照らし，不合理な待遇の禁止規定（パートタイム・有期雇用労働法 8 条）の類推適用または公序良俗違反（民法 90 条。本書 58 頁以下参照）として，適切な法的救済を図ることが考えられよう。

　このほか，派遣会社の事業の重心が労働者派遣から業務処理請負（アウトソーシング）にシフトしていくことにより，派遣労働者に代わって請負会社の労働者が増えていく可能性もある。この場合，請負会社の労働者が注文主から指揮命令を受けずに働いていることが法令違反（偽装請負など労働者派遣法違反）とならないための不可欠の前提となる。そのうえで，請負会社の労

働者として働いている者の待遇については，それがパートタイムまたは有期雇用労働者である場合には，請負会社の通常の労働者との均等・均衡待遇の確保規定（パートタイム・有期雇用労働法 8 条）の適用等の問題となる。その労働者が請負会社でフルタイム・無期雇用で働いている場合には，パートタイム・有期雇用労働法の適用はなく，法的には，労働組合による団体交渉を通した労働条件の改善，最低賃金の引上げによる待遇の底上げ等の問題となる。

　さらには，個人で業務委託を受ける労働者（個人業務請負業者），フリーランサー，クラウドワーカーなど，伝統的な労働者（指揮命令を受けて働く従属労働者）の枠を超えて，自営業者的な形態で働く者が増えていくことも予想される。この動きは，働き方改革の有無・帰趨にかかわらず世界的に観察されている大きな流れであり，「労働者」概念の見直し，労働法・社会保障法制の柔軟化・複線化など，より大きな法的課題を提起するものである[77]。働き方改革のなかでは，「非雇用型テレワークを始めとする雇用類似の働き方が拡大している現状に鑑み，その実態を把握し，政府は有識者会議を設置し法的保護の必要性を中長期的課題として検討する」[78]とされている。より大きな視点からの考察が必要な政策課題であり，学術的課題でもある。

(2)　企業（事業主）を超えた企業間・産業間の待遇格差はどうなるか？

> **Q39**　子会社から親会社に出向して働いている非正規労働者と親会社の正社員との間の待遇格差など企業の枠を超えた格差についてはどうなるか？

　第 2 に，一企業（事業主）の範囲を超えた企業間の待遇格差や産業間の待遇格差は，本改革の対象とならないかが問題となりうる。

　本改正法の不合理な待遇の禁止等の規定の名宛人となっているのは，いず

---

77)　例えば，Supiot (A.), *Au-delà de l'emploi: Transformations du travail et devenir du droit du travail en Europe*, Paris, Flammarion, 1999, pp. 88 et s., 水町勇一郎『労働社会の変容と再生』（有斐閣，2001 年）228 頁以下，島田陽一「雇用類似の労務供給契約と労働法に関する覚書」下井隆史先生古稀記念『新時代の労働契約法理論』（信山社，2003 年）62 頁以下など参照。

78)　働き方改革実行計画 16 頁。

れも事業主であり，一企業・団体内での不合理な待遇の相違等が規制・禁止の対象となっている。本改正法では，企業を超えた待遇格差（例えば，親会社・中核会社の正規労働者と子会社・グループ会社の非正規労働者との間の待遇格差，大企業の正規労働者と中小企業の非正規労働者との間の待遇格差など）は規制・禁止の対象となっていない。

　この点は，基本的には，フランス，ドイツなどEU諸国の法律規定でも同様である。正規・非正規労働者間の待遇格差禁止（「客観的理由のない不利益取扱いの禁止」）規定の名宛人は基本的に使用者（企業・団体）であり，法律的には一企業・団体内での待遇格差が規制・禁止の対象となっている。それを超えた同一産業・地域内の企業間格差の是正や産業間格差の是正等については，産業別・地域別の労働組合と使用者団体による労働協約の締結（産業レベル・地域レベルでの基本的な賃金制度の構築）や全国レベルでの労働協約の締結ないし最低賃金の引上げによって実現されるべき課題とされている。日本でも，法律規定としては一企業・団体内での待遇格差が是正の対象となり，一企業を超えた産業レベルまたは全国レベルでの待遇格差の是正については，基本的には労使関係・労働協約による取組みまたは最低賃金の着実な引上げによって実現されるべき課題と位置づけられよう。

　したがって，例えば**Q39**のように，子会社から親会社に出向して働いている労働者と親会社に雇用されている正社員との間の待遇格差については，出向労働者が短時間・有期雇用労働者であったとしても，雇用している事業主が異なり，不合理な待遇の禁止等が適用される労働者派遣の関係にもないとすれば，企業（事業主）の範囲を超えた問題として，本改革の規制対象とはならず，労使関係・労働協約による取組みに委ねられた問題と位置づけられる。

　なお，例えば親会社が子会社を設立して自らが雇用する短時間・有期雇用労働者を子会社に転籍させ，その子会社からの出向という形をとって親会社で就労させることにより，親会社の正規労働者との均等・均衡待遇の確保（パートタイム・有期雇用労働法8条）を免れようとするなど，親会社が子会社の法人格を違法・不当な目的（脱法目的）で濫用しているといえる場合には，法人格否認の法理（濫用型）によって子会社の法人格を否定することにより，当該労働者が親会社に直接契約責任の履行や不法行為（民法709条）として

損害賠償の支払を求めることが考えられる。

（3） 非正規労働者の待遇改善のために
　　　正規労働者の賃金等を引き下げてよいか？

> **Q40** 非正規労働者の待遇改善を図るために正社員の労働条件を切り下げてもよいか？　それは法的に有効か？

　第3に，本改正法の施行により非正規労働者の待遇改善を行うにあたって，正規労働者の賃金等を引き下げることにより対応してよいかが問題となりうる。

　そもそも，労働法の基本的な考え方として，差別禁止や不利益取扱い禁止規定を適用する際には，不利益を受けている労働者の待遇を引き上げることで対応しなければならず，有利な取扱いを受けている労働者の待遇を引き下げて対応することは許されないと考えられている。例えば，男女差別を禁止する場合に男性の待遇を引き下げて男女平等とすることが許されないことと同様である。差別禁止や不利益取扱い禁止という法律規定の趣旨として，被差別者・不利益取扱い対象者の待遇の是正・利益の擁護という目的が内在していると考えられるからである。

　今回の働き方改革にあたっては，この目的がより明確な形で表現されている。すなわち，本改革では，正規雇用労働者と非正規雇用労働者の間の不合理な待遇差の解消により「非正規雇用の処遇改善」を図ることが目的とされ，賃金の上昇，需要の拡大を通じて経済成長を図る「成長と分配の好循環」を構築することが柱とされている[79]。この目的を実現するためにも，正規労働者の待遇を引き下げることなく非正規労働者の待遇の改善を図ることで，賃金全体の上昇，経済の底上げを実現することが，本改革の趣旨として求められている。

　この点は，次の2つの課題を提起する。

　まず，会社の利益，売上げが非正規労働者の待遇改善に見合うほど上昇していない場合，企業経営としてどのように対応すればよいかである。今回の

79）　例えば，働き方改革実行計画（→巻末資料6）2頁（本書232頁）・4頁（本書234頁）参照。

改革では，正規労働者の待遇を下げずに非正規労働者の待遇改善を図ること
が求められており，その前提として，それぞれの企業で賃金原資を増額する
ことが必要となる。この賃金原資を確保するために，労働生産性向上による
収益力の向上を図ること（労働投入量を減らし生産の量・額を増やすこと→本章1
Q2）が，働き方改革の基本的な課題とされている。また，近年の日本企業
において増加傾向にある企業の内部留保を賃金原資に回すことにより労働分
配率を上げることも有効な手段と考えられている。さらに，製品・サービス
の価格を引き上げて賃金原資を増やすことも，物価と賃金の上昇によるデフ
レ脱却というマクロ経済政策の方向性として重要な手法と位置づけられてい
る。このように，企業としては，労働生産性向上，内部留保の利用，価格の
引上げ等の方法を複合的にとりながら，賃金原資を増やし，労働者の全体的
な待遇改善につなげていくことが求められている。

　次に，使用者が均等・均衡待遇の確保のために正規労働者の待遇の切下げ
を行った場合の法的解釈のあり方である。この点は主として，正規労働者の
労働条件を不利益に変更する就業規則変更の合理性の問題（労契法10条）に
帰着する。就業規則変更の合理性は，労働者の不利益の程度，変更の必要性，
変更内容の相当性，労働組合等との交渉の状況その他の事情を考慮して判断
するものとされている。そのなかで，本改正法の施行にあたり正規労働者の
労働条件を引き下げて対応しようとしているという事実は，本改正法の趣旨
に反するものとして，変更内容の相当性（またはその他の事情）の点で合理性
を否定する要素として考慮されるものと解される。法の趣旨に反する対応は，
その合理性・相当性の規範的判断に大きく影響を与えるものと考えられる。
本改正の国会審議で，加藤勝信厚生労働大臣が「労使で合意することなく正
社員の待遇を引き下げることは望ましい対応とは言えない」と答弁し（→第
1章5(2)衆議院厚生労働委員会①〔本書29-30頁〕），「同一労働同一賃金ガイド
ライン」（→巻末資料10）にも，「短時間・有期雇用労働法及び労働者派遣法
に基づく……不合理と認められる待遇の相違の解消等の目的に鑑みれば，事
業主が……不合理と認められる待遇の相違の解消等を行うに当たっては，基
本的に，労使で合意することなく通常の労働者の待遇を引き下げることは，
望ましい対応とはいえないことに留意すべきである」と記載されていること
（第2）は，法的には，就業規則の「合理性」判断において合理性を否定する

要素としてはたらくことを示唆したものと解される。

第4章

法改正の基礎
外国法（フランス法，ドイツ法）の概要と日本との異同

　「同一労働同一賃金」改革を議論する過程で繰り返し述べられてきたのが，「我が国の雇用慣行には十分留意しつつ」という点と，「欧州の制度も参考にしつつ」という点である[1]。働き方改革実行計画（→巻末資料6）では，

　「同一労働同一賃金の考え方が広く普及しているといわれる欧州の実態も参考としながら，我が国の労働市場全体の構造に応じた政策とすることが重要である。」

とされている。

　本章では，日本における「同一労働同一賃金」原則（正規・非正規労働者間の不合理な待遇の禁止）の法制度化にあたり，いかなる点で欧州の制度が参考にされ，また，いかなる点で日本の雇用慣行を考慮したもの（それゆえ日本独自の性格をもつもの）となっているのかを考察することによって，日本版「同一労働同一賃金」原則の意義と特徴を確認することにしたい。

1. 欧州の法制度の枠組み

　まず，正規・非正規労働者間の待遇格差に関する欧州の法制度を概観しよう。

1）　例えば，ニッポン一億総活躍プラン（→巻末資料2）8頁（本書184-185頁）。その他，本書第1章に記載した審議過程を参照。

(1) 「客観的理由のない不利益取扱いの禁止」原則

欧州連合（EU）では，**表1**（→161頁）にあるように，EU指令によって，パートタイム労働者，有期契約労働者，派遣労働者への不利益取扱いを原則として禁止する法規制が定められている。EU加盟国は，これらの指令に従って，国内法等の整備を行う義務を負う。EUの代表的な加盟国であり，EU指令制定以前からこの問題について議論をリードしてきたフランスとドイツの法律規定は，**表2・表3**（→162頁・163頁）の通りである。そこからわかるように，フランスやドイツなどEU諸国では，基本的に，非正規労働者（パートタイム労働者，有期契約労働者，派遣労働者）について，客観的な理由がない限り，正規労働者（フルタイム・無期契約・直接雇用労働者）より不利益な取扱いをしてはならないとの法原則（「客観的理由のない不利益取扱いの禁止」原則）が定められている。

(2) 同原則の特徴

この法原則については，3つの重要なポイントがある。

第1に，パートタイム労働，有期契約労働，派遣労働という3つの雇用形態が基本的に同様の法原則の下に置かれている点である。これは，パートタイム労働者，有期契約労働者，派遣労働者など労働市場のなかで同様の状況（「非正規」的な地位）に置かれている者には，基本的に同様のルールを適用することが必要であることを示すものである。例えば，パートタイム・有期契約労働者などその一部のみを対象とすると，残された者（派遣労働者）に格差問題がシフトするといういわゆる「もぐら叩き」現象が発生し，問題の根本的な解決には至らないからである。EUではこのような問題意識から，パートタイム労働者，有期契約労働者，派遣労働者に対して，基本的に同様の法原則が適用されている[2]。

第2に，この法原則と「同一労働同一賃金」との関係である。「同一労働

---

2) ただし，派遣労働者については，労働者派遣という契約形態の特殊性を考慮し，この法原則（均等待遇原則）に対し労働協約による例外設定という特別の調整が認められている場合（EU指令，ドイツ等）がある。

表1：欧州の法制度——EU

パートタイム労働者	○パートタイム労働指令（1997/81/EC） ・パートタイム労働者は，雇用条件について，客観的な理由によって正当化されない限り，パートタイム労働であることを理由に，比較可能なフルタイム労働者より不利益に取り扱われてはならない（4条1項）。
有期契約労働者	○有期労働契約指令（1999/70/EC） ・有期契約労働者は，雇用条件について，客観的な理由によって正当化されない限り，有期労働契約または関係であることを理由に，比較可能な常用労働者より不利益に取り扱われてはならない（4条1項）。
派遣労働者	○派遣労働指令（2008/104/EC） ・派遣労働者の基本的な労働・雇用条件は，派遣先に派遣されている期間中は，少なくとも，同じ職務に従事するために派遣先から直接雇用されるとした場合に適用される条件とされなければならない（5条1項）。 ・賃金については，加盟国は，労使団体と協議のうえ，派遣元と無期労働契約を締結している派遣労働者が，派遣されていない期間について継続して賃金が支払われている場合には，第1項の原則の例外を規定することができる（同条2項）。 ・加盟国は，労使団体と協議のうえ，加盟国が定める条件に合致する労使団体に，適切なレベルで，派遣労働者の全体的な保護を尊重しつつ，第1項の均等待遇原則とは異なる労働・雇用条件に関する取決めを定める労働協約を維持しまたは締結する選択肢を与えることができる（同条3項）。

表2：欧州の法制度──フランス*

パートタイム 労働者	○労働法典 ・パートタイムで雇用される労働者は，法律，企業または事業場の労働協約によってフルタイム労働者に認められた権利を享受する。ただし，労働協約により認められた権利につき，労働協約が特別の適用様式を定めている場合にはこの限りでない（L.3123-5条1項）。 ・パートタイム労働者の報酬は，当該事業場または企業において同じ格付けで同等の職務に就く労働者の報酬に対して，その労働時間および当該企業における在職期間を考慮して，比例的なものとする（L.3123-5条3項）。
有期契約 労働者	○労働法典 ・期間の定めのない労働契約を締結している労働者に適用される法律および労働協約の諸規定，ならびに，慣行から生じる諸規定は，労働契約の終了に関する諸規定を除き，期間の定めのある労働契約を締結している労働者にも平等に適用される（L.1242-14条）。 ・期間の定めのある労働契約を締結している労働者が受け取る，L.3221-3条にいう報酬は，同等の職業格付けで同じ職務に就く，期間の定めのない労働契約を締結している労働者が，同じ企業において試用期間の終了後受け取るであろう報酬の額を下回るものであってはならない（L.1242-15条）。
派遣労働者	○労働法典 ・派遣労働者は，派遣先企業において，当該企業の労働者と同じ条件で，集団的交通手段，および，食堂などの集団的施設を利用することができる（L.1251-24条1項）。 ・派遣労働者が受け取る，L.3221-3条にいう報酬は，L.1251-43条6号の規定する労働者派遣契約が定めた報酬（「派遣先企業において，同等の職業格付けで同じ労働ポストに就く労働者が，試用期間の終了後受け取るであろう，諸手当や賃金付加給付がある場合にはそれを含めた，さまざまな構成要素からなる報酬の額」）を下回るものであってはならない（L.1251-18条1項）。

* フランスでは，法律の条文上「客観的な理由によって正当化されない限り」という文言が付されていないが，その給付の性質・目的に応じて，客観的な理由による不利益取扱いの正当化（適法化）を認める解釈がなされている。

表3：欧州の法制度——ドイツ

パートタイム労働者	○パートタイム労働・有期労働契約法 ・パートタイム労働者は，客観的な理由によって正当化されない限り，パートタイム労働を理由として，比較可能なフルタイム労働者より不利に取り扱われてはならない（4条1項1文）。 ・労働報酬その他の分割可能な金銭的価値を有する給付は，パートタイム労働者に対しては，少なくとも，比較可能なフルタイム労働者の労働時間に対するパートタイム労働者の労働時間の割合に応じて，支給されなければならない（同項2文）。
有期契約労働者	○パートタイム労働・有期労働契約法 ・有期契約労働者は，客観的な理由によって正当化されない限り，有期労働契約であることを理由として，比較可能な無期契約労働者より不利に取り扱われてはならない（4条2項1文）。 ・一定の評価期間に対して支給される労働報酬その他の分割可能な金銭的価値を有する給付は，有期契約労働者に対しては，少なくとも，その評価期間に対する当該労働者の就労期間の長さの割合に応じて，支給されなければならない（同項2文）。 ・労働条件が同一の事業場または企業における労働関係の存続期間の長さに依拠する場合，有期契約労働者については，客観的な理由によって正当化されない限り，無期契約労働者と同一の期間と評価されなければならない（同項3文）。
派遣労働者	○労働者派遣法 ・派遣元は，派遣労働者に対し，派遣先への派遣期間中，派遣先事業所における比較可能な労働者に適用される，賃金を含む基本的労働条件を付与すべき義務を負う（均等待遇原則）（8条1項1文）。 ・時間単位最低賃金を下回らない限りにおいて，労働協約によって均等待遇原則から逸脱することができる（同条2項1文）。2項の労働協約は，賃金については，派遣開始から9か月間，均等待遇原則から逸脱することができる。より長期間の逸脱は，①派遣開始から遅くとも15か月後には，賃金が少なくとも，派遣先産業部門における比較可能な労働者の労働協約上の賃金と同額となるよう規整され，かつ，②実習期間の後，遅くとも6週間後には，当該協約賃金に向けた段階的賃金引上げが行われる場合にのみ，許される（同条4項1文）。

**　表1～表3について詳細は，水町勇一郎「『格差』と『合理性』——非正規労働者の不利益取扱いを正当化する『合理的理由』に関する研究」社会科学研究62巻3・4号（2011年）125-152頁，山本陽大＝山本志郎「ドイツにおける労働者派遣法および請負契約の濫用規制をめぐる新たな動向」労働法律旬報1872号（2016年）36頁以下参照。

⇒基本的には，客観的な理由がない限り，非正規労働者に対し不利益な取扱いをしてはならない。客観的な理由があれば，賃金に差を設けるなどの取扱いも認められる。

同一賃金」とは，労働の内容が同一（または同等）であれば同一の賃金を支払うべきであるという考え方である。これはもともと，男女間の賃金差別を是正する法原則として導入されたものであるが，男女間を超えたより一般的な法原則として用いられることもある[3]。この「同一労働同一賃金」原則を正規・非正規労働者間の待遇格差問題にあてはめる場合，「同一労働同一賃金」そのものが法律上定められるのではなく，「客観的理由のない不利益取扱いの禁止」という形で制度化されることが多い。その理由は，①格差が問題となっているのは「賃金」だけでなく広く待遇一般に及んでいること，また，②「同一労働」を条件とすると労働（職務内容）と関連性のない給付（例えば通勤手当，食事手当など）についても労働が同一でないことで格差が許容されてしまうことにある。これらの点を踏まえ，賃金以外の給付（①）も，職務内容と関連していない給付（②）も射程に入れたより一般的な法原則として，「客観的理由のない不利益取扱いの禁止」という形がとられているのである[4]。「同一労働同一賃金」は「客観的理由のない不利益取扱いの禁止」という大きな法原則のなかの賃金（とりわけ基本給）に関するルールと位置づけることもできる。

　第3に，「同一労働同一賃金」も「客観的理由のない不利益取扱いの禁止」も「原則」であり，その例外として「客観的理由」があれば格差は許容されることである。実際の法原則の適用の場面では，この格差を正当化する客観的理由の有無が最も大きな争点となる。そして実際に，それぞれの事案のなかでさまざまな事由が格差を正当化する客観的理由となると解されている。本原則の適用の鍵を握るこの「客観的理由」の有無の判断について，次に具体的に検討しよう。

3）　例えばフランスでは，1996 年 10 月 29 日の破毀院判決（いわゆる *Ponsolle* 判決。Cass. soc. 29 octobre 1996, nº 92-43680, *Bull. Civ.* V, nº 359, p.255 et s.）およびその後の判例の展開により，「同一労働同一賃金」原則が男女間を超えた一般的な法原則として位置づけられている（水町勇一郎「『格差』と『合理性』──非正規労働者の不利益取扱いを正当化する『合理的理由』に関する研究」社会科学研究 62 巻 3・4 号〔2011 年〕135 頁以下など参照）。

4）　水町勇一郎「『同一労働同一賃金』は幻想か？──正規・非正規労働者間の格差是正のための法原則のあり方」鶴光太郎＝樋口美雄＝水町勇一郎編著『非正規雇用改革──日本の働き方をいかに変えるか』（日本評論社，2011 年）271 頁以下参照。

2. 格差を正当化する「客観的理由」

　フランス，ドイツなどの EU 諸国では，正規・非正規労働者間の待遇格差を正当化する客観的理由について，それぞれの給付の性質・目的に基づいて個別に判断するという枠組みがとられている。その具体的な判断の内容は法律の条文のなかにすべて明記できる性質のものではなく，裁判所において個別の事案ごとに判断され，その判断や議論の蓄積のなかで一定のルールが形成されている状況にある。

(1)　「客観的理由」の分類と内容

　フランスとドイツの判例や議論の蓄積をもとに，待遇格差の正当化事由（客観的理由）を給付の性質・目的ごとに分類すると，以下のように整理することができる。

　第 1 に，職務内容と関連性の高い給付（基本給，職務手当，教育訓練など）については，職務内容，労働（労務給付）の質[5]，職業経験[6]，資格，職業格付け[7]，学位[8]，勤続年数[9]，採用の緊急性[10]などの違いが格差を正当化す

5）　① Cass. soc. 26 novembre 2002, n° 00-41633, *Bull. civ.* V, n° 354, p347;　② Cass. soc. 20 février 2008, n° 06-40085 et n° 06-40615, *Bull. civ.* V, n° 38. 前者の事件（①）では，同じ格付けで同一の職務・ポストに就いている他の労働者より賃金が低いこと，後者の事件（②）では，ある技術職・管理職員の昇給額が同僚と比べて低いことについて，フランス破毀院はいずれも，それを正当化する「提供された労働の質の違い」の存在を使用者は立証できていないと判断した。

6）　Cass. soc. 15 novembre 2006, n° 04-47156, *Bull. civ.* V, n° 340, p.330. この事件では，ホテルの警備員について，前職における職業経験の違いが賃金の違いを正当化する理由になるとされた。もっとも，その後の他の判例（Cass. soc. 11 janvier 2012, n° 10-19438, inédit）では，前職での職業経験の違いは，採用の時点で，かつ，当該ポストの要請や実際に求められる責任と関連性をもつ場合にのみ，賃金の違いを正当化しうるとされた（Auzero (G.) et Dockès (E.), *Droit du travail*, 30ᵉ éd., 2016, p.762）。

7）　Vgl. LAG Hamm vom 19.12.1991 DB 1992, 858.

8）　学位の違いのみでは，同じ職務に従事する労働者間の基本給の相違を正当化する客観的理由とはならない（Cass. soc. 16 décembre 2008, n° 07-42107〔学位が違うといってもそれらが同等の水準のものである場合，報酬の相違の正当化事由とはならない〕）が，当該職務の遂行にとって有用なものでありその取得に必要とされる教育訓練の水準・期間が異なるような学位の違いについては，基本給の相違の正当化事由となりうる（Cass. soc. 17 mars 2010, n° 08-43088〔2697.45 ユーロ，1966.10 ユーロ，1870.24 ユーロという報酬の違いの正当化事由となる〕，Cass. soc. 12 novembre 2014, n° 12-20069, 13-10274〔20%の報酬の違いの正当化事由となる〕）。

る事由となりうる[11]。例えば，職務内容が違えば基本給を異なるものとすることも正当と考えられ，また，職務内容だけでなくキャリア展開に応じて設定されている賃金については，キャリアコースの違いが賃金の違いを説明できる内容のものであれば同一労働同一賃金の例外事由となりうる[12]。ここで注意すべき点は，単にこのような事情の違いが挙げられるだけでただちに基本給等の違いが正当化されるわけではなく，それらの点で真に相違があると認められ（相違の真実性），それが基本給等の給付の違いを説明できる内容のものであるか（給付との関連性）がそれぞれ検証されている点である。

　第2に，勤続期間と結びついた給付（退職金・企業年金，昇給・昇格，年休日数など）については，勤続期間の違いが合理性を基礎づける事情となりうる。例えば，一定期間の勤続を要件とする退職金・企業年金，昇給・昇格など，当該企業における在職期間（勤続年数）に応じて発生・増加する給付については，在職期間が短く当該給付の要件を満たさない有期契約労働者等にそれを支給しない，または，その短い期間に応じた低い給付とすることも，異なる取扱いの客観的理由となると解されている[13]。ここで重要なのは実際の勤続期間の違いであり，有期労働契約の更新によって勤続期間（通算契約期間）が長くなっている労働者については，その期間に基づいて処遇することが求められる[14]。また，短い時間しか就労していないパートタイム労働者についても，その勤続期間の長さに応じた給付をしなければならない（例えば企業

9）　Cass. soc. 20 juin 2001, n° 99-43905. この判決では，同じ業務に就く2人の労働者間の報酬の違いについて，在職期間が基本給の要素として組み込まれているとすれば，両者の在職期間の違いは報酬の違いを正当化する要素となりうるとされた。

10）　Cass. soc. 21 juin 2005, n° 02-42658, *Bull. civ.* V, n° 206, p.181. この事件では，保育園長の病気休暇期間中にその臨時代替として雇用された園長に対しより高額の報酬を支払ったことについて，保育園閉鎖を回避するための緊急の必要性に基づいたものであり，法的に正当化されると判断された。

11）　Auzero (G.) et Dockès (E.), *Droit du travail*, 30ᵉ éd., 2016, pp.762 et s.; Schaub/Koch/Linck/Treber/Vogelsang, Arbeitsrechts-Handbuch, 16.Aufl. (2015), S.430f. (Linck).

12）　Cass. soc. 3 mai 2006, n° 03-42920, *Bull. civ.* V, n° 160, p.155. この事件では，労働協約により職業能力向上のためのキャリアコースが設定され，そのコースに進んだ労働者とそうでない労働者との間で，職務が同一であるにもかかわらず賃金差が生じていることにつき，キャリアコースが異なることを考慮すると両者は同一の状況にあるとはいえず，同一労働同一賃金原則に違反しないと判断された。

13）　Cass. soc. 17 mars 2010, n° 08-43135 ; Auzero (G.) et Dockès (E.), *Droit du travail*, 30ᵉ éd., 2016, p.289.

年金の適用範囲から除外してはならない）と解されている[15]。

　第3に，会社への貢献に対して支給される給付（賞与，交通移動手段の快適度など）については，会社への貢献度の違いが給付の違いを正当化する事由となりうる。例えば，賞与・特別手当が過去の一定期間の勤務や会社業績に応じて支給される賃金後払い的性格および功労報償的性格をもつ場合には，パートタイム労働者，有期契約労働者，派遣労働者についても，賞与の算定基礎期間に労務を提供し会社業績に貢献していれば，その期間の勤務および会社への貢献度に応じて賞与を支給することが求められる[16]。なお，使用者が賞与を裁量的に決定し支給する場合も，使用者が裁量をもつこと自体は，同等の前提状況に置かれている労働者間で賞与に差をつけることの客観的理由とはならず，使用者はその支給基準を事前に検証可能な形で定めておかなければならないとされている[17]。また，会社への貢献度に応じて支給される給付で，その貢献の度合いに量的な違いがある場合には，その違いによって説明可能な給付の違いは客観的に正当であると解されている[18]。

　第4に，会社からの収入で生計を立てている者に対する生活保障的な給付（家族手当，住宅手当など）については，扶養家族の存在，住宅の賃貸，収入の額など，それらの給付の支給要件として設定されている基準が給付を基礎づける事情として説明可能なものであれば，それらの事情の違いは給付の違いの正当化事由となりうる。パートタイム労働者等がこれらの要件を満たしている場合には，同様に（パートタイム労働者については時間比例計算で），これらの給付を支給しなければならないと解されている[19]。

---

14)　BAG vom 21.2.2013-6 AZR 524/11〔有期労働契約の更新による雇用期間を勤続期間として考慮に入れないことは平等取扱原則に反する〕。

15)　BAG vom 25.10.1994 AP Nr.40 zu §2 BeschFG 1985-3 AZR 149/94 ; BAG vom 27.03.2014 AP Nr.6 zu §16 TV-L.-6 AZR 571/12. 労働時間が短いゆえの管理費用の高さは，パートタイム労働者を給付から排除することを正当化する客観的理由とはならないと解釈されている（BAG vom 15.05.1997 AP Nr.9 zu §3 BAT-6 AZR 40/96）。

16)　Vgl. BAG vom 28.3.2007-10 AZR 261/06 = AP Nr.265 zu §611 BGB Gratifikation〔3025ユーロの年末特別手当〕。

17)　Cass. soc. 10 octobre 2012, n° 11-15296 ; Cass. soc. 13 janvier 2016, n° 14-26050.

18)　Cass. soc. 1 juillet 2009, n° 07-42675, *Bull. civ.* V, n° 168 ; Cass. soc. 27 janvier 2015, n° 13-22179. これらの事件では，いわゆる幹部職員（cadres）が負う責任や拘束の重さ等を考慮し，労働協約によって幹部職員に認められた追加の有給休暇付与や交通移動手段の快適度等は客観的に正当化されうるものと判断された。

第5に，同じ会社・場所で就労する者として必要な費用・設備・制度等に係る給付（通勤手当，食事手当，社内食堂，社内保育施設，安全管理，健康診断，病気休業など）については，その契約形態にかかわりなく，同様の状況に置かれている労働者に対しては，基本的に同様に支給することが求められる[20]。例えば，食事手当の額に差を設ける場合，職務を遂行する条件の違いなど食事手当の差を客観的に正当化できる具体的な事情を明らかにしなければならないと解されている[21]。

　第6に，労働時間の長さや配置にかかわる給付（時間外労働手当，休日労働手当，深夜労働手当，食事手当など）については，労働時間の長さや配置の違いが給付の差を正当化する客観的理由となりうる。例えば，時間外労働手当の目的が一定時間を超えて労働することによる労働者の肉体的負担を補償することにある場合には，パートタイム労働者についてもフルタイム労働者と同じ労働時間を超えた場合にのみ時間外労働手当を支給することは，客観的に正当といえる[22]。これに対し，日曜・祝日手当や深夜手当が日曜・祝日や深夜の時間帯に働かせることによって家族との自由な時間を奪ってしまうことへの代償目的で支給されている場合には，その時間帯に勤務するパートタイム労働者等にも同様に手当を支給しなければならない[23]。

　第7に，雇用保障（優先的な人員整理の可否など）については，フランスでもドイツでも，有期契約労働者はそもそも契約期間の満了によって契約関係が終了することが想定されているため，契約期間満了によって有期労働契約を終了させることは違法ではないと考えられている。これに対し，例えば期間の定めのない契約で雇用されているパートタイム労働者については，労働

19)　BAG vom 27.7.1994 AP Nr.37 zu §2 BeschFG 1985〔住宅資金貸付けにつきパートタイム労働者にも労働時間数に比例して支給すべき〕; BAG vom 19.10.2010 AP Nr.25 zu §29 BAT-6 AZR 305/09〔地域手当の配偶者加給につきパートタイム労働者に比例付与とすることは差別禁止原則に違反しない〕.

20)　Schaub/Koch/Linck/Treber/Vogelsang, Arbeitsrechts-Handbuch, 16.Aufl. (2015), S.433 (Linck).

21)　Cass. soc. 15 octobre 2014, n° 13-18006.

22)　BAG vom 5.11.2003 AP Nr.6 zu §4 TzBfG ; BAG vom 16.6.2004 AP Nr.20 zu §1 TVG Tarifverträge: Großhandel.

23)　BAG vom 23.2.2011 AP Nr.5 zu §24 TVöD-10 AZR 299/10 ; BAG vom 25.9.2013 AP Nr.24 zu §4 TzBfG-10 AZR 4/12.

時間が短いということだけでフルタイム労働者より優先して人員整理の対象とすることはできないと解釈されており，フルタイム労働者にもパートタイム労働者にも同じ人選基準（例えば被扶養者の数，再就職の困難性[24]など）を適用して被解雇者を決定すべきものとされている。

(2) 「客観的理由」の判断の方法

以上述べた「客観的理由」の内容は例示にすぎない。その具体的な内容は，上述したように，個別の事案ごとにそれぞれの給付の性質・目的に照らして判断される。そこで，その内容を実際にどのような方法で判断するのかが，次の重要なポイントとなる。

第1に，「客観的理由のない不利益取扱いの禁止」原則において，例外として格差を正当化する事由となる「客観的理由」の存在については，例外の存在を主張する使用者に立証責任があると位置づけられている。正規・非正規労働者間の待遇に自ら格差を設け，この点についてより多くの情報をもつ使用者に法的な立証責任を課すことで，使用者の説明責任を明確にするとともに，情報の非対称性を解消しようとする制度設計となっている。

第2に，客観的理由の存在（待遇の適法性）についての予見可能性を高めるために，その判断において，労使で真摯に協議し合意に至るプロセスを重視すること（例えば労働組合との合意の存在を正当性を基礎づける重要な要素とすること）が考えられる。このことは，一方で，複雑で多様な制度設計への労働者の関与を促し，制度の納得性を高めることにつながる。しかし他方で，とりわけ正規・非正規労働者間の待遇格差問題については，労使合意そのものがアウトサイダーに対する差別を生み出すもととなるという懸念もある[25]。

24）　ドイツ解雇制限法（Kündigungsschutzgesetz）1 条 3 項参照。

25）　Lyon-Caen（A.), À travail égal, salaire égal: Une règle en quête de sens, *Revue de Droit du Travail*, 2006, pp.17 et s. ドイツでは，労働協約（またはその労働契約による援用）による均等待遇原則からの逸脱が認められており，労働組合と派遣会社等との間で派遣労働者の賃金を低く設定する動きが広がっていたが，連邦労働裁判所は 2010 年 12 月 14 日の判決（BAG vom 14.12.2010-1 ABR 19/10, NZA 2011, 289）で著しく低い賃金を設定していたキリスト教系組合連合（CGZP）の協約能力自体を否定し，同連合が締結した労働協約を無効とすることによって労使自身による格差の設定に歯止めをかけた。その後，2016 年 11 月 25 日の労働者派遣法改正によって，労働協約による均等待遇原則からの逸脱については，均等待遇への段階的賃金引上げなど実体的な制限が加えられた（**表 3**〔→ 163 頁〕のドイツ労働者派遣法 8 条 4 項 1 文参照）。

これらの両面を考慮し，単なる労使の協議・合意ではなく，関係する非正規労働者の声を反映させる形で手続を踏むことが，手続面で正当性を基礎づける重要な要素となるとする判例もある[26]。また，使用者が関係する労働者全員に事前に給付の内容と支給基準を周知していることが，その正当性を検証するための重要なポイントとなるとされている[27]。

このように，使用者に説明責任（客観的理由の存在の立証責任）を課し，非正規労働者の声を反映した手続を促すことによって，当事者の納得性・予見可能性とともに社会的公正さを実現しようとする法的枠組みがとられている。

3. 日本の「同一労働同一賃金」改革
——欧州との共通性と日本の独自性

（1）「同一労働同一賃金」改革の骨子

日本の「働き方改革」においては，「同一労働同一賃金など非正規雇用の処遇改善」が第一の課題とされ，その実現に向けて，①パートタイム労働法，労働契約法，労働者派遣法の改正・整備（パートタイム・有期雇用労働法と労働者派遣法に整理・再編）と，②待遇格差の不合理性判断の考え方と例を具体的に示すガイドライン（→巻末資料10）の作成・公表（改正法に基づく「指針」として公布）がなされた。

法改正（①）のポイントは，パートタイム労働者，有期契約労働者，派遣労働者について，「不合理な待遇の禁止」規定を設けること，および，待遇の相違の内容と理由についての使用者の説明義務を定めることにある。とりわけ，「不合理な待遇の禁止」については，基本給，賞与その他の待遇のそれぞれについて，職務の内容，職務内容・配置の変更の範囲その他の事情のうち，当該待遇の性質・目的に照らして適切と認められるものを考慮して，不合理と認められる相違を設けてはならない旨を法律上規定し，それぞれの待遇ごとにその性質・目的に照らして待遇差の不合理性を個別に判断すると

---

26) V. Cass. soc. 27 janvier 2015, n° 13-22179, 13-25437 et 13-14773.

27) Cass. soc. 10 octobre 2013, n° 12-21167, inédit (AUZERO (G.) ET DOCKÈS (E.), *Droit du travail*, 30e éd., 2016, p.759).

いう方法をとることが明確にされた（パートタイム・有期雇用労働法8条）。なお，派遣労働者については，派遣先の正社員との均等・均衡待遇を確保する方式を原則としつつ（労働者派遣法30条の3），労使協定で同種業務の一般的労働者の平均的賃金額（厚生労働省令で定めるもの〔→巻末資料11〕）以上の賃金額など一定水準を満たす待遇を決定しそれを実際に遵守・実施するという方法（いわゆる「労使協定方式」）をとることを例外として認めるものとしている（30条の4）。

　また，「同一労働同一賃金ガイドライン」（②）は，正規か非正規かという雇用形態にかかわらない均等・均衡待遇の確保を目指すことを目的として，いかなる待遇差が不合理となるか（ならないか）をそれぞれ示したものである。具体的には，基本給（職業経験・能力に応じるもの，業績・成果に応じるもの，勤続年数に応じるもの，勤続による職業能力の向上に応じた昇給），賞与，手当（役職手当，特殊作業手当，特殊勤務手当，精皆勤手当，時間外労働手当，深夜・休日労働手当，通勤手当・出張旅費，食事手当，単身赴任手当，地域手当），福利厚生（給食施設・休憩室・更衣室，転勤者用社宅，慶弔休暇，健康診断に伴う勤務免除・有給保障，病気休職，法定外年休・休暇），その他（教育訓練，安全管理）というそれぞれの給付について，均等または均衡待遇を実現するための基本的な考え方，および，典型的な事例として問題となる例とならない例を示している（本書95頁以下）。

　このように，法律の条文には十分に書き込むことができない，それぞれの給付ごとの判断の基本的な考え方および具体的な判断の例をガイドラインで明らかにすることにより，法律規定とガイドラインを一体のものとして，均等・均衡待遇の確保を具体的な形で促している。

(2)　欧州との共通性

　この日本の「同一労働同一賃金」改革は，次の点で欧州の制度と共通性・類似性をもつものといえる。

　第1に，パートタイム労働，有期契約労働，派遣労働という3つの雇用形態を基本的に同一の規制の下に置き，正規・非正規労働者間の待遇格差問題を包括的に解決していこうという方法をとっている点である。そのなかで，派遣労働者については労使協定方式という例外的な調整を許容している点も，

EU指令やドイツ等と類似したアプローチをとるものといえる。

　第2に，文字通りの「同一労働同一賃金」ではなく，法原則として，より広く賃金以外の労働条件を含む待遇一般を射程に入れ，それぞれの待遇にあった多様な要素を考慮に入れることができる枠組み（日本では「不合理な待遇の禁止」）を採用している点である。

　第3に，具体的な判断において，それぞれの待遇ごとにその性質・目的に照らして待遇の相違の違法性（不合理性）を判断するという方法をとっている点である。その判断の基本的な考え方や具体的な例を示した「同一労働同一賃金ガイドライン」は，欧州（フランス，ドイツ）における判例や学説の蓄積を参考にしつつ定められたものである。

　日本の「同一労働同一賃金」改革は，これらの点で「欧州の制度」を参考にしたものといえる。

(3)　日本の独自性

　これに対し，以下の諸点では，欧州の制度とは異なる日本の独自性が認められる。

　第1に，法的ルールとして，「客観的理由のない不利益取扱いの禁止」ではなく「不合理な待遇の禁止」としている点である。この点は，民事訴訟における立証責任の構造の違いに起因している面がある。欧州では，労働者側が「不利益取扱い」の存在を立証し，使用者側が「客観的理由」の存在を立証するという形で，立証責任が明確に分配されている。これに対し，日本では，客観的理由や合理性・不合理性の存否という抽象的な要件は「規範的要件」とされ，当事者双方が自らに有利な証拠を提出し，裁判所がそれらの証拠全体を踏まえて要件の充足・不充足を判断するという方法がとられている。このような「規範的要件」論によると，人事管理上の取扱い（待遇）について十分な情報をもたない労働者が不利な状況に置かれかねない。そこで，今回の日本の改革では，この一般的な「規範的要件」論をとりつつ，使用者に待遇の相違の内容と理由についての説明義務を法律上課すこととし（パートタイム・有期雇用労働法14条2項，労働者派遣法31条の2第4項），労働者と使用者間の情報の非対称性を解消しようとしている。

　第2に，日本では基本給について「同一労働同一賃金」（職務給）とするこ

とを必ずしも原則としておらず，職務給，職能給，成果給，勤続給などいかなる基本給制度をとるかは企業や労使の選択に委ねられるものとされている。この点は，社会的な制度として，産業別労働協約等により職務の内容と格付けに応じた職務給制度が構築されている欧州とは対照的な点である。もっとも欧州でも，職務給の格付けにおいて職業経験・能力等の違いが考慮されたり，基本給（職務給）に上乗せされる加算部分（手当）等で業績・成果，勤続期間，キャリアコース等の違いが考慮されており，これらの点は賃金の違いの正当化事由（客観的理由）となりうるものと解釈されている。つまり，欧州でも日本でも，職務内容以外の職業経験・能力，業績・成果，勤続年数等の違いを賃金差の正当化事由として考慮することが認められている点は同じであり，それが問題となる判断の局面が，これまでの賃金制度（社会制度）の違いに対応して異なっている（欧州では基本給〔職務給〕の格付けや加算手当の違い，日本では基本給の制度の違い）といえる。今回の日本の改革では，基本給の制度のあり方自体は企業や労使の選択に委ね，それぞれの制度の性質・目的に照らして正規労働者と非正規労働者との公正な取扱いを求めており，このような考え方自体は欧州と基本的に変わらないものである。

　第3に，日本では「均等」待遇だけでなく「均衡」待遇の確保が求められている。「均等」待遇とは前提が同じ場合に同じ待遇を求めること，「均衡」待遇とは前提が異なる場合に前提の違いに応じたバランスのとれた待遇を求めることである。このうち，欧州では基本的に「均等」待遇のみが求められているが，日本の正規・非正規労働者間の待遇格差の是正においては「均等」待遇のみならず「均衡」待遇の確保も求められている。この「均衡」待遇の要請は，正規・非正規労働者間にキャリア展開（雇用管理区分）の違い等を理由として大きな格差が設けられていることの多い日本特有の法的要請であり，これまでの日本における議論の蓄積（本書47頁以下・55頁以下等参照）を踏まえて，「同一労働同一賃金ガイドライン（案）」において明確な形で示された点である。

　これらの点で，日本の「同一労働同一賃金」改革は日本独自の特徴をもったものであり，とりわけ第2と第3の点は「我が国の雇用慣行」を考慮したものといえる。なかでも，第3の点（「均衡」待遇の制度化）は，正規雇用労働者を中心として形成された日本的雇用慣行に起因する「正規・非正規」格

差の問題構造を考慮した日本固有の法的要請である。前提が同じ場合に同じ取扱いをする「均等」待遇だけでなく，前提が異なる場合に前提の違いに応じたバランスのとれた取扱いをする「均衡」待遇を法的に求める点は，他国に例をみない先進的な法政策であるという比較法的な観点からも，職務分離や雇用管理区分等の形式の違いを超えた対応を求める（職務や雇用管理区分等が異なるとしてもその違いに応じた均衡のとれた待遇となっていることを法的に要請する）という実務的な観点からも，重要な意味をもつ日本的な特徴であるといえる。

4. 小括——今後の課題

　以上のような内容と特徴をもつ日本の「同一労働同一賃金」改革を進めていくうえでの課題として，大きく次の3つの点が挙げられる。

　第1に，正規・非正規雇用労働者間の待遇格差の是正の着実な実行である。実際の人事労務管理上のステップとしては，①ハマキョウレックス（差戻審）事件・最高裁判決[28]でも示された諸手当・福利厚生の非正規雇用労働者への支給を第1段階とし，さらに，改正法の施行（大企業は2020〔令和2〕年4月，中小企業は2021〔令和3〕年4月）に向けて，②非正規雇用労働者への均等または均衡のとれた水準での賞与および退職金の支給[29]，および，③正規雇用労働者の基本給制度への非正規雇用労働者の組入れまたは均等・均衡のとれた水準での基本給の支給という段階を踏みながら，就業規則改正等の制度的な準備を進めていくことが考えられる。ここでのプロセスとして大切になるのは，非正規雇用労働者の意見を反映させる形で労使の交渉・協議を行うことである。とりわけ，日本の今回の改革では，前提が異なる場合に前提の違いに応じたバランスのとれた取扱いを行う「均衡」待遇が法的に求められて

---

[28]　ハマキョウレックス（差戻審）事件・最二小判平成30・6・1民集72巻2号88頁。

[29]　改正前の労契法20条をめぐる裁判例であるが，有期契約労働者への賞与や退職金の不支給を部分的に不合理とした裁判例として，学校法人大阪医科薬科大学（旧大阪医科大学）事件・大阪高判平成31・2・15労判1199号5頁〔アルバイト職員への賞与の不支給につき正職員の支給基準の少なくとも60％を下回る範囲で不合理と判断〕，メトロコマース事件・東京高判平成31・2・20労判1198号5頁〔契約社員への退職金の不支給につき正社員の支給基準の4分の1を下回る範囲で不合理と判断〕参照。

おり，この量的な水準の決定（その「不合理性」の判断）においては，労使間の話合いで利害関係者の意見や利益を調整して決定したという手続の公正さが重要な意味をもちうる[30]。特にここでは，待遇改善の対象となる非正規雇用労働者の意見や利益を反映させる手続が踏まれているか否かが重要であり，労働組合がある場合には非正規雇用労働者の組織化，労働組合がない場合には非正規雇用労働者の意見を聴き待遇改善に反映させる手続的な工夫を講じることが課題となる。このようなプロセスの充実は，当事者の納得性を高め，企業にとっては判断の予見可能性を高めることにもつながる。

　第2の課題は，正規雇用労働者（いわゆる正社員）を含めた賃金・人事労務管理制度の全体像を将来に向けて再検討することである。今回の改革では，賃金原資を拡大しつつ，非正規雇用労働者の待遇改善に向けた公正な分配を行うことが求められている（→第3章4(3)Q40〔本書156頁〕参照）。この過程のなかで改めて問われるのは，正規雇用労働者の賃金・人事労務管理制度そのものが効率的なものとして設計されているのかという点である。そもそも，正規雇用労働者の制度が効率的なものとなっていないのに，今回の改革で非正規雇用労働者もその制度に合わせて均等・均衡のとれた待遇にしていくことになると，正規・非正規雇用労働者の制度全体が不効率なものとなっていくおそれがある。今回の改革を契機に，賃金・人事労務管理制度全体の再検証をしていくこと，具体的には，正規雇用労働者の基本給制度は企業経営の将来の方向性・課題と整合的なものとなっているのか，賞与や退職金が賃金全体のなかで占める割合・規模やその算定・支給方法は効率的で持続可能なものとなっているか，諸手当・福利厚生の規模や内容は企業経営の方向性や労働者のニーズに沿った効率的で公正なものとなっているのかといった点を，中長期的な視点で改めて検証する作業を行うことが重要になるだろう。その

30）　ハマキョウレックス（差戻審）事件・最高裁判決（前掲注28））も，「同条〔労契法20条〕は，職務の内容等が異なる場合であっても，その違いを考慮して両者の労働条件が均衡のとれたものであることを求める規定であるところ，両者の労働条件が均衡のとれたものであるか否かの判断に当たっては，労使間の交渉や使用者の経営判断を尊重すべき面があることも否定し難い」と判示し，「均衡」待遇の判断にあたっては労使交渉というプロセスが重要となりうることを述べている。学説としては，神吉知郁子「労働法における正規・非正規『格差』とその『救済』——パートタイム労働法と労働契約法20条の解釈を素材に」日本労働研究雑誌690号（2018年）73頁など参照。

検証の結果は，それぞれの業種や企業ごとにさまざまなものとなるだろうが，大きな方向性としては，賞与や諸手当・福利厚生の多くが基本給のなかに組み込まれ，基本給の構成要素としては勤続・年功よりも職務・成果に重きを置いたものに重心がシフトしていく（その意味で結果として「同一労働同一賃金」に近づいていく）可能性があり，退職金については企業丸抱え型から個人積立型にシフトしていく可能性があるだろう。

　第3の課題は，「非雇用」労働者の増加への対応の必要性である。労働法や社会保障法の適用を受けない（最低賃金の適用や社会保険料の企業負担等がない）業務委託・フリーランス等の形態をとった自営業者的な労働者（「非雇用」労働者）が世界的に増加している。この動きは，ウーバー（Uber）に象徴されるプラットフォーム・エコノミーの急速な拡大によって加速し，法的には「労働者」・「労働契約」概念の再検討を促す状況を生んでいる[31]。日本の今回の「同一労働同一賃金」改革によって「非正規雇用」労働者の待遇改善を図ることは，コスト削減を求める企業行動として「非雇用」労働者を増加させる動きをさらに加速させる可能性がある。このような市場の動きのなかで，「非雇用」労働者も含む公正な競争条件を確立するとともに，これらの多様な労働形態を魅力的な就労機会として健全に発展させていくという観点から，「非雇用」労働者の社会的保護のあり方を検討すること[32]が，次の「働き方改革」の中心テーマとなるかもしれない。

---

31)　國武英生『労働契約の基礎と法構造——労働契約と労働者概念をめぐる日英米比較法研究』（日本評論社，2019年），水町勇一郎「『労働契約』概念の変容？——『プラットフォーム』型就業と『経済的従属性』」大村敦志ほか編『現代フランス法の論点』（東京大学出版会，近刊予定）など参照。
32)　例えば，2018（平成30）年10月に厚生労働省雇用環境・均等局に「雇用類似の働き方に係る論点整理等に関する検討会」が設置され，非雇用労働者をめぐる法政策のあり方が検討されている。

むすび

「同一労働同一賃金」の実現に向けて

　本書で述べてきた「同一労働同一賃金」改革を実際に実行していくのは，企業と労使の現場である。そこで改革の鍵を握るのは，人事労務担当者，労働組合，および，企業・労使を支援する専門家である。

　労働組合が組織されている企業では，同一労働同一賃金の実現に向けて，労使で徹底的に議論し，改革の趣旨・内容に沿った制度を作り上げていくことが重要である。そこでは，正規労働者の意見・利益だけでなく，パートタイム労働者，有期雇用労働者，派遣労働者の意見・利益も吸収して，議論を重ねていくことが求められる。このプロセスは，法的にも重要な意味をもつ。制度を作り上げた後に，裁判所でその制度の違法性（待遇の相違の不合理性）が争われた際に，非正規労働者の意見・利益も適切に吸収・反映させながら労使の合意を得て制度を築き上げてきたことは，待遇の相違が不合理ではないという判断に大きく貢献する事実（パートタイム・有期雇用労働法8条，労働者派遣法30条の3第1項の「その他の事情」）となりうる。とりわけ，非正規労働者の多くが労働組合員として組織化されている労働組合と協議・交渉を重ねて合意が得られていることは，待遇の相違が不合理でないことを後押しする重要な事実となるだろう。その意味で，非正規労働者を組織化している労働組合が存在しその組合と生産的な話合いを行うことができることは，法的安定性・予見可能性をもって制度の設計と運用をしたい使用者（事業主）にとっては，極めて重要な意味をもつ。また，労働組合にとっても，使用者と生産的な協議・交渉を行う前提として，非正規労働者の組織化を進めていくことは，法的にも労働運動としても重要な意味をもつ。現在，労働組合が組

織されていない企業においても，非正規労働者を含めた労働組合を組織し，労働組合と使用者が協議・交渉をする関係を築いていくことは，同様に労使双方にとって重要な意味をもちうる。「同一労働同一賃金」改革は，非正規労働者の組織化を進め，新たな観点から労使関係を進展させる重要な契機となりうるものといえる。

　労働組合を組織することが難しい企業や，労働組合が存在していても専門的な情報が十分に得られていない企業においては，情報面で企業をサポートする弁護士，社会保険労務士等の専門家の役割が重要になる。特に今回の改革では，基本給，賞与，諸手当，福利厚生など労働者の待遇の全般にわたり，正規労働者の個々の待遇の性質・目的を勘案しながら，その性質・目的に沿って非正規労働者の待遇の改善を行っていくことが求められており，個別の考慮・判断においても，個別の判断を総合した全体的な制度設計においても，専門的な能力と判断が求められる。このような情報面での支援を行う存在として，労働法や人事労務管理を専門とする弁護士，社会保険労務士の方々の役割が極めて重要になるのである。政府は，「同一労働同一賃金ガイドライン」に基づく待遇改善（賃金制度や就業規則の見直し等）を支援するため，各都道府県に「働き方改革推進支援センター」を設置し，社会保険労務士などの専門家による個別の相談支援を無料で行っている。改正法の施行・運用に向けて，これらの専門家による支援はさらに重要になるだろう。

　本改革の鍵を握るこれらの方々にとって，本改革の趣旨と内容を正確に理解すること，その理解を各企業・労使における個別の具体的判断と全体的な制度設計につなげていくことが，これからの重要で険しい作業となるだろう。とりわけ，本改革は，横並びの「既製服（レディ・メイド）」型の対応で実現できるものではなく，それぞれの企業の実態やその将来に向けたミッションに応じた「オーダーメイド」型の対応を必要とするものである。その分，この動きを誘導しサポートする専門家の役割は大きい。

　本書で展開した「同一労働同一賃金」改革の背景と内容についての解説が，その険しい作業の一助となればうれしい。

一億総活躍国民会議 第 5 回（平成 28 年 2 月 23 日）資料

同一労働同一賃金の推進について

東京大学社会科学研究所教授（労働法）
水町 勇一郎

1. 同一労働同一賃金とは何か？

　　　| 同一労働同一賃金 | ＝　職務内容が同一または同等の労働者に対し
　　　　　　　　　　　　　　　同一の賃金を支払うべきという考え方。

○ 正規・非正規労働者間の処遇格差問題にあたっては，非正規労働者に対し，「合理
　的な理由のない不利益な取扱いをしてはならない」と定式化されることが多い。
　　職務内容が同一であるにもかかわらず賃金を低いものとすることは，合理的な理
　由がない限り許されない，と解釈される。

2. 欧州の法制度（EU，ドイツ，フランス）

	EU	フランス(*)	ドイツ
パートタイム	○パートタイム労働指令 (1997/81/EC) ・パートタイム労働者は，雇用条件について，客観的な理由によって正当化されない限り，パートタイム労働であることを理由に，比較可能なフルタイム労働者より不利益に取り扱われてはならない。（4条1項）	○労働法典 ・パートタイムで雇用される労働者は，法律，企業または事業場の労働協約によりフルタイム労働者に認められた権利を享受する。ただし，労働協約により認められた権利につき，特別の適用様式を定めている場合にはこの限りでない。（L.3123-11条） ・パートタイム労働者の報酬は，当該事業場または同じ格付けで同等の職務に就く労働者の報酬に対して，その労働時間および当該企業における在職期間を考慮して，比例的なものとする。（L.3123-10条）	○パートタイム労働・有期労働契約法 ・パートタイム労働者は，客観的な理由によって正当化されない限り，パートタイム労働を理由として，比較可能なフルタイム労働者より不利に取り扱われてはならない。（4条1項1文） ・労働報酬その他の分割可能な金銭的価値を有する給付は，パートタイム労働者に対しては，少なくとも，比較可能なフルタイム労働者の労働時間に対するパートタイム労働時間の割合に応じて，支給されなければならない。（同条2文）
有期契約労働者	○有期労働契約指令 (1999/70/EC) ・有期契約労働者は，雇用条件について，客観的な理由によって正当化されない限り，有期労働契約または関係であることを理由に，比較可能な常用労働者より不利益に取り扱われてはならない。（4条1項）	○労働法典 ・期間の定めのない労働契約を締結している労働者に適用される法律および労働協約の諸規定，ならびに，慣行から生じる諸規定は，労働契約の終了に関する諸規定を除き，期間の定めのある労働契約を締結している労働者にも平等に適用される。（L.1242-14条） ・期間の定めのある労働契約を締結している労働者が受け取る，L.3221-3条にいう報酬は，同等の職業格付けで同じ職務に就く，期間の定めのない労働契約を締結している労働者が，同じ企業において試用期間の終了後受け取るであろう報酬の額を下回るものであってはならない。（L.1242-15条）	○パートタイム労働・有期労働契約法 ・有期契約労働者は，客観的な理由によって正当化されない限り，有期労働契約であることを理由として，比較可能な無期契約労働者より不利に取り扱われてはならない。（4条1項1文） ・一定の評価期間に対して支給される労働報酬その他の分割可能な金銭的価値を有する給付は，有期契約労働者に対しては，少なくとも，その評価期間に対する当該労働者の就労期間の長さの割合に応じて，支給されなければならない。（同項2文） ・労働条件が同一の事業場または企業における労働関係の存続期間の長さに依拠する場合，有期契約労働者については，客観的な理由によって正当化されない限り，無期契約労働者と同一の期間と評価されなければならない。（同項3文）

（次項に続く）　　＊フランスでは，法律の条文上「客観的な理由によって正当化されない限り」という文言が付されていないが，その給付の目的・性質に応じて，客観的な理由による不利益取扱いの正当化（適法化）を認める解釈がなされている。

（前項の続き）

	EU	フランス(*)	ドイツ
派遣労働者	○派遣労働指令 (2008/104/EC) ・派遣労働者の基本的な労働・雇用条件は，派遣先に派遣されている期間中は，少なくとも，同じ職務に従事するために派遣先から直接雇用されるとした場合に適用される条件とされなければならない。（5条1項） ・賃金については，加盟国は，労使団体と協議のうえ，派遣元と無期労働契約を締結している労働者が，派遣されていない期間についても継続して賃金が支払われている場合には，第1項の原則の例外を規定することができる。（同条2項） ・加盟国は，労使団体と協議のうえ，加盟国が定める条件に合致する労使団体に，適切なレベルで，第1項の均等待遇原則とは異なる労働・雇用条件に関する取決めを尊重しつつ，第1項の均等待遇原則とは異なる労働協約を維持しまたは締結する選択肢を与えることができる。（同条3項）	○労働法典 ・派遣労働者は，派遣先企業において，当該企業の労働者と同じ条件で，集団的な交通手段，および，食堂などの集団的施設を利用することができる。（L.1251-24条1項） ・派遣労働者が受け取る，L.3221-3条にいう報酬は，L.1251-43条6号の規定する労働者派遣契約が定めた報酬（「派遣先企業において，同等の職業格付けで同じ労働者ポストに就く労働者が，試用期間の終了後受け取るであろう，諸手当や賃金付加給付がある場合にはそれを含めた，様々な構成要素からなる報酬の額」）を下回るものであってはならない。（L.1251-18条1項）	○労働者派遣法 ・派遣労働者に対し，派遣先への派遣期間中，労働報酬を含む基本的な労働条件について，当該派遣先事業場における比較可能な労働者の労働条件を定める約定は，派遣元が，それまで失業していた派遣労働者に，派遣先への派遣期間中，少なくとも当該派遣先が直前に失業手当として受給していた額の手取り報酬を合計最長6週間保証する場合を除き，無効である。（9条2号1文）。後者（失業後の例外）は，当該派遣元との間に過去に派遣労働関係が成立していたときには，適用されない。（同号2文）。 ・労働協約は，これと異なる定めを置くことができる。（同号3文）。当該労働協約の適用範囲において，労働協約に拘束されていない使用者と労働者は，当該労働協約規定の援用を約定することができる。（同号4文）。

＊フランスでは，法律の条文上「客観的な理由によって正当化されない限り」という文言が付されていないが，その給付の目的・性質に応じて，客観的な理由による不利益取扱いの正当化（適法化）を認める解釈がなされている。

＊＊詳細は，水町勇一郎「格差」と「合理性」—非正規労働者の不利益取扱いを正当化する「合理的理由」に関する研究」社会科学研究62巻3・4号125-152頁（2011年3月）参照。

⇒基本的には，客観的な理由がない限り，非正規労働者に対し不利益な取扱いをしてはならない。客観的な理由があれば，賃金に差を設けるなどの取扱いも認められる。

フランスでは，提供された労働の質の違い（＊1），在職期間（勤続年数）の違い（＊2），キャリアコース（＊3）の違い，企業内での法的状況の違い（＊4），採用の必要性（緊急性）の違い（＊5）など，ドイツでは，学歴，（取得）資格，職業格付け（＊6）の違い（＊7）などが，賃金の違いを正当化する客観的な理由と認められると解釈されている。

＊1　労働の質の違い

・ ① Cass. soc. 26 novembre 2002, no 00-41633, Bull. civ. V, no 354, p347; ② Cass. soc. 20 février 2008, no 06-40085 et no 06-40615, Bull. civ. V, no 38.
　①事件では，同じ格付けで同一の職務・ポストに就いている他の労働者より賃金が低いこと，②事件では，ある技術職・管理職員の昇給額が同僚と比べて低いことについて，破毀院はいずれも，それを正当化する「提供された労働の質の違い」の存在を使用者は立証できていないと判断した。

＊2　在職期間（勤続年数）の違い

・ Cass. soc. 20 juin 2001, no 99-43905.
　この判決では，同じ業務に就く2人の労働者間の報酬の違いについて，在職期間が基本給のなかに統合されているとすれば，両者の在職期間の違いは報酬の違いを正当化する要素となりうるとされた。

＊3　キャリアコースの違い

・ Cass. soc. 3 mai 2006, no 03-42920, Bull. civ. V, no 160, p.155.
　この事件では，労働協約により職業能力向上のためのキャリアコースが設定され，そのコースに進んだ労働者と進まなかった労働者の間で，職務が同一であるにもかかわらず賃金格差が生じていることにつき，キャリアコースが異なることを考慮すると両者は同一の状況にあるとはいえず，同一労働同一賃金原則に違反しないと判断された。

＊4　企業内での法的状況の違い

・ Cass. soc. 3 juin 2009, no 07-42910.
　この事件では，ホテルを経営する会社が，客室係労働者の報酬を歩合給から固定給に変更する際にフルタイム労働者に生じる不利益を補償するために設けた手当について，その当時パートタイムで就労していた労働者に，より低額の手当しか支給されていなかったとしても，フルタイムで就労していた労働者と「同一の状況」にあったとはいえず，同一労働同一賃金原則には反しないと判断された。

＊5　採用の必要性（緊急性）の違い

・ Cass. soc. 21 juin 2005, no 02-42658, Bull. civ. V, no 206, p.181.
　この事件では，保育園長の病気休暇期間中にその臨時代替として雇用された園長に対し，より高額の報酬を支払ったことについて，保育園閉鎖を回避するための緊急の必要性に基づいたものであり，法的に正当化されると判断された。

＊6，7　学歴，（取得）資格，職業格付けの違い

・ LAG Hamm vom 19.12.1991-17 Sa 1365/91.
・ Schaub/Koch/Linck/Treber/Vogelsang, Arbeitsrechts-Handbuch, 16.Aufl. (2015), S.431 (Linck).

3. 日本での導入・実現可能性

○ 欧州は職務給，日本は職能給（職務＋キャリア展開）なので，日本への同一労働同一賃金原則の導入は難しいという議論がある。

　しかし，欧州でも，労働の質，勤続年数，キャリアコースなどの違いは同原則の例外として考慮に入れられている。このように，欧州でも同一労働に対し常に同一の賃金を支払うことが義務づけられているわけではなく，賃金制度の設計・運用において多様な事情が考慮に入れられている。

　これらの点を考慮に入れれば，日本でも同一労働同一賃金原則の導入は可能と考えられる。

○「客観的な理由（合理的な理由）」の中身については，最終的には裁判所で判断され，社会的に蓄積・定着していくことが考えられる。もっとも，裁判所の判断は，事案に応じた事後的判断であり，その蓄積・定着には時間がかかる。

⇒法律の整備を行うとともに，欧州の例などを参考にしつつ，「合理的な理由」の中身について，政府として指針（ガイドライン）を示すことが有用ではないか。

4. 同一労働同一賃金原則を導入する意義

○ 同一または同等の職務内容であれば同一賃金を支払うことが原則であることを法律上明確にする（労働契約法，パートタイム労働法，労働者派遣法等）。

○ この原則と異なる賃金制度等をとる場合，その理由・考え方（合理的理由）について，会社（使用者）側に説明させる（＝裁判における立証責任の明確化）。これによって賃金制度等の納得性・透明性を高める。

⇒労使の発意・創造力を尊重しつつ，公正な処遇（賃金制度等）を実現できるように誘導する。

5. 改革の緊要性

○ 日本の現状では，とりわけ家庭生活上の制約が大きい女性，正規雇用に就けない若者，定年後の高齢者などにおいて，その働きぶりに見合わない低い処遇を受け，その能力を発揮できていない者が数多く存在する。

○ 同一労働同一賃金原則により非正規労働者の処遇の改善（公正な処遇）を促し，多様な状況にある人々がそれぞれの状況のなかでその能力を十分に発揮できる多様で魅力的な就業環境を整えていくことが，一億総活躍社会の実現に向けた不可欠の取組みの1つ。

ニッポン一億総活躍プラン
〔抜粋〕

平成 28 年 6 月 2 日
閣議決定

2. 一億総活躍社会の実現に向けた横断的課題である働き方改革の方向

　最大のチャレンジは働き方改革である。多様な働き方が可能となるよう，社会の発想や制度を大きく転換しなければならない。

（同一労働同一賃金の実現など非正規雇用の待遇改善）
　女性や若者などの多様で柔軟な働き方の選択を広げるためには，我が国の労働者の約 4 割を占める非正規雇用労働者の待遇改善は，待ったなしの重要課題である。
　我が国の非正規雇用労働者については，例えば，女性では，結婚・子育てなどもあり，30 代半ば以降，自ら非正規雇用を選択している人が多いことが労働力調査から確認できるほか，パートタイム労働者の賃金水準は，欧州諸国においては正規労働者に比べ 2 割低い状況であるが，我が国では 4 割低くなっている。
　再チャレンジ可能な社会をつくるためにも，正規か，非正規かといった雇用の形態にかかわらない均等・均衡待遇を確保する。そして，同一労働同一賃金の実現に踏み込む。
　同一労働同一賃金の実現に向けて，我が国の雇用慣行には十分に留意しつつ，躊躇^{ちゅうちょ}なく法改正の準備を進める。労働契約法[1]，パートタイム労働法[2]，労働者派遣法[3]の的確な運用を図るため，どのような待遇差が合理的であるかまたは不合理であるかを事例等で示すガイドラインを策定する。できない理由はいくらでも挙げることができる。大切なことは，どうやったら実現できるかであり，ここに意識を集中する。非正規という言葉を無くす決意で臨む。
　プロセスとしては，ガイドラインの策定等を通じ，不合理な待遇差として是正すべ

---

1) 労働契約法（平成 19 年 12 月 5 日法律第 128 号）
2) 短時間労働者の雇用管理の改善等に関する法律（平成 5 年 6 月 18 日法律第 76 号）
3) 労働者派遣事業の適正な運営の確保及び派遣労働者の保護等に関する法律（昭和 60 年 7 月 5 日法律第 88 号）

きものを明らかにする。その是正が円滑に行われるよう，欧州の制度も参考にしつつ，不合理な待遇差に関する司法判断の根拠規定の整備，非正規雇用労働者と正規労働者との待遇差に関する事業者の説明義務の整備などを含め，労働契約法，パートタイム労働法及び労働者派遣法の一括改正等を検討し，関連法案を国会に提出する。

これらにより，正規労働者と非正規雇用労働者の賃金差について，欧州諸国に遜色のない水準を目指す。

最低賃金については，年率3%程度を目途として，名目GDP成長率にも配慮しつつ引き上げていく。これにより，全国加重平均が1000円となることを目指す。このような最低賃金の引上げに向けて，中小企業，小規模事業者の生産性向上等のための支援や取引条件の改善を図る。

また，GDPの7割を占めるサービス産業の賃金を改善していくためには，生産性向上が不可欠である。サービスの質を見える化し，トラック運送，旅館，卸・小売業などの分野で，業種の特性に沿った指針を策定し，法的枠組みに基づく税制や金融による支援を集中的に行うことにより，サービス業が適正な価格を課することができる取引慣行を確立する。一人親方や中小零細事業主が安心して就業できる環境の整備を進める。

(長時間労働の是正)

長時間労働は，仕事と子育てなどの家庭生活の両立を困難にし，少子化の原因や，女性のキャリア形成を阻む原因，男性の家庭参画を阻む原因となっている。戦後の高度経済成長期以来浸透してきた「睡眠時間が少ないことを自慢し，超多忙なことが生産的だ」といった価値観が，この3年間で変わり始めている。長時間労働の是正は，労働の質を高めることにより，多様なライフスタイルを可能にし，ひいては生産性の向上につながる。今こそ，長時間労働の是正に向けて背中を押していくことが重要である。

週49時間以上働いている労働者の割合は，欧州諸国では1割であるが，我が国では2割となっている。このため，法規制の執行を強化する。長時間労働の背景として，親事業者の下請代金法[4]・独占禁止法[5]違反が疑われる場合に，中小企業庁や公正取引委員会に通報する制度を構築し，下請などの取引条件にも踏み込んで長時間労働を是正する仕組みを構築する。さらに，労働基準法[6]については，労使で合意すれば上限なく時間外労働が認められる，いわゆる36（サブロク）協定における時間外労働規制の在り方について，再検討を開始する。時間外労働時間について，欧州諸国に遜色のない水準を目指す。あわせて，テレワークを推進するとともに，若者の長時

4）　下請代金支払遅延等防止法（昭和31年6月1日法律第120号）
5）　私的独占の禁止及び公正取引の確保に関する法律（昭和22年4月14日法律第54号）
6）　労働基準法（昭和22年4月7日法律第49号）

間労働の是正を目指し，女性活躍推進法[7]，次世代育成支援対策推進法[8]等の見直し
を進める。

（高齢者の就労促進）

　日本には，アクティブシニアとも言われるように，元気で就労の意欲にあふれ，豊
かな経験と知恵を持っている高齢者がたくさんおられる。他方，高齢者の7割近くが，
65歳を超えても働きたいと願っているのに対して，実際に働いている人は2割にと
どまっている。生涯現役社会を実現するため，雇用継続の延長や定年引上げに向けた
環境を整えるとともに，働きたいと願う高齢者の希望を叶えるための就職支援を充実
する必要がある。人口が減少する中で我が国の成長力を確保していくためにも，高齢
者の就業率を高めていくことが重要である。

　将来的に継続雇用年齢や定年年齢の引上げを進めていくためには，そのための環境
を整えていく必要がある。企業の自発的な動きが広がるよう，65歳以降の継続雇用
延長や65歳までの定年延長を行う企業等に対する支援を実施し，企業への働きかけ
を行う。また，継続雇用延長や定年延長を実現するための優良事例の横展開，高齢者
雇用を支える改正雇用保険法[9]の施行，企業における再就職受入支援や高齢者の就労
マッチング支援の強化などを進める。

7）　女性の職業生活における活躍の推進に関する法律（平成27年9月4日法律第64号）
8）　次世代育成支援対策推進法（平成15年7月16日法律第120号）
9）　雇用保険法（昭和49年12月28日法律第116号）

希望どおりの人数の出産・子育て（仕事と育児が両立できる環境整備）
⑧ 働き方改革の推進（その1）（※「介護離職ゼロの実現」⑤再掲）

希望出生率
1.8の実現

【今後の対応の方向性】
働き方改革を、この3年間の最大のチャレンジと位置付け、同一労働同一賃金の実現など非正規雇用労働者の待遇改善、総労働時間抑制等の長時間労働是正、65歳以降の継続雇用・65歳までの定年延長等企業の高齢者就労促進の奨励等に取り組み、多様な働き方の選択肢を広げる。

【具体的な施策】
（非正規雇用労働者の待遇改善）
・女性や若者など多様で柔軟な働き方の選択を広げるべく、非正規雇用労働者の選択を更に実現するため、同一労働同一賃金を実現するため、
①労働契約法、パートタイム労働法、労働者派遣法の的確な運用を図るため、どのような待遇差が合理的であるか又は不合理であるかを事例等で示すガイドラインを策定し、普及啓発を行う。
②ガイドラインの策定等を通じ、不合理な待遇差として是正すべきものを明らかにする。その是正が円滑に行われるよう、欧州の制度も参考にしつつ、不合理な待遇差に関する司法判断の根拠規定の整備など、非正規雇用労働者と正規労働者との待遇差に関する事業者の説明義務の整備など及び労働者派遣法等の一括改正等を検討し、関連法案を国会に提出する。

・最低賃金については、年率3％程度を目途に、名目GDP成長率にも配慮しつつ引き上げていく。これにより、全国加重平均が1000円となることを目指す。このような最低賃金の引上げに向けて、中小企業・小規模事業者の生産性向上等のための支援や取引条件の改善を図る。

【国民生活における課題】
〈非正規雇用〉
非正規雇用は、増加傾向が続いている。
・1984年604万人⇒2005年1634万人⇒2015年1980万人
例えば女性では、30代半ば以降、自らが非正規雇用を選択している方が多いなど、子育てや介護をしながら、多様な働き方を選択したい方が多い。
・不本意非正規の割合（2014年平均）
男女計 25-34歳 28.4%、35-44歳 18.7%、45-54歳 18.3%、55-64歳 16.9%
うち女性 25-34歳 21.2%、35-44歳 12.9%、45-54歳 13.2%、55-64歳 11.4%

欧州各国と比して、正規労働者と非正規労働者の賃金格差が大きい。
・フルタイムに対するパートタイムの賃金水準：
日 56.6% 米 30.3% 英 71.4% 独 79.3%
仏 89.1% 伊 70.8% 蘭 78.8% 丁 70.0%
典 83.1%

施策	年度	2015年度	2016年度	2017年度	2018年度	2019年度	2020年度	2021年度	2022年度	2023年度	2024年度	2025年度	2026年度以降	指標
同一労働同一賃金の実現など非正規雇用労働者の待遇改善			ガイドラインの策定・運用			ガイドラインの運用 →								フルタイムに対するパートタイムの賃金割合：2014年56.6% ⇒欧州諸国に遜色のない水準を目指す
			制度の検討、法案提出			新制度の施行 →								不本意非正規雇用労働者の割合：2014年18.1% ⇒2020年10%以下
			キャリアアップ助成金の活用促進、能力開発機会の充実、業界団体等への要請、無期転換ルールの周知等による非正規雇用労働者の正社員転換・待遇改善の推進											
							「正社員転換・待遇改善実現プラン」の目標の達成 非正規雇用労働者に対する待遇改善状況等を踏まえた取組の更なる強化 平成24年改正労働契約法の施行状況等を踏まえた更なる強化 平成24年改正労働契約法の附則に基づく検討							

同一労働同一賃金の実現に向けた検討会
中間報告
〔抜粋〕

平成 28 年 12 月

はじめに

　正規・非正規間の待遇格差が大きいことが，大きな問題であることは，検討会のメンバーとして共有する問題意識である。参考資料にあげている実証結果も示している通り，賃金格差は，学歴，勤続年数，役職，職種等を制御するとある程度縮小するが，制御してもなお格差が存在することは事実である。不合理な格差を是正し，非正規社員の待遇を改善させることが強く求められる。なぜ，このような格差が生じているのかを検討し，どのような対策をとるべきかを構造的に考える必要がある。本検討会では，この点について，ガイドライン作成の意義と基本的考え方を中心に検討した。

「同一労働同一賃金」原則と欧州の検討

　このような格差問題を考えるうえでは，いわゆる「同一労働同一賃金」の考え方が，参考になる。とはいえ，実は，どこまでが「同一の労働」とみなすべきなのか，何が揃えるべき「賃金」なのかと考えていくと，この同一労働同一賃金の考え方あるいは原則を，厳密に定義することはなかなか難しい。

　そのため，この原則が広く普及しているといわれる欧州での実態を参考とすることで，この原則に踏み込んでいく形で，非正規社員の待遇改善が実現する方向性を提示するのが，この報告書の目的である。

欧州諸国の検討から分かったこと

　欧州諸国，特にフランス・ドイツ・イギリスの制度・判例・実態を詳細に検討した結果，各国における労働市場の構造（産業別労働協約の適用の有無等）によって，同一労働同一賃金の実現のさせ方には大きな違いがあることが明らかになった。ただし，同一労働同一賃金原則を男女差別禁止の枠組みと考えている国もあり，すべての欧州諸国が，同一労働同一賃金原則を，雇用形態別の問題として捉えているわけではないとの指摘もあった。

検討結果概要

　欧州諸国では，雇用形態を問わず，特定の「職務」（ポスト）に対して採用等を行い，賃金決定方法においても，「職務給」が雇用形態にかかわらず適用される例が多い。特にフランス・ドイツにおいては，「職務給」の賃金決定枠組み自体が，産業別労働協約において，企業横断的・雇用形態横断的に定められており，具体的な賃金決定方法について，労働者が知り得る状態になっている傾向にある。

　なお，イギリスにおいては民間部門の労働者が労働協約によって賃金が決定されることはほとんどない。その一方，労働市場の流動性は高い。主に企業ごとに賃金が決定されており，我が国と同様に，労働者が自らの賃金決定方法を必ずしも容易に知り得る状態になっているとは言えない。

　また，我が国と欧州諸国の賃金の差異として，一般に「職能給」であるか，「職務給」であるかが指摘される。しかしながら，正規・非正規間の賃金格差にとってより本質的な差異は，正規・非正規間で，賃金決定方法が「分離」している（日本）か，雇用形態を問わず「共通的」である（フランス・ドイツ）かであるとも言える。

　また，産業別労働協約によって横断的に賃金が定められているということは，基本給については労使が自主的に決定する，労使自治の仕組みが構築されていることを意味する。欧州諸国の法制度は，そのような労使自治を基盤として導入されたものとして理解する必要がある。

　フランス・ドイツとイギリスは，同じジョブ型の労働市場ではあるものの，賃金に不合理な差を生まない仕組みも，待遇を改善する仕組みも異なっている。フランスとドイツは，産業別労働協約による横断的賃金決定が大きな役割を果たしているが，イギリスでは高い雇用流動性が一つの鍵になっている。逆に共通するのは，「同一労働であれば同一の賃金を支払う」メカニズムは，複数の制度や取り組みの総体として成り立っているということである。

　言い換えると，同一労働同一賃金とは，どのようなものかという点については，それぞれの諸制度を前提に考えるべきであり，制度や取り組み抜きに抽象的に考えることは難しい。

　この点から得られる重要な示唆は，一断面だけを切り出すのではなく，労働市場全体の構造をよく理解したうえで，参考にすることの重要性，そしてそれぞれの国の構造にあった対応策がとられることの重要性である。

基本的ポイント

　ただし，各国の構造についても，当然のことながら時代とともに変化していく。日本では，今現在は，産業別労働協約ではなく，企業別の労働条件設定が中心であり，また雇用流動性もそれほど高くない。しかし，日本でも長期的にみれば，企業横断

的・雇用形態横断的に賃金が決定される，あるいは比較検討ができるようなシステムに移行していくことが，同一労働同一賃金を結果として実現させるための一つの方向性という考え方もできるだろう。その考え方に沿って整理するならば，労働市場改革を進めていく必要性も大きいといえる。

　しかし，それを実現させていくためには，段階的に進めていく必要があるし，また長期的な方向性の在り方については，より慎重な検討も必要であろう。ただし，検討が必要と言って，何もせずに放置しておく期間が長くなること自体も問題である。そうだとすれば，

(1) 正規社員・非正規社員両方に対し，賃金決定のルールや基準を明確にし，
(2) 職務や能力等と，賃金を含めた待遇水準の関係性が明らかになり，待遇改善が可能になるようにすること。
(3) そして，教育訓練機会を含めた「能力開発機会」の均等・均衡を促進することで一人ひとりの生産性向上を図ること。

これらの柱が，日本が同一労働同一賃金に踏み込み，非正規社員の待遇改善を実現させるためのポイントであり，ガイドラインはそのための重要な手段であり第一歩として位置付けられる。

同一企業内でのみ，同一労働同一賃金を考えることについて

　本来はもっと幅広い比較が必要だが，非正規社員の待遇改善をできるだけ早期に実現させるためには，同一企業内で比較をするのが，現実的であろう。日本では，欧州のように産業別労働協約による企業横断的な職種別の賃金相場が形成されていないためである。ただし，長期的視点としては，同一企業内のみではなく，外部労働市場の活用も含めた労働市場整備を通じた，待遇改善という側面も重視していく必要がある。

ガイドラインの位置づけ

　本来は，賃金等の決め方については，当事者である労使の決定に委ねるべきものである。しかし，特に非正規社員の待遇改善を含めた格差是正は大きな社会的課題である。また，現行法においては，労働契約法20条やパート法8条によって「不合理」な格差を設けることは認められないが，この不合理性は裁判所によって最終的に判定される規範的概念であり，合理性・不合理性の判断が簡単でない場合も少なくない。そこで，ガイドライン等を通じた，国による対応が有効となる余地があると考えられる。

　本検討会では，つくられるガイドライン「案」は，第一義的には，現行法の解釈を明確化するものと位置づけてきた。しかし，現状ではガイドライン「案」の法的位置

づけは不明確であることから，ガイドライン「案」は現時点では効力を発生させるものではない旨をきちんと周知すべきである。

　また，ガイドラインの制定・発効にあたっては，適切な検討プロセスを経ることが望ましい。本検討会においても，今後必要な法的見直しに向けた考え方の整理を行う予定である。

ガイドラインの考え方と適用に向けた民間の取り組み

　欧州の実態を踏まえても，ガイドラインが実効性をもち，結果としての待遇改善に役立つためには，民間側，労使による積極的な取り組みが不可欠である。

　そのためには，（基本給，手当等を含む）広い意味での待遇をどのように決めているかを，明確にしていくことがまずは求められる。たとえば賃金についても，企業のなかには賃金表が整備されていないケースも見受けられる。当然のことながら，どのように決めているか，あるいは決まっているかを当事者が明確に認識できていないと，ガイドラインの適切な運用は難しい。

　そのうえで，賃金（もしくは賃金を含む待遇）をどのように決めているかをできるだけ客観化して，透明性のある形で提示できるようにして，正規・非正規の間でできるだけ比較できるようにしていくことが重要である。また，このような民間側の取り組みが行われてくれば，自ずから，待遇の決まり方について，企業側がより的確な形で説明ができるようになると期待される。

　その点では，賃金決定の明確化に加えて，個人の納得度を高める方策も必要となってこよう。具体的には，企業側の説明責任の強化などであるが，それに対応する形で個人側にも相応の知識や心構えをつくっていくことも必要となる。自身の労働契約内容を知らない非正規社員も少なくなく，制度の周知・啓発も必要となるだろう。

　なお，後述する職務分離などの副作用や企業経営への過度な影響を避けるためにも，ガイドラインの制定・発効に際しては，このような民間側の取り組みのために必要な，過不足のない時間軸を確保することが重要である。一方，民間側にも積極的かつ着実に取り組みを進めることが求められる。場合によっては，そのような民間の取り組みを促すような対策も考える必要があろう。

職務分離を起こさないようにする

　上記のような民間側の取り組みが十分にできていないと，ガイドラインをつくっても適切に運用がされず，非正規社員に対して，形式的に違った職務を割り当てる形でガイドラインを形式的に守ろうとする動き（いわゆる「職務分離」の動き）が広がってしまうおそれがある。

　そうなると，かえって非正規社員が低い待遇を与えられたり，職を失ったりして，結果として待遇がむしろ悪化してしまうことにもなりかねない。このような職務分離

等を起こさないようにするためにも，上で述べたように，民間側での実効性ある体制づくりと併せて，ガイドラインを具体的に定め，適切な時期に発効させていくことが求められる。

手当を優先的に

具体的に取り組むにあたっては，比較的決まり方が明確であり，職務内容や人材活用の仕組みとは直接関連しない手当に関しては，比較的早期の見直しが有効かつ可能と考えられる。基本給と手当の区別が明確でない企業も存在することから，その点に関する明確性確保等の対応が民間側に求められるが，早期に実現させ，非正規社員の待遇を改善させていくことが望ましい。

基本給に対する考え方

それに対して，基本給部分については，多くの企業で，決まり方が複雑で様々な要件が絡んでいる。長期的な雇用を前提にしている部分も多く，賃金表の作成等を通じて，決まり方を明確にして，正規・非正規間の比較をできるだけ可能にする仕組みを民間側で整えていく等，段階を踏んだ取り組みが求められる。また，非正規社員を含む労使交渉において格差是正を実施させることも重要だろう。ただし，仕組みを整えるのに時間がかかることを理由に改革が進まないことのないよう，そのための対策も併せて必要であろう。

企業規模や経緯，非正規社員比率に関する配慮

また，そのような仕組みづくりの容易さは，企業の規模やどのような歴史的経緯を経た企業か，あるいは非正規社員の比率の高低によっても大きく異なる。実際にガイドラインを制定し発効させていくうえでは，労使の取り組みも含め，それぞれの企業の実情に合わせた丁寧な対応が求められよう。

この点においてもやはり，仕組みを整えるのに時間がかかることを理由に改革が進まず，非正規社員の待遇改善が図られないことのないよう，着実に進めるための施策を実情に合わせて行っていくことも必要であろう。

派遣社員に対する対応

派遣社員について，均等・均衡待遇をどのように進めていくかは，他の非正規社員の待遇改善とは異なる方法をとることが適切か，その方法としてどのようなものがあるかも含めて，今後さらに検討していく必要がある。

派遣社員の待遇改善に際しては，まずは派遣元事業者内の他の社員との待遇格差の是正がある。これは，有期契約社員やパートタイム社員の待遇格差是正と同様に進めていくべきであろう。その際，派遣事業では非正規社員が社員の大半を占めることも

あるため，労使の適切な検討プロセスを経て取り組み方針を決定していくことが一層重要となる。

　派遣先社員との均等・均衡待遇に関しては，派遣元事業者と派遣先事業者との間の連携・協力の在り方，労働市場における派遣社員のキャリア形成等，派遣特殊的な論点があり，その在り方については，本検討会でも議論が尽くされていない。欧州諸国では，派遣先社員と派遣社員の均等・均衡に関しては，直接雇用とは異なる派遣特殊的な方法が採られている国もあり，企業横断的賃金決定メカニズムが存在しない我が国ではさらに丁寧な制度設計が求められる。

キャリア形成・能力開発

　非正規社員の待遇については，キャリア形成や能力開発が重要であり，生産性向上等を通じた待遇改善の視点をもっと取り入れていくべきである。役職，職種等による待遇差の改善は，キャリア形成や正規社員への転換に対する支援政策によって実現していくことが重要だからである。また，日本的雇用慣行自体が，今後大きくかつ急速に変化していくことも考えられる。それらの変化も的確に見据えた，制度設計の在り方が強く求められる。

検証プロセスの重要性

　ガイドラインは，その影響が幅広くおよび得ること，また経済環境や働き方の実態も，時とともに変わっていくことから，作成されたガイドラインは本当に効果があったのか，副作用を生み出していないのか，そして現在の経済実態に合っているかを定期的に検証・評価するプロセスが重要である。そのための仕組みづくりとエビデンスの収集・分析ができる体制づくりを強く求めたい。

「非正規」をなくす

　このような取り組みを通じて，正規・非正規という呼称格差を改め，すべて様々な雇用期間や労働時間の社員という考え方に整理されていく必要がある。今回のガイドライン作成は，そのための大きな一歩にしていくことが期待される。ただし，もちろんそれだけではなく，正規社員の働き方も含め，より大きな全体の働き方改革を通じて，すべての人が，より良い働き方が可能になるような制度設計がなされることを期待したい。

同一労働同一賃金ガイドライン案

平成 28 年 12 月 20 日

1. 前文

(目的)

○本ガイドライン案は，正規か非正規かという雇用形態にかかわらない均等・均衡待遇を確保し，同一労働同一賃金の実現に向けて策定するものである。同一労働同一賃金は，いわゆる正規雇用労働者（無期雇用フルタイム労働者）と非正規雇用労働者（有期雇用労働者，パートタイム労働者，派遣労働者）の間の不合理な待遇差の解消を目指すものである。

○もとより賃金等の処遇は労使によって決定されることが基本である。しかし，我が国においては正規雇用労働者と非正規雇用労働者の間には欧州と比較して大きな処遇差がある。政府としては，この問題の対処に当たり，同一労働同一賃金の考え方が広く普及しているといわれる欧州制度の実態も参考としながら検証した結果，それぞれの国の労働市場全体の構造に応じた政策とすることが重要との示唆を得た。

○我が国の場合，基本給をはじめ，賃金制度の決まり方が様々な要素が組み合わされている場合も多いため，同一労働同一賃金の実現に向けて，まずは，各企業において，職務や能力等の明確化とその職務や能力等と賃金等の待遇との関係を含めた処遇体系全体を労使の話し合いによって，それぞれ確認し，非正規雇用労働者を含む労使で共有することが肝要である。

○今後，各企業が職務や能力等の内容の明確化と，それに基づく公正な評価を推進し，それに則った賃金制度を，労使の話し合いにより，可能な限り速やかに構築していくことが，同一労働同一賃金の実現には望ましい。

○不合理な待遇差の解消に向けては，賃金のみならず，福利厚生，キャリア形成・能力開発などを含めた取組が必要であり，特に，能力開発機会の拡大は，

非正規雇用労働者の能力・スキル開発により，生産性の向上と処遇改善につながるため，重要であることに留意すべきである。

○このような正規雇用労働者と非正規雇用労働者の間の不合理な待遇差の解消の取り組みを通じて，どのような雇用形態を選択しても納得が得られる処遇を受けられ，多様な働き方を自由に選択できるようにし，我が国から「非正規」という言葉を一掃することを目指すものである。

（ガイドライン案の趣旨）
○本ガイドライン案は，いわゆる正規雇用労働者と非正規雇用労働者との間で，待遇差が存在する場合に，いかなる待遇差が不合理なものであり，いかなる待遇差は不合理なものでないのかを示したものである。この際，典型的な事例として整理できるものについては，問題とならない例・問題となる例という形で具体例を付した。なお，具体例として整理されていない事例については，各社の労使で個別具体の事情に応じて議論していくことが望まれる。

○今後，この政府のガイドライン案をもとに，法改正の立案作業を進め，本ガイドライン案については，関係者の意見や改正法案についての国会審議を踏まえて，最終的に確定する。

○また，本ガイドライン案は，同一の企業・団体における，正規雇用労働者と非正規雇用労働者の間の不合理な待遇差を是正することを目的としているため，正規雇用労働者と非正規雇用労働者の間に実際に待遇差が存在する場合に参照されることを目的としている。このため，そもそも客観的に見て待遇差が存在しない場合については，本ガイドライン案は対象としていない。

2. 有期雇用労働者及びパートタイム労働者
（1）基本給
①基本給について，労働者の職業経験・能力に応じて支給しようとする場合

基本給について，労働者の職業経験・能力に応じて支給しようとする場合，無期雇用フルタイム労働者と同一の職業経験・能力を蓄積している有期雇用労働者又はパートタイム労働者には，職業経験・能力に応じた部分につき，同一の支給をしなければならない。また，蓄積している職業経験・能力に一定の違いがある場合においては，その相違に応じた支給をしなければならない。

〈問題とならない例①〉

・基本給について労働者の職業経験・能力に応じて支給しているＡ社において，ある職業能力の向上のための特殊なキャリアコースを設定している。無期雇用フルタイム労働者であるＸは，このキャリアコースを選択し，その結果としてその職業能力を習得した。これに対し，パートタイム労働者であるＹは，その職業能力を習得していない。Ａ社は，その職業能力に応じた支給をＸには行い，Ｙには行っていない。

〈問題とならない例②〉

・Ｂ社においては，定期的に職務内容や勤務地変更がある無期雇用フルタイム労働者の総合職であるＸは，管理職となるためのキャリアコースの一環として，新卒採用後の数年間，店舗等において，職務内容と配置に変更のないパートタイム労働者であるＹのアドバイスを受けながらＹと同様の定型的な仕事に従事している。Ｂ社はＸに対し，キャリアコースの一環として従事させている定型的な業務における職業経験・能力に応じることなく，Ｙに比べ高額の基本給を支給している。

〈問題とならない例③〉

・Ｃ社においては，同じ職場で同一の業務を担当している有期雇用労働者であるＸとＹのうち，職業経験・能力が一定の水準を満たしたＹを定期的に職務内容や勤務地に変更がある無期雇用フルタイム労働者に登用し，転換後の賃金を職務内容や勤務地に変更があることを理由に，Ｘに比べ高い賃金水準としている。

〈問題とならない例④〉

・Ｄ社においては，同じ職業経験・能力の無期雇用フルタイム労働者であるＸとパートタイム労働者であるＹがいるが，就業時間について，その時間帯や土日祝日か否かなどの違いにより，ＸとＹに共通に適用される基準を設定し，時給（基本給）に差を設けている。

〈問題となる例〉

・基本給について労働者の職業経験・能力に応じて支給しているＥ社において，無期雇用フルタイム労働者であるＸが有期雇用労働者であるＹに比べて多くの職業経験を有することを理由として，Ｘに対して，Ｙよりも多額の支給をしているが，Ｘのこれまでの職業経験はＸの現在の業務に関連性を持たない。

②基本給について，労働者の業績・成果に応じて支給しようとする場合

基本給について，労働者の業績・成果に応じて支給しようとする場合，無期雇用フルタイム労働者と同一の業績・成果を出している有期雇用労働者又はパートタイム労働者には，業績・成果に応じた部分につき，同一の支給をしなければならない。また，業績・成果に一定の違いがある場合においては，その相違に応じた支給をしなければならない。

〈問題とならない例①〉
・基本給の一部について労働者の業績・成果に応じて支給しているA社において，フルタイム労働者の半分の勤務時間のパートタイム労働者であるXに対し，無期雇用フルタイム労働者に設定されている販売目標の半分の数値に達した場合には，無期雇用フルタイム労働者が販売目標を達成した場合の半分を支給している。

〈問題とならない例②〉
・B社においては，無期雇用フルタイム労働者であるXは，パートタイム労働者であるYと同様の仕事に従事しているが，Xは生産効率や品質の目標値に対する責任を負っており，目標が未達の場合，処遇上のペナルティを課されている。一方，Yは，生産効率や品質の目標値の達成の責任を負っておらず，生産効率が低かったり，品質の目標値が未達の場合にも，処遇上のペナルティを課されていない。B社はXに対しYに比べ，ペナルティを課していることとのバランスに応じた高額の基本給を支給している。

〈問題となる例〉
・基本給の一部について労働者の業績・成果に応じて支給しているC社において，無期雇用フルタイム労働者が販売目標を達成した場合に行っている支給を，パートタイム労働者であるXが無期雇用フルタイム労働者の販売目標に届かない場合には行っていない。

(注) 基本給とは別に，「手当」として，労働者の業績・成果に応じた支給を行おうとする場合も同様である。

③基本給について，労働者の勤続年数に応じて支給しようとする場合

基本給について，労働者の勤続年数に応じて支給しようとする場合，無期雇用フルタイム労働者と同一の勤続年数である有期雇用労働者又はパートタイム労働者には，勤続年数に応じた部分につき，同一の支給をしなければならない。

また，勤続年数に一定の違いがある場合においては，その相違に応じた支給をしなければならない。

〈問題とならない例〉
・基本給について労働者の勤続年数に応じて支給しているＡ社において，有期雇用労働者であるＸに対し，勤続年数について当初の雇用契約開始時から通算して勤続年数を評価した上で支給している。

〈問題となる例〉
・基本給について労働者の勤続年数に応じて支給しているＢ社において，有期雇用労働者であるＸに対し，勤続年数について当初の雇用契約開始時から通算せず，その時点の雇用契約の期間のみの評価により支給している。

④昇給について，勤続による職業能力の向上に応じて行おうとする場合

昇給について，勤続による職業能力の向上に応じて行おうとする場合，無期雇用フルタイム労働者と同様に勤続により職業能力が向上した有期雇用労働者又はパートタイム労働者に，勤続による職業能力の向上に応じた部分につき，同一の昇給を行わなければならない。また，勤続による職業能力の向上に一定の違いがある場合においては，その相違に応じた昇給を行わなければならない。

（注）無期雇用フルタイム労働者と有期雇用労働者又はパートタイム労働者の間に基本給や各種手当といった賃金に差がある場合において，その要因として無期雇用フルタイム労働者と有期雇用労働者又はパートタイム労働者の賃金の決定基準・ルールの違いがあるときは，「無期雇用フルタイム労働者と有期雇用労働者又はパートタイム労働者は将来の役割期待が異なるため，賃金の決定基準・ルールが異なる」という主観的・抽象的説明では足りず，賃金の決定基準・ルールの違いについて，職務内容，職務内容・配置の変更範囲，その他の事情の客観的・具体的な実態に照らして不合理なものであってはならない。
　また，無期雇用フルタイム労働者と定年後の継続雇用の有期雇用労働者の間の賃金差については，実際に両者の間に職務内容，職務内容・配置の変更範囲，その他の事情の違いがある場合は，その違いに応じた賃金差は許容される。なお，定年後の継続雇用において，退職一時金及び企業年金・公的年金の支給，定年後の継続雇用における給与の減額に対応した公的給付がなされていることを勘案することが許容されるか否かについては，今後の法改正の検討過程を含め，検討を行う。

(2) 手当

①賞与について，会社の業績等への貢献に応じて支給しようとする場合

賞与について，会社の業績等への貢献に応じて支給しようとする場合，無期雇用フルタイム労働者と同一の貢献である有期雇用労働者又はパートタイム労働者には，貢献に応じた部分につき，同一の支給をしなければならない。また，貢献に一定の違いがある場合においては，その相違に応じた支給をしなければならない。

〈問題とならない例①〉

・賞与について，会社の業績等への貢献に応じた支給をしているA社において，無期雇用フルタイム労働者であるXと同一の会社業績への貢献がある有期雇用労働者であるYに対して，Xと同一の支給をしている。

〈問題とならない例②〉

・B社においては，無期雇用フルタイム労働者であるXは，生産効率や品質の目標値に対する責任を負っており，目標が未達の場合，処遇上のペナルティを課されている。一方，無期雇用フルタイム労働者であるYや，有期雇用労働者であるZは，生産効率や品質の目標値の達成の責任を負っておらず，生産効率が低かったり，品質の目標値が未達の場合にも，処遇上のペナルティを課されていない。B社はXに対して賞与を支給しているが，YやZに対しては，ペナルティを課していないこととの見合いの範囲内で，支給していない。

〈問題となる例①〉

・賞与について，会社の業績等への貢献に応じた支給をしているC社において，無期雇用フルタイム労働者であるXと同一の会社業績への貢献がある有期雇用労働者であるYに対して，Xと同一の支給をしていない。

〈問題となる例②〉

・賞与について，D社においては，無期雇用フルタイム労働者には職務内容や貢献等にかかわらず全員に支給しているが，有期雇用労働者又はパートタイム労働者には支給していない。

②役職手当について，役職の内容，責任の範囲・程度に対して支給しようとする場合

役職手当について，役職の内容，責任の範囲・程度に対して支給しようとする場合，無期雇用フルタイム労働者と同一の役職・責任に就く有期雇用労働者又はパートタイム労働者には，同一の支給をしなければならない。また，役職の内容，責任に一定の違いがある場合においては，その相違に応じた支給をしなければならない。

〈問題とならない例①〉
・役職手当について役職の内容，責任の範囲・程度に対して支給しているA社において，無期雇用フルタイム労働者であるXと同一の役職名（例：店長）で役職の内容・責任も同一である役職に就く有期雇用労働者であるYに，同一の役職手当を支給している。

〈問題とならない例②〉
・役職手当について役職の内容，責任の範囲・程度に対して支給しているB社において，無期雇用フルタイム労働者であるXと同一の役職名（例：店長）で役職の内容・責任も同じ（例：営業時間中の店舗の適切な運営）である役職に就く有期雇用パートタイム労働者であるYに，時間比例の役職手当（例えば，労働時間がフルタイム労働者の半分のパートタイム労働者には，フルタイム労働者の半分の役職手当）を支給している。

〈問題となる例〉
・役職手当について役職の内容，責任の範囲・程度に対して支給しているC社において，無期雇用フルタイム労働者であるXと同一の役職名（例：店長）で役職の内容・責任も同一である役職に就く有期雇用労働者であるYに，Xに比べて低額の役職手当を支給している。

③業務の危険度又は作業環境に応じて支給される特殊作業手当

無期雇用フルタイム労働者と同一の危険度又は作業環境の業務に当たる有期雇用労働者又はパートタイム労働者には同一の支給をしなければならない。

④交替制勤務など勤務形態に応じて支給される特殊勤務手当

無期雇用フルタイム労働者と同一の勤務形態で業務に当たる有期雇用労働者又

はパートタイム労働者には同一の支給をしなければならない。

〈問題とならない例①〉
・A社においては，無期雇用フルタイム労働者・有期雇用労働者・パートタイム労働者の別を問わず，勤務曜日・時間を特定して勤務する労働者については，採用が難しい曜日（土日祝祭日）や時間帯（早朝・深夜）の時給を上乗せして支給するが，それ以外の労働者にはそのような上乗せ支給はしない。

〈問題とならない例②〉
・B社においては，無期雇用フルタイム労働者であるXは，入社に当たり，交替制勤務に従事することは必ずしも確定しておらず，生産の都合等に応じて通常勤務に従事することもあれば，交替制勤務に従事することもあり，交替制勤務に従事した場合に限り特殊勤務手当が支給されている。パートタイム労働者であるYは，採用に当たり，交替制勤務に従事することが明確にされた上で入社し，無期雇用フルタイム労働者に支給される特殊勤務手当と同一の交替制勤務の負荷分が基本給に盛り込まれており，実際に通常勤務のみに従事するパートタイム労働者に比べ高い基本給が支給されている。Xには特殊勤務手当が支給されているが，Yには支給されていない。

⑤精皆勤手当

無期雇用フルタイム労働者と業務内容が同一の有期雇用労働者又はパートタイム労働者には同一の支給をしなければならない。

〈問題とならない例〉
・A社においては，考課上，欠勤についてマイナス査定を行い，かつ，処遇反映を行っている無期雇用フルタイム労働者であるXには，一定の日数以上出勤した場合に精皆勤手当を支給するが，考課上，欠勤についてマイナス査定を行っていない有期雇用労働者であるYには，マイナス査定を行っていないこととの見合いの範囲内で，精皆勤手当を支給していない。

⑥時間外労働手当

無期雇用フルタイム労働者の所定労働時間を超えて同一の時間外労働を行った

有期雇用労働者又はパートタイム労働者には，無期雇用フルタイム労働者の所
定労働時間を超えた時間につき，同一の割増率等で支給をしなければならない。

⑦深夜・休日労働手当

無期雇用フルタイム労働者と同一の深夜・休日労働を行った有期雇用労働者又
はパートタイム労働者には，同一の割増率等で支給をしなければならない。

〈問題とならない例〉
・A社においては，無期雇用フルタイム労働者であるXと同じ時間，深夜・休日
労働を行ったパートタイム労働者であるYに，同一の深夜・休日労働手当を支
給している。

〈問題となる例〉
・B社においては，無期雇用フルタイム労働者であるXと同じ時間，深夜・休日
労働を行ったパートタイム労働者であるYに，勤務時間が短いことから，深
夜・休日労働手当の単価もフルタイム労働者より低くしている。

⑧通勤手当・出張旅費

有期雇用労働者又はパートタイム労働者にも，無期雇用フルタイム労働者と同
一の支給をしなければならない。

〈問題とならない例①〉
・A社においては，採用圏を限定していない無期雇用フルタイム労働者について
は，通勤手当は交通費実費の全額を支給している。他方，採用圏を近隣に限定し
ているパートタイム労働者であるXが，その後，本人の都合で圏外へ転居した
場合には，圏内の公共交通機関の費用の限りにおいて，通勤手当の支給を行って
いる。

〈問題とならない例②〉
・B社においては，所定労働日数が多い（週4日以上）無期雇用フルタイム労働者，
有期雇用労働者又はパートタイム労働者には，月額の定期代を支給するが，所定

労働日数が少ない（週3日以下）又は出勤日数が変動する有期雇用労働者又はパートタイム労働者には日額の交通費を支給している。

⑨勤務時間内に食事時間が挟まれている労働者に対する食費の負担補助として支給する食事手当

> 有期雇用労働者又はパートタイム労働者にも，無期雇用フルタイム労働者と同一の支給をしなければならない。

〈問題とならない例〉
・A社においては，昼食時間帯を挟んで勤務している無期雇用フルタイム労働者であるXに支給している食事手当を，午後2時から5時までの勤務時間のパートタイム労働者であるYには支給していない。

〈問題となる例〉
・B社においては，無期雇用フルタイム労働者であるXには，高額の食事手当を支給し，有期雇用労働者であるYには低額の食事手当を支給している。

⑩単身赴任手当

> 無期雇用フルタイム労働者と同一の支給要件を満たす有期雇用労働者又はパートタイム労働者には，同一の支給をしなければならない。

⑪特定の地域で働く労働者に対する補償として支給する地域手当

> 無期雇用フルタイム労働者と同一の地域で働く有期雇用労働者又はパートタイム労働者には，同一の支給をしなければならない。

〈問題とならない例〉
・A社においては，無期雇用フルタイム労働者であるXには全国一律の基本給体系である一方，転勤があることから，地域の物価等を勘案した地域手当を支給しているが，有期雇用労働者であるYとパートタイム労働者であるZには，それぞれの地域で採用，それぞれの地域で基本給を設定しており，その中で地域の物

価が基本給に盛り込まれているため，地域手当は支給していない。

〈問題となる例〉
・B社においては，無期雇用フルタイム労働者であるXと有期雇用労働者である
　Yはいずれも全国一律の基本給体系であり，かつ，いずれも転勤があるにもか
　かわらず，Yには地域手当を支給していない。

(3) 福利厚生
①福利厚生施設（食堂，休憩室，更衣室）

> 無期雇用フルタイム労働者と同一の事業場で働く有期雇用労働者又はパートタ
> イム労働者には，同一の利用を認めなければならない。

②転勤者用社宅

> 無期雇用フルタイム労働者と同一の支給要件（転勤の有無，扶養家族の有無，
> 住宅の賃貸，収入の額など）を満たす有期雇用労働者又はパートタイム労働者
> には，同一の利用を認めなければならない。

③慶弔休暇，健康診断に伴う勤務免除・有給保障

> 有期雇用労働者又はパートタイム労働者にも，無期雇用フルタイム労働者と同
> 一の付与をしなければならない。

〈問題とならない例〉
・A社においては，慶弔休暇について，無期雇用フルタイム労働者であるXと同
　様の出勤日が設定されているパートタイム労働者であるYに対しては，無期雇
　用フルタイム労働者と同様に付与しているが，週2日の短日勤務のパートタイム
　労働者であるZに対しては，勤務日の振替での対応を基本としつつ，振替が困
　難な場合のみ慶弔休暇を付与している。

④病気休職

> 無期雇用パートタイム労働者には，無期雇用フルタイム労働者と同一の付与を
> しなければならない。また，有期雇用労働者にも，労働契約の残存期間を踏ま
> えて，付与をしなければならない。

〈問題とならない例〉
・A社においては，契約期間が1年である有期雇用労働者であるXに対し，病気
　休職の期間は契約期間の終了日までとしている。

⑤法定外年休・休暇（慶弔休暇を除く）について，勤続期間に応じて認めている場
　合

> 法定外年休・休暇（慶弔休暇を除く）について，勤続期間に応じて認めている
> 場合，無期雇用フルタイム労働者と同一の勤続期間である有期雇用労働者又は
> パートタイム労働者には，同一の付与をしなければならない。なお，有期労働
> 契約を更新している場合には，当初の契約期間から通算した期間を勤続期間と
> して算定することを要する。

〈問題とならない例〉
・A社においては，長期勤続者を対象とするリフレッシュ休暇について，業務に
　従事した時間全体を通じての貢献に対する報償の趣旨で付与していることから，無
　期雇用フルタイム労働者であるXに対し勤続10年で3日，20年で5日，30年
　で7日という休暇を付与しており，無期雇用パートタイム労働者であるYに対
　して，労働時間に比例した日数を付与している。

(4) その他
①教育訓練について，現在の職務に必要な技能・知識を習得するために実施しよう
　とする場合

> 教育訓練について，現在の職務に必要な技能・知識を習得するために実施しよ
> うとする場合，無期雇用フルタイム労働者と同一の職務内容である有期雇用労
> 働者又はパートタイム労働者には，同一の実施をしなければならない。また，
> 職務の内容，責任に一定の違いがある場合においては，その相違に応じた実施
> をしなければならない。

②安全管理に関する措置・給付

> 無期雇用フルタイム労働者と同一の業務環境に置かれている有期雇用労働者又はパートタイム労働者には，同一の支給をしなければならない。

3. 派遣労働者

　派遣元事業者は，派遣先の労働者と職務内容，職務内容・配置の変更範囲，その他の事情が同一である派遣労働者に対し，その派遣先の労働者と同一の賃金の支給，福利厚生，教育訓練の実施をしなければならない。また，職務内容，職務内容・配置の変更範囲，その他の事情に一定の違いがある場合において，その相違に応じた賃金の支給，福利厚生，教育訓練の実施をしなければならない。

〈留意事項〉

　ここでいう「無期雇用フルタイム労働者」とは，いわゆる「正社員」を含む無期雇用フルタイム労働者全体を念頭においている。

【参考海外判例】

　本ガイドライン案の策定に当たっては，欧州での法律の運用実態の把握を行った。本ガイドライン案の内容を構成するものではないが，参考までに，本ガイドラインの各項目に関連する海外判例を以下に列記する。

2. 有期雇用労働者及びパートタイム労働者

(1) 基本給

① 基本給について，労働者の職業経験・能力に応じて支給しようとする場合に関連するもの

　(a) 職業能力向上のための特殊なキャリアコースで経験を積み昇進してきている労働者とそうでない労働者とは，同一の状況にあるとはいえない。(Cass. soc. 3. 5. 2006, n. 03-42920（フランス))

　(b) 前職での職業経験の違いは，当該ポストの要請や実際に求められる責任と関連性をもつ場合にのみ，賃金の違いを正当化しうる。(Cass. soc. 11. 1. 2012, n. 10-19438, inedit（フランス))

　(c) 待遇差を正当化するためには，使用者側が資格・経験等を証明する必要がある。(BAG vom 18. 3. 2014 - 9AZR 694/12（ドイツ))

② 基本給について，労働者の業績・成果に応じて支給しようとする場合に関連するもの

　(d) ハーフタイム労働者にはフルタイム労働者の半分の目標数値に到達したことをもって半分

の手当が支給されなければならない。(Cass. soc. 4. 12. 1990, n. 87-42341(フランス))

③ 基本給について，労働者の勤続年数に応じて支給しようとする場合に関連するもの

  (e) 仮に両者が同じ格付けで同じ職務に就いていたとしても，当該企業への在職期間（勤続年数）の違いを考慮して，賃金の支給額は異なるものとされうる。(Cass. soc. 17. 5. 2010, n. 08-43135（フランス))

(2) 手当

① 賞与について，会社の業績等への貢献に応じて支給しようとする場合に関連するもの

  (f) 労働者の過去の貢献に報いる功労報償的な性格をもつ特別手当（賞与）について，有期契約労働者に対しても，その貢献の割合に応じて手当を支給すべき。(BAG vom 28. 3. 2007 - 10 AZR 261/06 (NZA 2007, 687)（ドイツ))

⑨ 勤務時間内に食事時間が挟まれている労働者に対する食費の負担補助として支給する食事手当に関連するもの

  (g) 食事手当の金額の差異は，職務上のカテゴリー（幹部職員／非幹部職員）の違いだけでは正当化されない。(Cass. soc. 15. 10. 2014, n. 13-18006（フランス))

3. 派遣労働者

  (h) 派遣労働者は，派遣先の無期契約労働者に付与されるのと同様の食券を付与される権利を有する。(Cass. soc. 14. 2. 2007, n. 05-42037（フランス))

同一労働同一賃金の実現に向けた検討会
報告書
〔抜粋〕

平成29年3月

同一労働同一賃金の法整備に向けた論点整理

　本検討会では，第12回（2月7日）・第13回（2月20日）の2回にわたり，同一労働同一賃金の法整備に向けた議論を行った。

　法整備の議論は，司法判断の根拠規定の整備，説明義務，履行確保の在り方，派遣特殊的な制度設計などの論点についてそれぞれあり得る選択肢が幅広く，その中でどれを採りどれを採るべきでないかは政策的な価値判断によるところも大きい。このため，今回は，委員それぞれの専門的知見に基づき，法整備に関する各論点について踏まえるべき議論の前提，ありうる選択肢やその利害得失などをできるだけ幅広く挙げ，それを「論点整理」の形で整理して示すこととした。今後，政府におかれては，本論点整理を踏まえた適切な検討を行うことを期待する。

1. パートタイム労働法制及び有期労働契約法制関係

（派遣労働者のうち派遣元事業主とパートタイム労働契約もしくは有期労働契約を結んでいる者にも適用される）

(1) パートタイム労働法制・有期労働契約法制における司法判断の根拠規定の整備関係

【論点】

> ○　均等・均衡待遇に関する現行法制は，「司法判断の根拠規定」として十分に機能を果たしているか。（規定の明確性等）
> ○　比較対象労働者をどのように定義するか。

【主な御意見】

　まず，司法判断の根拠規定（不合理な待遇差の禁止規定）について，考慮要素に関

する明確化・具体化を図る（例：待遇の趣旨・性質に応じた考慮要素を勘案することを明確化する）か否かについて，

・考慮要素に関する明確化・具体化には，立法府の意思の明確化や当事者の予見可能性の向上，紛争に至らないための予防的な整備の促進等のメリットと，司法判断が硬直化するデメリットとの双方があるが，それらのどちらに重きを置くかは，現行の労使慣行に対するスタンスとも関わるとの指摘があった。

そのほか，

・現行法でも司法判断の根拠規定として十分機能している，裁判官の判断の裁量や労使自治による自由を狭める，過度に硬直的な規制は生産性を阻害するなどの指摘

・これまでは裁判例も少なくその判断も分かれるなど予見可能性がない状態にある，司法判断の根拠規定として十分機能させるため改善を検討する余地があるなどの指摘

があった。

また，比較対象労働者について，特に無期転換した後の元有期契約労働者の位置付けに関して議論があった。

（明確化・具体化のメリット・デメリット双方を指摘する御意見）

○ 抽象的な規定にすれば，裁判所が様々な情報を活用して判断できるというメリットがあり，具体的な規定にするほど裁判所が考慮できる事項が少なくなり硬直的になる。

　しかし，具体的な規定にするメリットとして，裁判に関してこのような判断をしてほしいという立法府の意思を明確にできる点や，明確性を高めることで当事者が行動しやすく，また，訴えやすくなる点，さらに手前の段階として，契約関係・労働条件の整備など，訴訟に至らないようにするための整備を促進する点がある。

○ 個々の待遇の趣旨・性質の明確化を求めるとするとやや前向きな，未来志向的な議論になる。そうしたことがどこまでできるのか，できないのか，あるいはやってもらうのかというところでスタンスが変わってくる。また，どの程度猶予期間を持たせるかとも関係する。

　現行の労使慣行を前提に問題が起きないようにするのか，さらに踏み込んで変えてもらうのか，その中間とするのか，といったスタンスについては議論の余地があり，そのスタンス次第でどの程度の猶予期間を設けるかが変わってくるのではないか。

（明確化・具体化のデメリットを懸念する方向の御意見）

○　現行法でも裁判例が出てきており，「司法判断の根拠規定」として既に機能しているのではないか。

○　規定を具体化するメリットもあるが，労使合意により決定した事項まで裁判で棄却され，労使自治が侵害されるおそれもある。個々の待遇毎に判断するということを法律として規定することが適切かどうかは疑問。

○　不合理性の判断が待遇の"趣旨・性格に応じて"行われるべき規定にすると，規定が明確になる一方で，確実に判断の余地を狭めており，それによる副作用が生じないか懸念。

○　基本給を能力に応じた職能給制度としておきながら，実際には生活給的な要素により差をつけることは客観的には不合理とみる余地はあるが，労使が話し合い納得した上で合理的なものとして賃金体系に取り入れられてきたという経緯がある場合にはその差は合理的であると認められるべきであり，要因分解だけでは説明できない部分が残る。必ずしも「待遇の趣旨・性質に応じた考慮要素」だけに意味があるわけではない。

○　賃金体系は，従業員のモチベーションや企業としての人材マネジメントなど様々な要素を考慮し，限られた資源をどう適正配分するかという観点から決定するものであるため，比較しやすさや説明しやすさは賃金体系決定の考慮要素の１つではあるものの，それらのみを考慮し決定するものではない。

○　企業が各社独自に決定するものである賃金配分に関して，過度に硬直的な規制をかけると企業の生産性を阻害する。待遇差について"合理的である"と必ず説明がつく水準まで求めることは，社会にとっても好ましいことではない。

○　同じパート・有期であっても学生，定年後の再雇用，主婦などで状況が違い，企業の中ではニーズに合わせた雇用管理区分を設けている。確かに格差は生じているかも知れないが，それが合理的か不合理かは企業ごとに見ていかないと，杓子定規に要素に分解して客観的に決まるものではない。

（明確化・具体化のメリットに期待する方向の御意見）
○　現行法の規定（パートタイム労働法８条・労働契約法20条）は，待遇差の不合理性について，給付の趣旨・性格に応じて判断するという点が必ずしも明確になっていない。合理性・不合理性の判断は，給付の具体的な趣旨・性格に

応じて行われる（考慮要素は給付の趣旨・性格によって異なる）ことがわかるような規定とすることが必要ではないか。

○　参考となる裁判例の数が少なく，判断も分かれており，予見可能性がない状態が続いている。労使合意の存在は「その他の事情」の一つとなりうるものと解釈されているが，これまでは待遇差是正のための労使の取組みは必ずしも十分でなかった。

○　ガイドライン案でも示されているように，勤続給や地域手当など生活給的なものも客観的に不合理なものと位置づけられるわけではない。どのような目的で支給されるもので，その目的に照らして不合理な差がつけられてないかが問われることになる。

○　どのような賃金制度をとるかは基本的に各企業・労使に委ねられた問題。それぞれの企業・労使で効率性や生産性を高めることができる賃金制度を選択し，それを正規労働者にも非正規雇用労働者にもきちんと説明していくことが重要なポイントとなる。

○　パートタイム労働法9条については，要件と効果に明確さがあるが，パートタイム労働法8条・労働契約法20条の規定は，考慮される要素と効果との関連性が必ずしも明確ではなく，待遇差に関して，何をどのように考慮すれば不合理と認められるのかが分かりにくい面がある。
　すべての裁判官が企業の雇用慣行・処遇制度に精通している訳ではないこと等から，改善のための検討の余地があるのではないか。

（比較対象労働者（特に無期転換後の元有期契約労働者の位置付け）に関する御意見）
○　基本的に比較の対象となるのは「通常の労働者」（パートタイム労働法8条）ではないか。

○　無期転換した元有期契約労働者が法の保護対象から外れるのは問題。この人たちは，本来，正規労働者の賃金・評価体系との共通化に，相対的になじみやすい集団である可能性が高い。ただ，労働契約法による無期転換の事例が出始める2018年が目前に迫るなか，唐突な規制強化は雇止めにつながる懸念が大きい。

○　雇止めの懸念を踏まえれば，無期転換後の元有期契約労働者の検討について
　　は，時間的猶予をみながら検討することが適切。

(2)　パートタイム労働法制・有期労働契約法制における説明義務の整備／いわゆる
　　「立証責任」関係
【論点】

○　いわゆる「立証責任」の実態
○　待遇差に対する規範の在り方（合理／不合理）
○　いわゆる「立証責任」と説明義務との関係性
○　説明義務の在り方（意義・説明の時期・具体的内容等）

【主な御意見】
　いわゆる「立証責任」については，待遇差の合理性・不合理性は，法的には「規範
的要件」と呼ばれるものであり，いずれにせよ労使双方が主張立証し，裁判官が判断
するものである。一方で，現在議論されているのは，「法律用語」としての「立証責
任」ではなく，①不合理性を立証する現行法を維持するのか，②合理性を立証する
EU 式に変更するのかの違いとして捉えられる「一般用語」としての「立証責任」が
論点とされた上で，②（EU 式）への変更は問題が大きいのではないかという意見が
あった。
　また，「立証責任」より説明義務の強化こそ，労使間の情報の偏在を解消すること
で裁判における不合理な待遇差の是正を容易にするという意見があった。
　説明義務の強化の必要性については概ね意見の一致が見られた。説明義務の具体的
内容を明確化する必要性についても一致した指摘があった。そのほか，説明義務の履
行に関する実務上の問題に関し，待遇差を説明する際の比較対象労働者を雇用管理区
分単位とすることについて複数の意見があり，また，説明時期を雇入れ時とすること
等についての意見があった。

（いわゆる「立証責任」の実態）
○　待遇差の合理性・不合理性については，法的には「規範的要件」と呼ばれる
　　ものであり，いずれにしても，労使双方がそれぞれの主張を基礎づける事実に
　　ついて立証し，裁判官が責任もって判断するものと考えられている。

○　「法律用語」としての「立証責任」ではなく，不合理であるか否かを立証す
　　る現行法方式を維持するのか，合理的な理由があるか否かを立証する EU 式に

変更するのかの違いとして捉えられる「一般用語」としての「立証責任」が論点。

（待遇差に対する規範の在り方（合理／不合理））
○ 欧州では産業別の労働協約により共通の職種別賃金相場が形成されているため，その賃金相場との違いについて，合理性の立証責任を課すことは理解され得る一方，日本にはそのような共通の職種別賃金相場がなく，企業ごとに複雑な賃金体系が形成されているため，合理性の立証責任を果たすのは実際難しい。よって，合理性の立証責任を使用者側に課すことは，一見労働者にとって良いことのように見えるかもしれないが，労使双方にとって良い結果にはならない。

○ 欧州でも，例えば産業別労働協約で定められた最低賃金的な基本給とは別に，各企業においてそれに上乗せするさまざまな給与，諸手当等が支給されている。裁判所では，さまざまな賃金・処遇制度の内容，待遇の相違の理由，相違を基礎づける事実の存在等についての立証責任が使用者に課されている。

○ 雇用主が合理的に説明できる範囲を超える合理性を持った賃金制度がありうる点に十分な配慮が必要。雇用主が様々な賃金制度を導入して試行錯誤しながら行き着いた賃金制度は合理的なものとなるだろうと想定できる。つまり，必ずしも雇用主が明確に目標を設定し，それに向けて合目的的な行動をとっていることを想定しなくとも，雇用主の試行錯誤や淘汰を経て合理的な行動が選ばれている可能性がある。

○ 様々な課題を乗り越えて同一労働同一賃金への“第一歩”を踏み出すという段階において，企業に合理性の立証責任を課すことが適切かについては疑問。

○ 不合理な格差を禁止するという現在の在り方は維持すべき。

（いわゆる「立証責任」と説明義務との関係性）
○ 事業主に課される説明責任と立証責任とが一般的に混同されがちなので，周知の措置が考えられてよい。

○ （裁判上の立証責任より）重要なのは，労働者の待遇について制度の設計と運用をしている使用者に，待遇差についての労働者への説明義務を課し，労働者と使用者の間の情報の偏りをなくすこと。これによって，待遇に関する納得性・透明性を高めるとともに，不合理な待遇差がある場合に裁判での是正を容

易にすることができる。

○　将来的に訴訟が提起された場合に，労働者が不合理性を立証する際の材料を，（事前に）事業主が説明義務に基づき提供する関係になるため，積極的説明をしないような動機付けが生じることになりかねない。説明義務を課す趣旨が損なわれないよう，考慮される必要がある。

○　事業主が待遇差についての十分な説明をせず，労働者に待遇差についての情報が与えられていない場合には，待遇差の不合理性を基礎づけるの[ママ]一つの事情となると位置付けることにより，説明義務の実効性を高めることが重要。

(説明義務の在り方①（強化の方向性）)
○　説明義務を強化・充実することは必要。

○　説明義務の強化にあたって工夫すべき点はいくつかある。まず，パートタイム労働法では説明義務が課されているが労働契約法では説明義務が課されていないので，有期契約労働者への制度を考える必要がある。また，"説明を求めたことにより不利益取扱いをしてはならない"ということをどういう形で組み込むのか。さらに，比較対象労働者との"待遇差"を説明内容に含めるのかといった点である。

○　労働者の立場からは説明を求めにくい可能性が高いことを踏まえると，あらゆる非正規雇用労働者への説明・情報提供を原則とする仕組みにすることが望ましい。

○　現行のパートタイム労働法14条1項で規定されている事業主の説明義務は，どのような措置の内容を説明すべきことになるのかが，俄かには判然としない。今後の検討の中で，説明すべき事項の内容・範囲等が明らかになるような規定の整備を行う必要がある。そうでなければ，法律の規定が，当事者の行為規範として十分に機能しないおそれがある。

(説明義務の在り方②（具体的内容）)
○　何をやっていいか分からないものが説明義務違反という法的効果を持つところに入ってしまうので，何をすれば説明義務を果たしたことになるか明確化し，ガイドラインか何かで知らせなければならない。

○ 説明義務の履行の方法を1つに限定すると，企業によっては実務負担の面から履行しにくいケースが想定されるため，例えば，非正規雇用労働者との職場懇談会を開催し説明するなどの手法的アプローチも含めて，いくつかの選択肢のなかで履行を求めるという選択的措置義務のような方法もあり得る。

○ 待遇差について客観的に説明するのは不可能。どこかで「労使が納得しているからよい」ということが入ってこざるを得ない。欧州は企業横断的な賃金相場との差が問題となるのに対し，日本では企業ごとに賃金体系が異なる上，企業内にも複数の賃金体系が存在するため，要素を客観的に因数分解し説明するのは困難。

(説明義務の在り方③（履行に関する実務上の問題（説明義務の履行時期，比較対象労働者（個人単位／雇用管理区分単位）など)))
○ 待遇差についての説明義務は，比較対象労働者を雇用管理区分単位とするか個人単位とするかという点や，雇入れ時に誰との差を説明しなければならないかという点が難しく，単に「待遇差について説明すべき」という一言を入れるだけでは実務が混乱するのではないか。

○ 説明義務の比較対象労働者については，個人単位とすると雇用管理区分内の外れ値と比較することになりかねないため，雇用管理区分単位にすべき。

○ 雇用管理区分ごとに比較するとしても，どのように比較するかは技術的に難しい面がある。例えば，モデル賃金を示すという方法は非正規雇用労働者と正規労働者の賃金体系の物差しが異なる場合に比較しづらく，一方で，職務内容や人材活用の仕組みなどを点数化する職務評価による方法は実務負担が大きいため全ての企業に求めるのは無理がある。非正規雇用労働者として一定年数勤続する場合の賃金と，正規労働者が同じ年数勤続する場合の賃金の差を示し，両者の差の根拠を説明するという簡易な方法もある程度許容せざるを得ないだろう。

　　例えば勤続年数が最大5年となる有期契約労働者に対し，5年目時点での標準的な賃金と近接する正規労働者の雇用管理区分の5年勤続時点での標準的な賃金の差と，両者の差の理由を示すことは，一定の目安にはなるかもしれない。

○ 比較対象労働者がいなかったり，賃金テーブルがなかったりする企業も少なからず存在するので，説明にあたっては開示の範囲や具体的方法について検討が必要。

○ 既に作成されているガイドライン案を参考に説明義務の在り方を検討するという方法もあり得る。

(3) その他（履行確保の在り方等）

【論点】

○ 非正規雇用労働者を含む労使のコミュニケーションの在り方（個別労使・集団的労使）
○ 司法による待遇改善と行政ADR（裁判外紛争解決手続）・報告徴収等による待遇改善の利点・欠点
○ 法制の枠組みの在り方／パート—有期の間の規制レベルの違い

【主な御意見】

非正規雇用労働者を含めた集団的労使コミュニケーションを促進することが重要であることについては概ね意見の一致が見られた。また，集団的労使コミュニケーションを法的に促進する方法として，待遇差が不合理でないことの評価要素としていくこと等が考えられるという意見が複数あった。

裁判よりも簡易・迅速な解決が期待できる行政ADRの制度を設けていく方向性については概ね意見の一致が見られ，制度が十分に活用されるよう検討する必要性が指摘された。

法制の枠組みについては，パートと有期を共通の枠組みでとらえることの当否について議論があり，この点について慎重に考慮して法制の枠組みを定める必要があるとの意見があった。

（集団的労使コミュニケーションの重要性，集団的労使コミュニケーションと待遇差の合理性・不合理性の評価要素に関する御意見）
○ 待遇差を是正するための労使のコミュニケーションを深めていくことが重要であり，この点は，待遇差の合理性・不合理性の判断に影響を与えうるものである。ただし，情報・交渉力格差を考慮すれば労働者個人と使用者間の個別的なものは適切でなく，集団的なプロセスとすることが肝要。

○ 労使の自治的な取組を促すための手法として，労働者側として非正規雇用労働者の代表が選出されていることや，非正規雇用労働者の意見を適切に汲み取っていることが認められる場合に，待遇差が不合理でないことの評価要素の1つ（例：「その他の事情」）として位置付けることも考えられる。

○ 行政ADRの利点は簡易・迅速かつインフォーマルに解決が図られる点にあるが，雇止め等の不利益を被る懸念が裁判に訴え出ることを踏みとどまらせている原因である場合，行政ADRでも同様の問題は生じ得る。そのため，紛争解決援助に至る前の段階である企業内の労使関係において，紛争が生じないよう納得性を高め，紛争が生じても解決する仕組みを整備することが重要。

○ 過半数組合ないし過半数代表者からの意見聴取，過半数代表との労使協定，労使委員会の決議の3つが現行法上の手がかり。例えば労使委員会に非正規雇用労働者をきちんと入れて，5分の4の特別多数で決議を行ったことが不合理とはいえないことの評価要素になれば労使委員会の設置が後押しされる。

○ 集団的労使コミュニケーションを実効的なものとするにはどうすべきかを具体的に示す必要がある。集団的労使コミュニケーションのプロセスと説明義務の内容をいかに具体的に示せるかが，実質的に同一労働同一賃金を進めていく上での非常に重要なポイント。

○ 集団的労使関係の強化をこれを機に進めることに賛同する。日本における同一労働同一賃金は，まずは企業内で取り組む方針とした以上，企業内の労使自治がより健全な，待遇改善につながる方向で検討するのが建設的。

○ 労働組合の役割として，正規労働者の中で非正規雇用労働者にもっとも近い雇用管理区分の人たちと非正規雇用労働者の労働条件の格差を是正しようという時に，発生する利害の調整にどれだけ貢献できるかが，今後より一層試されることになる。

（司法による待遇改善／行政ADR（裁判外紛争解決手続）・報告徴収等による待遇改善に関する御意見）
○ 紛争解決機関として，裁判所だけでなく，より簡易で迅速な問題解決につなげられるよう，例えば行政ADRに関する法整備を行うことも重要。

○ 個別訴訟による解決を促進することが真の救済となるのか疑問。韓国などは立証責任などの個別訴訟の枠組みは日本より整備されているものの，ほとんど訴訟が提起されていないのが実態。自身が雇用契約を締結している使用者に対し働きながら訴訟を提起することは困難であるため，訴訟に至る前の段階で労使が話し合って解決ができるような方法について重点を置き議論すべき。

○　行政 ADR に対する需要は，パートよりも相対的に労働条件に対する満足度
　が低い有期や派遣のほうが高いと推測されることから，有期や派遣に対象を拡
　大した際に申出が増加する可能性がある。申出が増加した場合にも，当該援助
　制度が適切に機能する体制をとれるようにするための検討が必要。
　　裁判に訴え出ることの負担が大きいなかで，行政 ADR が機能し，労働条件
　改善のための選択肢が増えること自体は労働者の利益にかなう。

(法制の枠組みに関する御意見)
○　非正規雇用労働者の中でも，不本意非正規などの不満を持っている者が多い
　のはパートタイム労働者以上に有期契約労働者である。様々な法制化をする際
　に，労働契約法に盛り込むのか，有期も含めてパートタイム労働法を再構成す
　るのか議論が必要。

○　労働契約法とパートタイム労働法の法形式の在り方については，規制の考え
　方や内容をどう変更するかを踏まえて議論する必要がある。

○　有期にも行政 ADR を制度化しようとする場合，労働契約法の性質上難しい
　ため，パートタイム労働法に有期を規定していくことも考えられる。一方で，
　パートと有期は労働市場における位置づけが異なるため，両者を１つの法律で
　規定することに躊躇する。有期については，有期としての働き方が最長で５年
　となったことを踏まえると，労働市場への参入のためのステップとして柔軟性
　を考慮した規制の在り方とすることも考えられる。

○　パートと有期を一緒のものとして捉えるかについては，日本の労働市場や働
　き方をどのようにグループ分けし，それぞれにどのような働き方を期待するか
　ということの根幹に関わる論点であるため，この点を慎重に考慮し，規制の枠
　組みを検討することが必要。

2.　労働者派遣法制関係

派遣元内における派遣労働者と他の労働者との均等・均衡待遇については，パートタイム
労働契約や有期労働契約の派遣労働者に関しては「1」の議論が適用される。「2」では，派
遣先の労働者と派遣労働者の均等・均衡待遇に関して論点を整理する。

(1)　労働者派遣法制における司法判断の根拠規定の整備関係
【論点】

○ 派遣労働者と派遣先労働者との待遇差に関する司法判断の根拠規定の整備について
　・派遣先との均衡を求める必要性・考え方（労働契約法の適用との関係等）
　・具体的制度設計（均衡を判断する考慮要素，派遣労働者のキャリア形成との関係等）等

【主な御意見】
　前提として，労働者の待遇の向上のための規制を，労働市場における労働者派遣制度の位置づけと整合的に整備していくべきとの意見があった。そのうえで，派遣先との均衡を求める考え方については，
・職種別労働市場を形成している派遣にはなじまない，個人請負による非労働者化などの副作用が懸念される，派遣先との均衡を担保する実務プロセスがイメージできない，そもそも派遣が成り立たなくなるおそれがある，現状理解が不十分など派遣先との均衡を図ることに対して慎重な意見が多数指摘された一方で，
・派遣がコスト削減目的で使われることは避けるべき，パート・有期・派遣の規制の強さのバランスが必要，請負への切替えが違法な形で行われないようチェックは必要としたうえで，個別の待遇について派遣先との均等・均衡という原則を明確にすることが重要との意見があった。

　また，派遣労働者の待遇改善を図るために，
・派遣先との均衡ではなく，職種別労働市場の中で賃金相場を上げていくアプローチによるべきという意見
・個別の待遇について派遣先との均等・均衡を原則とした上で，派遣労働者のキャリア形成の視点からの調整を行う仕組み（キャリア形成と両立しうる工夫），派遣がある程度の期間継続して行われた時点から派遣先との均衡を求める仕組み等によるべきという意見（そうした仕組みとすると，その時点で派遣契約を終了させる効果を招きかねないという意見）
・データ等から規制の必要性が明らかな範囲に限り派遣先との均等・均衡を求めることとし，雇用確保の困難性や賃金水準，雇用契約期間，派遣継続期間，把握可能な金銭給付などの観点で，対象を限定した制度を検討すべきとの意見
があった。また，
・派遣労働者の派遣先労働者との均等・均衡待遇に関しては，このように複数のアプローチがありえるため，今後，労働政策審議会で議論を尽くしていただく必要があるとの意見
が複数あった。

（検討に際しての留意点－労働市場における派遣制度の在り方）

○　労働者派遣に関する規制の在り方を検討する際には，労働者派遣法の目的に鑑み，労働力の需給の適正な調整を図る目的と，派遣労働者の保護等，雇用の安定その他福祉の増進に資する目的とを勘案しなければならない。

　　その際，労働者派遣のそもそもの役割が，短期的な労働力の需給調整に対応するものなのか，それとも，長期的な派遣労働も，それが派遣労働者の雇用の安定等につながるのであれば積極的に許容されるものなのかについては，制定から現在までに至るまでの労働者派遣法の規制の経緯や現行法の規制を見ても，必ずしも明確ではないように思われるが，今後，派遣労働者の待遇の改善や派遣先の労働者との待遇格差是正のための規制について検討するには，上記の点を踏まえ，どの目的を達成するにはどのような規制が適合的かを検討する必要があると考える。

○　派遣先均衡を原則にするのであれば，派遣労働者が大幅に減るということを認識・覚悟する必要がある。直接雇用の場合の賃金より高いコストを払ってでも一時的に確保したい人材しか，派遣として受け入れられなくなることが予想されるが，それは今の派遣の実態と大きく乖離している。そのような派遣制度に関する大きな方針転換が，均衡の規制に関する議論の延長線上で決められるのには違和感がある。本来，派遣制度の在り方を議論し直した上で決定すべき事柄であり，均衡の規制を強化した結果として，派遣労働者が大幅に減少するというのは順番が違う。

（派遣先との均衡を求める方向に慎重な御意見）

○　日本において同一労働同一賃金を進めるにあたっては，欧州のような企業横断的な同一労働同一賃金ではなく，まずは同一企業内での均等・均衡とするという方針を立て，かつ派遣労働者に関しては派遣元事業所内の内勤の労働者との均等・均衡を求めるにもかかわらず，派遣労働者に限って派遣先との均衡をさらに求めるということは，派遣だけに企業横断的な仕組みを入れることとなる。パート・有期・派遣という雇用形態で整合的な規制となっていないのではないか。

○　中間報告で，直接雇用については，日本は職種別賃金相場がないので当面は同一企業内での均等・均衡に焦点を当てようという整理がなされた一方で，職種別賃金相場が形成され得る派遣についてまで，なぜ同一企業内（派遣先ごと）の判断とするのか疑問。また，派遣先均衡を原則にして，同じ職務の一般の労働者との比較を例外にするというのは，今までの派遣に関する議論や労働

者派遣法における整理からも説明がつかないのではないか。

○　有期契約労働者や派遣労働者の無期転換が 2018 年に始まり，派遣先の使用者企業に対し，直接雇用の有期契約労働者やパートタイム労働者への均等・均衡を求めるタイミングで，加えて，外部人材である派遣労働者にも直接雇用の有期契約労働者などと同じレベル以上の規制を求めると，個人請負化など労働者保護がかえって弱くなる副作用が出るリスクがどんどん上がっていくのではないか。

○　非正規雇用全般に対して均等・均衡待遇に関する規制強化をしていくと非労働者化の進展は免れない。非労働者化すると非常に捕捉しにくいという社会的な問題がある。そのような方向に誘導しないような政策形成が重要。

○　通勤交通費等の個別の労働条件は別として，賃金に関する派遣先の労働者との「均等」については，そもそも派遣期間が限られており，人材活用の仕組みも派遣先と異なることから，ケースの想定自体が難しい。派遣先の労働者との「均衡」については，それを担保できるようにするためのプロセスがイメージできない。例えば派遣先から同種の業務に従事する派遣先労働者の賃金情報の開示を受け，派遣元事業主が派遣先に待遇差に関する説明を求めたとしても，人材活用の仕組みが違うからと言われたら，派遣元事業主にそれ以上追及する術はないので実効性を確保するのは難しい。また，①派遣先の労働者並みの賃金水準を確保するための派遣料金引き上げを派遣先から断られた場合，派遣労働者が同じ派遣先にい続けたいと希望しても，派遣元事業主はその派遣労働者を派遣先から引き上げさせなければ規制に違反したことになるのか，②賃金に見合った派遣料金を拒否した派遣先にも責任は及ぶのか等，派遣先均衡で求められる責任の内容や所在が曖昧。

○　均衡の確保に向けた取組は，1 つの企業内でも相当の負荷を伴う。大手の派遣元事業主であれば膨大な数の登録型派遣労働者の派遣先一つ一つに関して，同種の業務の派遣先の労働者を特定し，派遣先との交渉を通じて均衡を確保することが原則となれば，派遣元事業主の実務のキャパシティを超える懸念が大きい。

（派遣先との均衡を求める方向の御意見）
○　職務待遇確保法で検討を求められている派遣先均等・均衡は，"派遣がコスト削減目的で使われるのを避けるために，パート・有期に均等・均衡を求める

のと同様に派遣にも均等・均衡を求める"という趣旨のもの。

○　派遣に関する均等・均衡については，パートタイム労働法9条をもとにした規定を置くかどうかよりも，まずは，均等・均衡の両方が含まれるパートタイム労働法8条や労働契約法20条のような規定を置くかどうかを中心に検討すべき。

○　派遣先が派遣労働者を不当に低い待遇としないことが目的なのであれば，派遣先均衡の考慮を派遣元事業主に課す労働者派遣法30条の3の改正を前提に議論するのではなく，派遣先に外部人材であるという理由で不当に待遇を低くしてはならないというパートタイム労働法8条の変形をいれることも考えられる。一足飛びに労働者派遣法30条の3の改正を前提に議論すると，規制の目的とその実現の仕方にねじれがでる。

○　非労働者化の問題は，労働時間規制強化や最低賃金の議論など労働法改正の議論では常に問題となるものであるとともに，労働法改正にかかわらず実態として進んでいる問題でもある。今回の法改正でも，脱法行為が横行しないよう注意しながら検討を進めていく必要がある。派遣労働者の均等・均衡を実現していくうえで実際に生じる可能性が高いのは，非労働者化よりも派遣から業務処理請負への切り替え。その際には，業務処理請負が適法な形で行われているか，偽装請負になっていないかといった点を十分にチェックすることが必要になるだろう。

（他の雇用形態間との規制の強さのバランスを考慮する必要性）
○　パート・有期・派遣の3つの雇用形態間で，規制レベルの差異があると，雇用主の立場から見て利用しやすさに差異が生まれ，3つの雇用形態間での代替が生じる恐れがある。規制の強さについてバランスを考える視点が必要。

（派遣先との均衡とは異なる方法での派遣労働者の待遇改善方策に関する御意見）
○　派遣は職種別労働市場を形成しているので，職種別労働市場の賃金相場の底上げを図る規制のアプローチの方が，派遣先均衡よりもわかりやすいし，実効性が期待できる。派遣先均衡は，労が多い割に実効性に乏しい。

（派遣先との均衡を求めることとする場合の具体的制度設計に関する御意見）
○　派遣労働者の多くは有期契約労働者でもあるため，派遣先との均衡を求めた場合，派遣元内（無期―有期）の均等・均衡（労働契約法）も二重にかかって

くるため，法的な調整が必要ではないか。

○　派遣先均衡を最初から厳格に求めると，派遣元事業主の負担が増大し，短期的な労働力の円滑な需給調整に支障が生じる可能性がある。このため，労働者派遣がある程度の期間継続して行われ，派遣元事業主にとっても派遣先の協力を得て，派遣先の労働者の労働条件を踏まえた対応が現実に可能となる時点から検討されるべきことが望ましい。ドイツの改正労働者派遣法（2017年4月1日施行）の趣旨の1つも，このような考慮によるものと考えられる。

　　また，派遣先の労働者との均等・均衡待遇の検討に当たっては，派遣労働者が無期雇用の場合と有期の場合とで，派遣期間に関する規制が異なっていることも考慮されるべきであろう。無期雇用の場合は，派遣元内での待遇決定を尊重し，有期の場合は，同一派遣先への派遣が一定期間に達した時点から，派遣先の労働者との均等・均衡待遇を強化していくという方法が考えられる。

○　ドイツの改正労働者派遣法（2017年4月1日施行）のように，一定の時期の到来（例：9か月）をもって派遣先との完全な均衡を求める制度設計とすると，その時点で派遣契約を終了させる効果を招きかねないので，慎重な検討が必要。もしもこのような制度を導入するのであれば，スムーズに派遣労働者の賃金を派遣先労働者の賃金に収束させていくような制度設計が必要。

○　賃金の高い派遣先から低い派遣先へ移ると，能力が上がっているにもかかわらず派遣先に合わせて賃金が下がる凸凹が生じるなど，派遣に特殊な事情もあるため，キャリア形成の視点からの調整は必要。

○　派遣先に合わせて賃金を変えなければならないとなると，派遣業者の立場からすると，派遣先を変更して派遣労働者の技能形成を図ることが難しくなる恐れもある。正規労働者について職能給的な賃金制度を採ることで，配置転換を通じた技能形成を図っているという議論があり，その議論が参考になる。

○　派遣先との均等・均衡を基本としつつも，一つのやり方としては，例えば「正規労働者の職種別賃金水準を下回らないレベルで基本給，賞与が設定されている」，「派遣元で長期キャリア形成の措置をとっている」，「福利厚生等でも一定のきちんとした対応をとっている」という派遣のパッケージも一つの調整形として政策的にはあり得る。

○　派遣労働者はそもそも雇用者の2%程度に過ぎず，非正規雇用労働者の約半

数はパートタイム労働者。そのパートタイム労働者や有期契約労働者の均衡については，人材活用の仕組みなどを考慮して正規労働者との賃金格差を認めるということになっているのに，派遣に限って，職種別労働市場横断的な最低基準を正規労働者の賃金水準に合わせるのは理屈が通らない。

○　パート・有期と並んで待遇改善の議論をしているので，パート・有期と同様，比べる対象は正規労働者の水準。

○　まずは派遣先の中で，労働契約法により有期契約労働者と正規労働者の均衡待遇を実現した上で，然るべき対象労働者と，派遣労働者を比較することを検討すべき。派遣先でも，派遣元でも，非正規雇用労働者の均等・均衡を進める中で，企業横断的な派遣先均衡の規制を他よりも高いレベルで求めるのは違和感がある。

○　派遣労働者の賃金水準が高いところはよいが，事務職派遣や製造業派遣など賃金水準が安い人たちについてどう実効性のある規制を入れていくかが大切。

○　事務系派遣の賃金水準は非正規雇用労働者の中では高い方にある。製造業は，派遣だから賃金が低いのではなく，有期契約労働者も低く，非正規雇用労働者全体の問題。製造業の中でも，技術系派遣は，派遣先より高いことさえある。賃金水準が高い労働者も低い労働者もいるときに，一部の労働者の待遇改善を，派遣先，派遣元事業主に二重に規制をかけて全体で実現しようとするのはやりすぎであり，必要最低限の規制となるよう検討が必要。

（派遣先との均衡は範囲を限定して制度を検討すべきという御意見）
○　派遣労働者が企業横断的にキャリア形成し待遇が上がる仕組みを整備しつつ，派遣先均衡は現行では足りない部分があればそこだけに範囲を限定して導入すべき。例えば金銭給付はドイツの15ヶ月のように派遣先に入ってから一定期間以上が過ぎている，キャリア形成などの観点から派遣先3年の適用除外となっている「無期雇用派遣ではない」「雇用確保の困難さが認められない」という派遣労働者に限るということを考えるべき。

○　派遣先均衡を求める場合，適用除外の在り方について，現行労働者派遣法40条の2で定めている派遣期間の適用除外との整合性も重要。具体的には無期雇用派遣と雇用確保が困難な者を適用除外とすることが考えられる。雇用確保が困難な人たちに対して派遣先均衡を全てに優先して求めることが適切だと

は思わない。

○ 仮に派遣先均衡を考える場合，どこまでの待遇について均等・均衡を求めるかは直接雇用の非正規以上に丁寧な議論が必要。派遣労働者の教育訓練は2015年改正で年間8時間の教育訓練が派遣元事業主に義務付けられ，派遣先・派遣元事業主ともに配慮義務の規定も入っている。さらに均等・均衡待遇の規制を強化する必要があるのか。また，十数種類ある手当を全て派遣先と派遣元で比べ，それぞれ給付するのはとても現実味がない。

○ 派遣元均衡も進めるうえでの派遣先均衡は，あらゆる待遇を対象とするのではなく，把握可能な金銭給付に限定するということが現実的なのではないか。

（派遣労働者の待遇改善に向けたアプローチについて検討が必要との御意見）
○ 派遣労働者の派遣先労働者との均等・均衡待遇に関しては，職種別労働市場の中での賃金相場の引上げから取り組むべき，派遣先との均等・均衡を原則とした上で一定の調整を行うべき，派遣労働者の保護強化の必要性がある範囲を特定した上でその方法を検討すべきといった複数のアプローチがありえるため，今後，労働政策審議会で議論を尽くしていただく必要がある。

(2) 派遣元事業主・派遣先の責任・協力の在り方，労働者派遣法制における説明義務の整備関係

【論点】

○ 派遣元事業主・派遣先の責任・協力の在り方
○ 派遣における説明義務の在り方（意義／派遣元事業主・派遣先の責任・協力の在り方／説明の時期・具体的内容等）

【主な御意見】

仮に派遣先との均衡を求める場合，派遣先からの情報提供が必須であること，その履行確保手段が重要であることについて指摘があった。

また，派遣先における比較対象労働者について，比較対象労働者がいない場合に仮想比較対象労働者を認めることの利害得失などについて議論があった。

（派遣元事業主・派遣先の責任・協力の在り方に関する御意見）
○ 仮に派遣先均衡を求める場合，賃金支払いなので一義的には派遣元事業主に

均衡に関する努力が課せられるが，派遣先からの情報提供や料金設定の配慮なくして実現しえない。

○　派遣先から派遣元事業主への情報提供は，労働者の待遇が納得いくものになっているかという観点からも重要であるし，かつ，派遣先均等・均衡という体制をとるとすると，派遣先労働者の労働条件が分からないと派遣元事業主が処遇を合わせられないため，派遣先均等・均衡を実現するという観点からも重要であり，実効性をどう担保するかが課題。派遣先に罰則を課すことができるか，また，例えば派遣先が故意・有過失で一定の労働者派遣法違反行為を行った場合に「労働契約申込みみなし」というサンクションがあり，それも含めてどういうサンクションをつけることが適当かも検討する必要がある。

（派遣先における比較対象労働者に関する御意見）
○　派遣先における比較対象労働者の賃金情報について，仮想のもので良いとすれば，低めの賃金情報を提供する負のインセンティブが働くのではないか。
　　実際には，比較対象労働者が1人もいないケースが多い。仮に採用するのならこの労働条件でという情報は何とでも操作できてしまうため，設計上留意が必要。

○　現実の比較対象労働者か仮想比較対象労働者かというと，なるべく近い現実の比較対象労働者の方が実効性は増すのではないか。

○　比較対象労働者がいないところでは企業内での同一労働同一賃金という話からすればあまり大きな問題ではないので仮想比較対象労働者であっても構わない一方，全く同じ仕事をしている人がいる場合にはその人と派遣労働者を比べて大きな違いがあってはならないとすると割り切るというのもひとつの考え方。それがいいというわけではないが，様々なパターンがある。

○　基本給，特に職務給や教育訓練は同じ職務の比較対象労働者と比較することが重要だが，福利厚生や賞与は同じ職務の比較対象労働者がいなくても派遣先でどういう制度を採っているかで合わせればよい。

○　派遣料金が派遣労働者の賃金を上回る派遣の構造から，職務分離のインセンティブはパート・有期以上に強い。比較対象労働者は実際に比べられる派遣先の労働者がいる場合だけにすると，比較対象労働者をおかないよう職務分離を招き，派遣を長期的なキャリア形成の一つの要素として位置付けていこうとい

う前回改正の趣旨から外れる懸念がある。

（3）その他（履行確保の在り方等）
【論点】

　　○　派遣における労使コミュニケーションの在り方

【主な御意見】
　派遣元横断的な労使話合いの仕組みを目指すべきとの意見，派遣元における労使コミュニケーションにおいて直接雇用スタッフとは異なる派遣労働者の意見をどう吸い上げるかが重要といった意見があった。

　　○　労使協定等を通じた労使コミュニケーションは，無期雇用の派遣労働者が中心の派遣元であればリアリティがあるが，有期の派遣労働者が大半の派遣元の場合，形式上はできるとしても，実効性に課題。登録型派遣が主で人が入れ替わっていく中で，個々の派遣元・派遣労働者での労使コミュニケーションには課題が多く，時間がかかっても，欧州のような派遣元横断的な労使が話し合っていく仕組みを目指す方が現実的。

　　○　派遣元の中で直接雇用のスタッフと派遣労働者とは利益が異なるので，どのように派遣労働者の意見を吸い上げられる方法にするかが重要なポイントとなる。

　　○　派遣先均衡を原則とした場合，派遣労働者の賃金は基本的には派遣先によって決まることになるため，賃金水準について派遣元事業主と労使交渉をする意味がほぼなくなる。また，日本は欧州のような職種別の労使コミュニケーションの地盤がない上に，派遣先によって派遣労働者の利害が異なるようになることから，派遣労働者の集団的な合意形成を図るのに困難をきわめる可能性が高い。

3．全体の「時間軸」の在り方・その他

【論点】

○　全体の「時間軸」の在り方
○　法整備とガイドライン案の関係性（法的根拠・法的効力）

【主な御意見】
　中小企業や非正規比率が高い企業への配慮が必要との意見，パート・有期・派遣の3雇用形態で規制導入のタイミングを合わせることを前提に施行までに一定の時間を確保すべきとの意見があった。
　法整備とガイドライン案の関係については，ガイドラインが法的効力を持つためにはきちんとした立法プロセス，特に労働政策審議会で議論を尽くすことが必須との意見があった。
　また，現状を正しく把握するために統計を整備する必要があるとの意見があった。

（「時間軸」の在り方）
○　時間軸に関しては，賃金表がもともと整備されていない中小企業，非正規比率が高い企業について考慮する必要がある。

○　仮に派遣先との均衡を求めるとすれば派遣についてパート・有期と同時に実現できるのか懸念がある。

○　派遣だけ規制が弱ければ派遣に流れてしまうから，規制の導入は三雇用形態一緒にすべき。一括改正に向けて施行までどう時間をとるか，現在の問題状況や景気動向等も考慮に入れて判断すべき。

○　規制の導入は3雇用形態間である程度足並みを揃えることが重要。派遣についても，職務待遇確保法の「3年以内」というタイムリミットだけにとらわれるのではなく，非正規全体として均衡の実効性を確保するために必要な規制を検討すべき。

○　登録型派遣労働者は有期契約労働者に関する規制と派遣労働者に関する規制が二重に適用されるので，誤解のないよう周知が必要。

（法整備とガイドライン案の関係に関する御意見）
○　今まで民事だから行政解釈も示せないと言ってきた領域に，どういう法整備を行えば行政として入って行けるようになるのか，考え方の整理が必要。

○　ガイドラインが法的効力を持つということになるためには，きちんとした立

法プロセス，特に労働法制はずっと労働政策審議会で議論を重ねられてきたものなので，そこで議論を尽くすことが必須。

（実態把握のための統計の整備）
○　現状を正しく把握するエビデンスがないまま規制を論じることには無理がある。派遣労働者に関しては，現状，他の雇用形態の労働者と横並びで実態を把握することもできていない。統計を整備し，データの取得を進めていく必要がある。

働き方改革実行計画
〔抜粋〕

平成 29 年 3 月 28 日
働き方改革実現会議決定

1. 働く人の視点に立った働き方改革の意義

(1) 経済社会の現状

　4 年間のアベノミクス（大胆な金融政策，機動的な財政政策，民間投資を喚起する成長戦略）は，大きな成果を生み出した。名目 GDP は 47 兆円増加し，9%成長した。長らく言葉すら忘れられていたベースアップが 4 年連続で実現しつつある。有効求人倍率は 25 年ぶりの高い水準となり，史上初めて 47 全ての都道府県で 1 倍を超えた。正規雇用も一昨年増加に転じ，26 か月連続で前年を上回る勢いである。格差を示す指標である相対的貧困率が足元で減少しており，特に調査開始以来一貫して増加していた子供の相対的貧困率は初めて減少に転じた。日本経済はデフレ脱却が見えてきており，実質賃金は増加傾向にある。

　他方，個人消費や設備投資といった民需は，持ち直しつつあるものの，足踏みがみられる。我が国の経済成長の隘路（あいろ）の根本には，少子高齢化，生産年齢人口減少すなわち人口問題という構造的な問題に加え，イノベーションの欠如による生産性向上の低迷，革新的技術への投資不足がある。日本経済の再生を実現するためには，投資やイノベーションの促進を通じた付加価値生産性の向上と，労働参加率の向上を図る必要がある。そのためには，誰もが生きがいを持って，その能力を最大限発揮できる社会を創ることが必要である。一億総活躍の明るい未来を切り拓くことができれば，少子高齢化に伴う様々な課題も克服可能となる。家庭環境や事情は，人それぞれ異なる。何かをやりたいと願っても，画一的な労働制度，保育や介護との両立困難など様々な壁が立ちはだかる。こうした壁を一つひとつ取り除く。これが，一億総活躍の国創りである。

(2) 今後の取組の基本的考え方

　日本経済再生に向けて，最大のチャレンジは働き方改革である。「働き方」は「暮らし方」そのものであり，働き方改革は，日本の企業文化，日本人のライフスタイル，日本の働くということに対する考え方そのものに手を付けていく改革である。多くの

人が，働き方改革を進めていくことは，人々のワーク・ライフ・バランスにとっても，生産性にとっても好ましいと認識しながら，これまでトータルな形で本格的改革に着手することができてこなかった。その変革には，社会を変えるエネルギーが必要である。

安倍内閣は，一人ひとりの意思や能力，そして置かれた個々の事情に応じた，多様で柔軟な働き方を選択可能とする社会を追求する。働く人の視点に立って，労働制度の抜本改革を行い，企業文化や風土を変えようとするものである。

改革の目指すところは，働く方一人ひとりが，より良い将来の展望を持ち得るようにすることである。多様な働き方が可能な中において，自分の未来を自ら創っていくことができる社会を創る。意欲ある方々に多様なチャンスを生み出す。

日本の労働制度と働き方には，労働参加，子育てや介護等との両立，転職・再就職，副業・兼業など様々な課題があることに加え，労働生産性の向上を阻む諸問題がある。「正規」，「非正規」という2つの働き方の不合理な処遇の差は，正当な処遇がなされていないという気持ちを「非正規」労働者に起こさせ，頑張ろうという意欲をなくす。これに対し，正規と非正規の理由なき格差を埋めていけば，自分の能力を評価されていると納得感が生じる。納得感は労働者が働くモチベーションを誘引するインセンティブとして重要であり，それによって労働生産性が向上していく。また，長時間労働は，健康の確保だけでなく，仕事と家庭生活との両立を困難にし，少子化の原因や，女性のキャリア形成を阻む原因，男性の家庭参加を阻む原因になっている。これに対し，長時間労働を是正すれば，ワーク・ライフ・バランスが改善し，女性や高齢者も仕事に就きやすくなり，労働参加率の向上に結びつく。経営者は，どのように働いてもらうかに関心を高め，単位時間（マンアワー）当たりの労働生産性向上につながる。さらに，単線型の日本のキャリアパスでは，ライフステージに合った仕事の仕方を選択しにくい。これに対し，転職が不利にならない柔軟な労働市場や企業慣行を確立すれば，労働者が自分に合った働き方を選択して自らキャリアを設計できるようになり，付加価値の高い産業への転職・再就職を通じて国全体の生産性の向上にもつながる。

働き方改革こそが，労働生産性を改善するための最良の手段である。生産性向上の成果を働く人に分配することで，賃金の上昇，需要の拡大を通じた成長を図る「成長と分配の好循環」が構築される。個人の所得拡大，企業の生産性と収益力の向上，国の経済成長が同時に達成される。すなわち，働き方改革は，社会問題であるとともに，経済問題であり，日本経済の潜在成長力の底上げにもつながる，第三の矢・構造改革の柱となる改革である。

雇用情勢が好転している今こそ，働き方改革を一気に進める大きなチャンスである。政労使が正に3本の矢となって一体となって取り組んでいくことが必要である。多様かつ柔軟な働き方が選択可能となるよう，社会の発想や制度を大きく転換しなければならない。世の中から「非正規」という言葉を一掃していく。そして，長時間労働を

自慢するかのような風潮が蔓延・常識化している現状を変えていく。さらに，単線型の日本のキャリアパスを変えていく。

　人々が人生を豊かに生きていく。中間層が厚みを増し，消費を押し上げ，より多くの方が心豊かな家庭を持てるようになる。そうなれば，日本の出生率は改善していく。働く人々の視点に立った働き方改革を，着実に進めていく。

(3) 本プランの実行
（コンセンサスに基づくスピードと実行）

　働き方改革実現会議は，総理が自ら議長となり，労働界と産業界のトップと有識者が集まって，これまでよりレベルを上げて議論する場として設置された。同一労働同一賃金の実現に向けて，有識者の検討報告を経てガイドライン案を提示し，これを基に法改正の在り方について議論を行った。長時間労働の是正については，上限規制等についての労使合意を経て，政労使による提案がなされるに至った。さらに全体で9つの分野について，具体的な方向性を示すための議論が行われた。本実行計画はその成果である。働く方の実態を最もよく知っている労働側と使用者側，さらには他の有識者も含め合意形成をしたものである。

　労働界，産業界等はこれを尊重し，労働政策審議会において本実行計画を前提にスピード感を持って審議を行い，政府は関係法律案等を早期に国会に提出することが求められる。

　スピードと実行が重要である。なかでも罰則付きの時間外労働の上限規制は，これまで長年，労働政策審議会で議論されてきたものの，結論を得ることができなかった，労働基準法70年の歴史の中で歴史的な大改革である。今般，労働界と産業界が合意できたことは画期的なことであり，いまこそ政労使が，必ずやり遂げるという強い意志を持って法制化に取り組んでいかなければならない。

（ロードマップに基づく長期的かつ継続的な取組）

　働き方改革の実現に向けては，前述の基本的考え方に基づき，改革のモメンタムを絶やすことなく，長期的かつ継続的に実行していくことが必要である。働き方改革の基本的な考え方と進め方を示し，その改革実現の道筋を確実にするため，法制面も含め，その所期の目的達成のための政策手段について検討する。また，最も重要な課題をロードマップにおいて示し，重点的に推進する。

　さらに，労使など各主体が，経済社会の担い手として新たな行動に踏み出すことが不可欠である。特に，国民一人ひとりの経済活動・社会生活に強い影響力がある企業には，積極的な取組が期待される。

（フォローアップと施策の見直し）

また，本実行計画で決定したロードマップの進捗状況については，継続的に実施状況を調査し，施策の見直しを図る。このため，本実行計画決定を機に，働き方改革実現会議を改組して同一の構成員からなる働き方改革フォローアップ会合を設置し，フォローアップを行うこととする。

2. 同一労働同一賃金など非正規雇用の処遇改善
（1）同一労働同一賃金の実効性を確保する法制度とガイドラインの整備
（基本的考え方）

我が国の非正規雇用労働者は，現在，全雇用者の4割を占めている。不本意ながら非正規の職に就いている方の割合はここ数年低下しているが，特に女性では結婚，子育てなどもあって，30代半ば以降自ら非正規雇用を選択している方が多い。非正規雇用で働く方の待遇を改善し，女性や若者などの多様な働き方の選択を広げていく必要がある。これは，デフレで傷んだ中間層を再興し，ますます希少となってくる人材を社会全体で育て，1人ひとりに自己実現の道を切り開くことにもなる。非正規雇用の割合が高いシングルマザーや単身女性の貧困問題の解決のためにも重要である。

同一労働同一賃金の導入は，仕事ぶりや能力が適正に評価され，意欲をもって働けるよう，同一企業・団体におけるいわゆる正規雇用労働者（無期雇用フルタイム労働者）と非正規雇用労働者（有期雇用労働者，パートタイム労働者，派遣労働者）の間の不合理な待遇差の解消を目指すものである。

賃金等の処遇は労使によって決定されることが基本であるが，我が国においては正規雇用労働者と非正規雇用労働者の間には欧州と比較して大きな処遇差がある。同一労働同一賃金の考え方が広く普及しているといわれる欧州の実態も参考としながら，我が国の労働市場全体の構造に応じた政策とすることが重要である。

我が国の場合，基本給をはじめ，賃金制度の決まり方が様々な要素が組み合わされている場合も多いため，同一労働同一賃金の実現に向けて，まずは，各企業において，職務や能力等の明確化とその職務や能力等と賃金等の待遇との関係を含めた処遇体系全体を労使の話し合いによって，それぞれ確認し，非正規雇用労働者を含む労使で共有することが肝要である。

同一労働同一賃金の実現に向けては，各企業が非正規雇用労働者を含む労使の話し合いによって，職務や能力等の内容の明確化とそれに基づく公正な評価を推進し，それに則った賃金制度など処遇体系全体を可能な限り速やかに構築していくことが望まれる。その際，ベンチャーや中小企業については，職務内容が複層的又は流動的であることも勘案し，労使の話し合いにより処遇体系に工夫をしていくことが望ましい。

職務や能力等の明確化と公正な評価については，法制度のみでなく，年功ではなく能力で評価する人事システムを導入する企業への支援や，様々な仕事に求められる知識・能力・技術といった職業情報の提供，技能検定やジョブカード等による職業能力

評価制度の整備などの関連施策と連携して推進を図っていく。

　このような正規雇用労働者と非正規雇用労働者の間の不合理な待遇差の解消の取組を通じて，どのような雇用形態を選択しても納得が得られる処遇を受けられ，多様な働き方を自由に選択できるようにし，我が国から「非正規」という言葉を一掃することを目指す。

（同一労働同一賃金のガイドライン）
　何が不合理な待遇差なのか，具体的に定めることが重要である。
　政府が示した同一労働同一賃金のガイドライン案（別添１〔略〕）は，正規か非正規かという雇用形態に関わらない均等・均衡待遇を確保し，同一労働同一賃金の実現に向けて策定したものである。その対象は，基本給，昇給，ボーナス，各種手当といった賃金にとどまらず，教育訓練や福利厚生もカバーしている。原則となる考え方を示すとともに，中小企業の方にもわかりやすいよう，典型的な事例として整理できるものについては，問題とならない例，問題となる例として，事例も多く取り入れている。ガイドライン案に記載していない待遇を含め，不合理な待遇差の是正を求める労働者が裁判で争えるよう，その根拠となる法律を整備する。

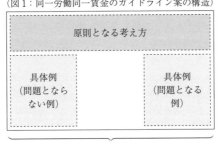

（図１：同一労働同一賃金のガイドライン案の構造）

裁判で争い得る法律整備

　今後，本ガイドライン案を基に，法改正の立案作業を進める。ガイドライン案については，関係者の意見や改正法案についての国会審議を踏まえて，最終的に確定し，改正法の施行日に施行することとする。

　また，本ガイドライン案は，同一の企業・団体における，正規雇用労働者と非正規雇用労働者の間の不合理な待遇差を是正することを目的としているため，正規雇用労働者と非正規雇用労働者の間に実際に待遇差が存在する場合に参照されることを目的としている。このため，そもそも客観的にみて待遇差が存在しない場合については，本ガイドライン案は対象としていない。

　ガイドライン案の概要は，以下のとおりである。

① 基本給の均等・均衡待遇の確保

　基本給が，職務に応じて支払うもの，職業能力に応じて支払うもの，勤続に応じて支払うものなど，その趣旨・性格が様々である現実を認めた上で，それぞれの趣旨・性格に照らして，実態に違いがなければ同一の，違いがあれば違いに応じた支給を求める。すなわち，均衡だけでなく，均等にも踏み込んだものとしている。

　昇給についても，勤続による職業能力の向上に応じて行おうとする場合には，同様の職業能力の向上には同一の，違いがあれば違いに応じた昇給を求める。

② 各種手当の均等・均衡待遇の確保

　ボーナス（賞与）について，会社の業績等への貢献に応じて支給しようとする場合，同一の貢献には同一の，違いがあれば違いに応じた支給を求める。

　役職手当についても，役職の内容，責任の範囲・程度に対して支給しようとする場合，同一の役職・責任には同一の，違いがあれば違いに応じた支給を求める。

　そのほか，業務の危険度等に応じて支給される特殊作業手当，交代制勤務などに応じて支給される特殊勤務手当，所定労働時間を超えて同一の時間外労働を行った場合に支給される時間外労働手当の割増率，深夜・休日労働を行った場合に支給される深夜・休日労働手当の割増率，通勤手当・出張旅費，勤務時間内に食事時間が挟まれている際の食事手当，同一の支給要件を満たす場合の単身赴任手当，特定の地域で働くことに対する補償として支給する地域手当等については，同一の支給を求める。

　なお，基本給や各種手当といった賃金に差がある場合において，その要因として賃金の決定基準・ルールの違いがあるときは，「無期雇用フルタイム労働者と有期雇用労働者又はパートタイム労働者は将来の役割期待が異なるため，賃金の決定基準・ルールが異なる」という主観的・抽象的説明に終始しがちであるが，これでは足りず，職務内容，職務内容・配置の変更範囲，その他の事情の客観的・具体的な実態に照らして，不合理なものであってはならない。

③ 福利厚生や教育訓練の均等・均衡待遇の確保

　食堂，休憩室，更衣室といった福利厚生施設の利用，転勤の有無等の要件が同一の場合の転勤者用社宅，慶弔休暇，健康診断に伴う勤務免除・有給保障については，同一の利用・付与を求める。

　病気休職については，無期雇用パートタイム労働者には無期雇用フルタイム労働者と同一の，有期雇用労働者にも労働契約の残存期間については同一の付与を求める。

　法定外年休・休暇については，勤続期間に応じて認めている場合には，同一の勤続期間であれば同一の付与を求め，特に有期労働契約を更新している場合には，当初の契約期間から通算した期間を勤続期間として算定することを要することとする。

　教育訓練については，現在の職務に必要な技能・知識を習得するために実施しよう

とする場合，同一の職務内容であれば同一の，違いがあれば違いに応じた実施を行わなければならない。

④ 派遣労働者の取扱

　派遣元事業者は派遣労働者に対し，派遣先の労働者と職務内容，職務内容・配置の変更範囲，その他の事情が同一であれば同一の，違いがあれば違いに応じた賃金の支給，福利厚生，教育訓練の実施が求められる。

（法改正の方向性）

　職務内容，職務の成果・能力・経験等に対する正規雇用労働者とパートタイム労働者・有期雇用労働者・派遣労働者を通じた公正な評価・待遇決定の推進や，そうした公正な待遇の決定が，労働者の能力の有効な発揮等を通じ，経済及び社会の発展に寄与するものである等の大きな理念を明らかにした上で，ガイドライン案の実効性を担保するため，裁判（司法判断）で救済を受けることができるよう，その根拠を整備する法改正を行う。

　具体的には，パートタイム労働法[1]，労働契約法[2]，及び労働者派遣法[3]の改正を図ることとし，その改正事項の概要は，以下のとおりとする。

① 労働者が司法判断を求める際の根拠となる規定の整備

　現行制度では，均等待遇の規定は，有期雇用労働者については規制がない。また，派遣労働者については，均等待遇だけでなく，均衡待遇についても規制がない。

　この状況を改めるため，有期雇用労働者について，均等待遇を求める法改正を行う。また，派遣労働者について，均等待遇及び均衡待遇を求める法改正を行う。さらに，パートタイム労働者も含めて，均衡待遇の規定について，明確化を図る。

② 労働者に対する待遇に関する説明の義務化

　裁判上の立証責任を労使のどちらが負うかという議論もあるが，訴訟においては，訴える側・訴えられる側がそれぞれの主張を立証していくことになることは当然である。不合理な待遇差の是正を求める労働者が，最終的には，実際に裁判で争えるような実効性ある法制度となっているか否かが重要である。企業側しか持っていない情報のために，労働者が訴訟を起こせないといったことがないようにしなければならない。この点は，訴訟に至らずとも，労使の話合いの際に労働者が不利になることのないよ

1）　短時間労働者の雇用管理の改善等に関する法律（平成5年6月18日法律第76号）
2）　労働契約法（平成19年12月5日法律第128号）
3）　労働者派遣事業の適正な運営の確保及び派遣労働者の保護等に関する法律（昭和60年7月5日法律第88号）

うにするためにも重要である。

　現行制度では，パートタイム労働者・有期雇用労働者・派遣労働者のいずれに対しても，比較対象となる正規雇用労働者との待遇差に関する説明義務が事業者に課されていない。また，有期契約労働者については，待遇に関する説明義務自体も事業者に課されていない。

　今般の法改正においては，事業者は，有期雇用労働者についても，雇入れ時に，労働者に適用される待遇の内容等の本人に対する説明義務を課する。

　また，雇入れ後に，事業者は，パートタイム労働者・有期雇用労働者・派遣労働者の求めに応じ，比較対象となる労働者との待遇差の理由等についての説明義務を課する。

③ 行政による裁判外紛争解決手続の整備

　不合理な待遇差の是正を求める労働者にとって，最終的に裁判で争えることを保障する法制度を整備するが，実際に裁判に訴えるとすると経済的負担を伴う。

　このため，裁判外紛争解決手段（行政ADR）を整備し，均等・均衡待遇を求める当事者が身近に，無料で利用できるようにする。

④ 派遣労働者に関する法整備

　派遣元事業者は，派遣先労働者の賃金水準等の情報が無ければ，派遣労働者の派遣先労働者との均等・均衡待遇の確保義務を履行できない。このため，派遣先事業者に対し，派遣先労働者の賃金等の待遇に関する情報を派遣元事業者に提供する義務などの規定を整備する。

　一方，派遣労働者については，同一労働同一賃金の適用により，派遣先が変わるごとに賃金水準が変わることで不安定となり，派遣元事業者による段階的・体系的な教育訓練等のキャリアアップ支援と不整合な事態を招くこともありうる。このため，ドイツでは，労働協約を締結することで同一労働同一賃金の適用を除外している。しかしながら単に労使の合意のみに委ねると，同一労働同一賃金の実効性を担保できない恐れがある。このため，派遣労働者として十分に保護が図られている場合として以下の３要件を満たす労使協定を締結した場合については，派遣先労働者との均等・均衡待遇を求めないこととする。この場合でも，単に要件を満たす労使協定を締結することだけでは足りず，３要件を満たす形で協定が実際に履行されていることが求められる。

〈1〉 同種業務の一般の労働者の賃金水準と同等以上であること。
〈2〉 派遣労働者のキャリア形成を前提に能力を適切に評価して賃金に反映させていくこと。
〈3〉 賃金以外の待遇について派遣元事業者に雇われている正規雇用労働者の待遇と

238

比較して不合理でないこと。

（2）法改正の施行に当たって

（法施行までの準備期間の確保）

　中小企業を含め，本制度改正は企業活動に与える影響が大きいものとなるため，施行に当たっては，周知を徹底するとともに，十分な法施行までの準備期間を確保する。

（説明会の開催や相談窓口の整備などの支援）

　同一労働同一賃金の法改正の施行に当たっては，説明会の開催や情報提供・相談窓口の整備等を図り，中小企業等の実情も踏まえ労使双方に丁寧に対応することを求める。

　また，不本意非正規労働者の正社員化や賃金引上げを支援するとともに，賃金だけでなく諸手当を含めた待遇制度の正規・非正規共通化などに取り組む企業への支援の仕組みを創設する。

3．賃金引上げと労働生産性向上

（1）企業への賃上げの働きかけや取引条件の改善

　アベノミクスの三本の矢の政策によって，デフレではないという状況を作り出す中で，企業収益は過去最高となっている。過去最高の企業収益を継続的に賃上げに確実につなげ，近年低下傾向にある労働分配率を上昇させ，経済の好循環をさらに確実にすることにより総雇用者所得を増加させていく。

　このため，最低賃金については，年率3％程度を目途として，名目GDP成長率にも配慮しつつ引き上げていく。これにより，全国加重平均が1000円になることを目指す。このような最低賃金の引き上げに向けて，中小企業，小規模事業者の生産性向上等のための支援や取引条件の改善を図る。

　また，中小・小規模事業者の取引条件を改善するため，50年ぶりに，下請代金の支払いについて通達を見直した。これまで下請事業者の資金繰りを苦しめてきた手形払いの慣行を断ち切り，現金払いを原則とする。近年の下請けいじめの実態を踏まえ，下請法の運用基準を13年ぶりに抜本改定した。今後，厳格に運用し，下請け取引の条件改善を進める。産業界には，これを踏まえた自主行動計画に基づく取組の着実な実施を求めていく。このフォローアップのため，全国に配置する下請けGメン（取引調査員）による年間2,000件以上のヒアリング調査などにより，改善状況を把握し，課題が確認されれば，自主行動計画の見直し要請など，必要な対応を検討し，実施する。

(2) 生産性向上支援など賃上げしやすい環境の整備

　賃上げに積極的な企業等を後押しするため，税制，予算措置など賃上げの環境整備に取り組む。具体的には，賃上げに積極的な事業者を，税額控除の拡充により後押しする。また，生産性向上に資する人事評価制度や賃金制度を整備し，生産性向上と賃上げを実現した企業への助成制度を創設する。

　さらに，生産性向上に取り組む企業等への支援を充実させるため，雇用保険法を改正して雇用安定事業と能力開発事業の理念に生産性向上に資することを追加するとともに，雇用関係助成金に生産性要件を設定し，金融機関との連携強化を図るなどの改革を行う。

平成 29 年 6 月 9 日

労働政策審議会　労働条件分科会
　　分科会長　荒木　尚志　殿
労働政策審議会　職業安定分科会
　　分科会長　阿部　正浩　殿
労働政策審議会　雇用均等分科会
　　分科会長　奥宮　京子　殿

　　　　　　　　　　　　　　　労働条件分科会　同一労働同一賃金部会
　　　　　　　　　　　　　　　職業安定分科会　同一労働同一賃金部会
　　　　　　　　　　　　　　　雇用均等分科会　同一労働同一賃金部会
　　　　　　　　　　　　　　　　　部会長　守島　基博

同一労働同一賃金に関する法整備について（報告）

　本部会は，同一労働同一賃金に関する法整備について，平成 29 年 4 月 28 日から平成 29 年 6 月 9 日までの間に計 6 回にわたり精力的に検討を深めてきた結果，下記のとおりの結論に達したので，報告する。

記

　別添のとおり，厚生労働大臣に建議すべきである。

別添

同一労働同一賃金に関する法整備について（報告）

1　基本的考え方
○　我が国の非正規雇用労働者は，現在，全雇用者の 4 割を占めるに至っている。
　　昨今の雇用情勢の回復等により，いわゆる「不本意非正規」である労働者の割合は低下傾向にあるが，一方で，30 歳代半ば以降を中心に，子育て・介護等を背景

とした時間や勤務地の制約等により，非正規雇用を選択する層が多いことも事実である。

○　正規雇用労働者と非正規雇用労働者の間には賃金，福利厚生，教育訓練などの面で待遇格差があるが，こうした格差は，若い世代の結婚・出産への影響により少子化の一要因となるとともに，ひとり親家庭の貧困の要因となる等，将来にわたり社会全体へ影響を及ぼすに至っている。また，労働力人口が減少する中，能力開発機会の乏しい非正規雇用労働者が増加することは，労働生産性向上の隘路ともなりかねない。

○　賃金等の待遇は，労使によって決定されることが基本である。しかしながら同時に，正規雇用労働者と非正規雇用労働者の間の不合理な待遇差の是正を進めなければならない。このためには，
　(1) 正規雇用労働者－非正規雇用労働者両方の賃金決定基準・ルールを明確化，
　(2) 職務内容・能力等と賃金等の待遇の水準の関係性の明確化を図るとともに，
　(3) 教育訓練機会の均等・均衡を促進することにより，一人ひとりの生産性向上を図る
という観点が重要である。
　また，これを受けて，以下の考え方を法へ明記していくことが適当である。
・雇用形態にかかわらない公正な評価に基づいて待遇が決定されるべきであること
・それにより，多様な働き方の選択が可能となるとともに，非正規雇用労働者の意欲・能力が向上し，労働生産性の向上につながり，ひいては企業や経済・社会の発展に寄与するものであること

○　その上で，不合理な待遇差の実効ある是正のため，昨年末に政府が提示した「同一労働同一賃金ガイドライン（案）」について，関係者の意見や改正法案についての国会審議を踏まえ，当部会で審議し，最終的に確定していくとともに，確定したガイドラインの実効性を担保するため，労働者が司法判断による救済を求める際の根拠となる規定の整備，労働者に対する待遇に関する説明の義務化，行政による裁判外紛争解決手段等の整備など，以下に示す法改正を行うことにより，企業内における正規雇用労働者と非正規雇用労働者の間の不合理な待遇差の解消を実効ある形で進め，どのような雇用形態を選択しても納得が得られ，個人個人が，自らの状況に応じて多様な働き方を自由に選択できるようにしていく必要がある。

○　なお，法整備と併せ，非正規雇用労働者を含めたそれぞれの労使において，職務

や能力等と賃金等の待遇との関係を含めた処遇体系全体の確認・共有や，職務や能力等の内容の明確化，それに基づく公正な評価の推進とそれらに則った賃金制度の構築等が可能な限り速やかかつ計画的に行われるよう，非正規雇用労働者を含めた労使の対話を促進することが重要である。また，そのための支援措置についても検討する必要がある。

　併せて，中小企業・小規模事業者等各事業主の実情を踏まえた丁寧な支援も必要である。

○　おって，働き方改革の実現に向けては，改革の基本的な考え方と進め方を示し，そのモメンタムを絶やすことなく，長期的かつ継続的に取組を進めていくことが必要である。このため，「働き方改革実行計画」を踏まえ，改革全般にわたり，法制面も含め，その目的達成のための政策手段について，引き続き検討を行っていくことが求められる。

○　また，法施行後，政策効果を検証・評価するプロセスも重要である。

2　労働者が司法判断を求める際の根拠となる規定の整備
(1)　短時間労働者・有期契約労働者
○　現行法においては，正規雇用労働者と短時間労働者・有期契約労働者との間の待遇差については，3つの考慮要素（※）を考慮して不合理と認められるものであってはならないとされている。（パートタイム労働法第8条／労働契約法第20条（いわゆる「均衡待遇規定」））。

　※①職務内容（業務内容・責任の程度）
　　②職務内容・配置の変更範囲（いわゆる「人材活用の仕組み」）
　　③その他の事情

○　現行法の規定は，正規雇用労働者と短時間労働者・有期契約労働者との間における個々の待遇の違いと，3考慮要素との関係性が必ずしも明確でない。このため，ある待遇差が不合理と認められるか否かの解釈の幅が大きく，労使の当事者にとって予見可能性が高いとは言えない状況にある。

○　こうした課題を踏まえ，待遇差が不合理と認められるか否かの判断は，個々の待遇ごとに，当該待遇の性質・目的に対応する考慮要素で判断されるべき旨を明確化することが適当である。

　ただし，個別の事案に応じ，非正規雇用労働者を含めた労使協議経過等を踏まえ，複数の待遇を合わせて不合理と認められるか否かを判断すべき場合があると考えら

れること，「待遇の性質・目的」は実態を踏まえて判断されるものと考えられることに留意が必要である。

○　また，考慮要素として内容を明記しているのは，①職務内容と，②職務内容・配置の変更範囲にとどまっており，③その他の事情の解釈による範囲が大きくなっている。

一方で，「職務の成果」「能力」「経験」といった要素については，現行法でも，賃金決定に際し勘案を求めている要素でもあり（パートタイム労働法第10条），また，一般にも待遇差の要因として広く受け容れられていると考えられる。

こうした状況を踏まえ，考慮要素として，「その他の事情」の中から，新たに「職務の成果」「能力」「経験」を例示として明記することが適当である。また，労使交渉の経緯等が個別事案の事情に応じて含まれうることを明確化するなど，「その他の事情」の範囲が逆に狭く解されることのないよう留意が必要である。

○　さらに，現行法においては，①職務内容と，②職務内容・配置の変更範囲が同一である場合の差別的取扱いを禁止するいわゆる「均等待遇規定」は，短時間労働者についてのみ規定されており（パートタイム労働法第9条），有期契約労働者については規定されていない。

このため，同じ有期契約であっても，短時間労働者であれば「均等待遇規定」の適用がなされるにもかかわらず，フルタイム労働者であれば適用がない現状となっているが，有期契約労働者についても，「均等待遇規定」の対象としていくことが適当である。

なお，定年後の継続雇用の有期契約労働者に関する差別的取扱いの解釈については，退職一時金及び企業年金，公的年金の支給，定年後の継続雇用における給与の減額に対応した公的給付がなされていることを勘案することを認めるか否かについては，引き続き検討を行い，追って解釈の明確化を図っていくことが適当である。

○　おって，比較対象となる正規雇用労働者について，現行は，パートタイム労働法では同一の事業所に雇用される「通常の労働者」とし，労働契約法では同一の使用者に雇用される無期契約労働者としている。しかしながら，近年は非正規雇用労働者自身が店長などの事業所の長であり，同一の事業所内に正規雇用労働者がいないケースも見られる。このため，同一の使用者に雇用される正規雇用労働者を比較対象とすることが適当である。

(2) 派遣労働者
○　現行法においては，①派遣先の労働者の賃金水準との均衡を考慮しつつ，②同種

244

業務に従事する一般労働者の賃金水準，③派遣労働者の職務の内容，職務の成果等を勘案して賃金決定を行う配慮義務にとどまっている。

○　一方，派遣労働者の実際の就業場所は派遣先であり，待遇に関する派遣労働者の納得感を考慮する上で，派遣先の労働者との均等・均衡は重要な観点である。また，派遣労働者の業務内容は，派遣元の正規雇用労働者（内勤社員等）とはまったく異なることが多く，派遣元の正規雇用労働者を比較対象とした賃金（特に基本給）の均衡の判断は，現実的に容易とは言えない。

○　しかしながら，派遣先の労働者との均等・均衡により派遣労働者の賃金決定を行う場合，派遣先が変わるごとに賃金水準が変わり，派遣労働者の所得が不安定になることが想定される。

　　また，一般に賃金水準は大企業であるほど高く，小規模の企業になるほど低い傾向にあるが，必ずしも派遣労働者が担う職務の難易度は，同種の業務であっても，大企業ほど高度で小規模の企業ほど容易とは必ずしも言えない。このため，派遣労働者の希望が大企業へ集中し，派遣元事業主において派遣労働者のキャリア形成を考慮した派遣先への配置を行っていくことが困難となる（逆に，より難易度の高い職務を担当できるよう，計画的に教育訓練を行ったり職務経験を積ませ，段階的に処遇を改善するなど，派遣労働者のキャリア形成に配慮した雇用管理が行われていても，派遣先の賃金に引っ張られて派遣労働者の賃金が下がり，派遣労働者・派遣元事業主双方にとって納得感がないこともあり得る）など，結果として，派遣労働者の段階的・体系的なキャリアアップ支援と不整合な事態を招くこともあり得る。

○　こうした状況を踏まえ，1）派遣先の労働者との均等・均衡による待遇改善か，2）労使協定による一定水準を満たす待遇決定による待遇改善かの選択制とすることが適当である。

○　具体的には，以下のような制度設計とすることが適当である。
　1）派遣先の労働者との均等・均衡方式
　　　ⅰ）派遣労働者と派遣先労働者の待遇差について，短時間労働者・有期契約労働者と同様の均等待遇規定・均衡待遇規定を設けた上で，当該規定によることとすること
　　　ⅱ）派遣元事業主が「ⅰ」の規定に基づく義務を履行できるよう，派遣先に対し，派遣先の労働者の賃金等の待遇に関する情報提供義務を課す（提供した情報に変更があった場合も同様）とともに，派遣元事業主は，派遣先からの情報提供がない場合は，労働者派遣契約を締結してはならないこととすること（なお，

派遣先からの情報は派遣元事業主等の秘密保持義務規定（労働者派遣法第24
条の4）の対象となることを明確化すること）

　　ⅲ）その他派遣先の措置（教育訓練，福利厚生施設の利用，就業環境の整備等）
　　　の規定を強化

2）労使協定による一定水準を満たす待遇決定方式

　　派遣元事業主が，労働者の過半数で組織する労働組合又は労働者の過半数代表
者と話し合い，十分に派遣労働者の保護が図られると判断できる以下の要件を満
たす書面による労使協定を締結し，当該協定に基づいて待遇決定を行うこと

　① 同種の業務に従事する一般の労働者の賃金水準と同等以上であること
　② 段階的・体系的な教育訓練等による派遣労働者の職務の内容・職務の成果・
　　能力・経験等の向上を公正に評価し，その結果を勘案した賃金決定を行うこと
　③ 賃金以外の待遇についても，派遣元の正規雇用労働者の待遇と比較して不合
　　理でないこと

　　ただし，「1）派遣先の労働者との均等・均衡方式」によらなければ，実質的な意
義を果たせない待遇（例：給食施設・休憩室・更衣室の利用）については，省令で
明記の上，「2）労使協定による一定水準を満たす待遇決定方式」の対象としないこ
とが適当である。

　　また，派遣元において労使協定が周知されるよう必要な規定を設けるとともに，
労使協定の有効期間を定めることや，労働基準法施行規則の規定を踏まえた過半数
代表者の選出等に関するルール，労使協定の状況等を行政が把握できる仕組みを規
定するなど，省令等において，労使協定の適正性を確保するための措置を講ずるこ
とが適当である。

○　なお，これらの規定（上記「1）」及び「2）」）の履行に際しては，派遣元事業主
　に派遣労働者の待遇改善を行うための原資の確保が必要となることから，派遣先に
　対し，派遣料金の設定に際し，派遣元事業主が上記1）・2）の規定を遵守できるよ
　う，必要な配慮義務を設けることが適当である。

○　さらに，1）・2）のどちらの方式によるかを派遣先や労働者が知りうるようにす
　ることなどについても必要な措置を講ずることが適当である。

（3）ガイドラインの根拠規定の整備

○　こうした短時間労働者・有期契約労働者・派遣労働者の均等待遇規定・均衡待遇
　規定等について，解釈の明確化を図るため，ガイドライン（指針）の策定根拠とな
　る規定を設けることが適当である。

3 労働者に対する待遇に関する説明の義務化

　非正規雇用労働者（短時間労働者・有期契約労働者・派遣労働者）が自らの待遇をよく理解し，納得するためにも，また，非正規雇用労働者が待遇差について納得できない場合に，まずは労使間での対話を行い，不合理な待遇差の是正につなげていくためにも，非正規雇用労働者自らの待遇の内容に加え，正規雇用労働者との待遇差に関する情報を，事業主から適切に得られ，事業主しか持っていない情報のために，労働者が訴えを起こすことができないといったことがないようにすることが重要である。

(1) 短時間労働者・有期契約労働者

○　現行法においては，短時間労働者については，事業主に対し，
　　ⅰ）特定事項（昇給・賞与・退職手当の有無）に関する文書交付等による明示義務，その他の労働条件に関する文書交付等による明示の努力義務（雇入れ時）（パートタイム労働法第6条第1項・第2項）
　　ⅱ）待遇の内容等に関する説明義務（雇入れ時）（パートタイム労働法第14条第1項）
　　ⅲ）待遇決定等に際しての考慮事項に関する説明義務（求めに応じ）（パートタイム労働法第14条第2項）
　　が課せられている。

○　しかしながら，有期契約労働者については，上記ⅰ）～ⅲ）のいずれも課されておらず，また，短時間労働者・有期契約労働者のいずれについても，正規雇用労働者との待遇差の内容やその理由等について説明が得られる制度とはなっていない。

○　このため，短時間労働者・有期契約労働者のいずれについても，上記ⅰ）～ⅲ）に加え，短時間労働者・有期契約労働者が求めた場合には正規雇用労働者との待遇差の内容やその理由等について説明が得られるよう，事業主に対する説明義務を課すことが適当である。
　　その際には，短時間労働者・有期契約労働者が，説明を求めた場合の不利益に対する不安から説明を求められないようなことにならないよう，事業主に対し，説明を求めたことを理由とする不利益取扱いを禁止することが適当である。

○　なお，待遇差の比較対象となる正規雇用労働者については，一般に，非正規雇用労働者と同一の事業所に職務内容が同一又は類似の無期雇用フルタイム労働者が存在する場合にはそれと比較することが適切と考えられるが，画一的に法定することはせず，事業主に説明を求めた非正規雇用労働者と職務内容，職務内容・配置変更範囲等が最も近いと事業主が判断する無期雇用フルタイム労働者ないしその集団と

の待遇差及びその理由並びに当該無期雇用フルタイム労働者ないしその集団が当該非正規雇用労働者に最も近いと判断した理由を説明することとする（この場合であっても，非正規雇用労働者が司法判断の根拠規定に基づいて不合理な待遇差の是正を求める際の比較対象は当該無期雇用フルタイム労働者ないしその集団に限られるものではない。）など，個別事案に応じた対応を含め，施行に向けて考え方を整理していくことが必要である。

（2）派遣労働者

○　現行法においては，派遣労働者については，派遣元事業主に対し，

① 待遇の内容等に関する説明義務（雇用しようとする時）（労働者派遣法第31条の2第1項）

② 待遇決定に際しての考慮事項に関する説明義務（求めに応じ）（労働者派遣法第31条の2第2項）

が課せられている。

○　派遣労働者についても，派遣元事業主に対し，上記(1)のi）〜iii）及び派遣労働者が求めた場合には待遇差の内容やその理由等についての説明義務・不利益取扱禁止を課すことが適当である。

なお，派遣労働者の場合，短時間労働者・有期契約労働者と異なり，雇入れ時でなくても，派遣先の変更により，待遇全体の変更があり得る。このため，上記(1)のi）及びii）の説明義務については，雇入れ時に加え，労働者派遣をしようとするときを加えることが適当である。

4　行政による裁判外紛争解決手続の整備等

現行法の均等待遇規定・均衡待遇規定は民事的効力を有する規定と解されている。

一方で，非正規雇用労働者にとっても，訴訟を提起することは大変重い負担を伴うものであり，これらの規定が整備されて以降も，訴訟の件数は限られている実態にある。

非正規雇用労働者がより救済を求めやすくなるよう，行政による履行確保（報告徴収・助言・指導等）の規定を整備するとともに，行政ADR（裁判外紛争解決手続）を利用しうるよう規定を整備することが求められる。

（1）短時間労働者・有期契約労働者

○　短時間労働者については，現行のパートタイム労働法において，行政が必要と認めた場合の事業主に対する報告徴収・助言・指導・勧告の規定が設けられた上で，法による義務範囲が明確な規定に関しては，公表の規定が設けられている。

また，行政ADR（裁判外紛争解決手続）として，労働局長による紛争解決援助や，調停の規定も設けられている。

○ 一方，有期契約労働者については，労働契約ルールを規定する法である労働契約法に均衡待遇規定が設けられていることから，こうした行政による履行確保や行政ADRの規定がない。

　有期契約労働者についても，短時間労働者と併せてパートタイム労働法に諸規定を移行・新設することにより，行政による履行確保措置の対象とするとともに，行政ADRが利用できるようにすることが適当である。

○ なお，現状では，均等待遇規定については報告徴収・助言・指導・勧告の対象としているが，均衡待遇規定については，報告徴収・助言・指導・勧告の対象としていない。

　しかしながら，均衡待遇規定に関しても，解釈が明確でないグレーゾーンの場合は報告徴収・助言・指導・勧告の対象としない一方，職務内容，職務内容・配置変更範囲その他の事情の違いではなく，雇用形態が非正規であることを理由とする不支給など解釈が明確な場合は報告徴収・助言・指導・勧告の対象としていくことが適当である。

　なお，均衡待遇規定については，従来どおり，公表の対象とはしないことが適当である。

　また，行政ADRについては，均等・均衡待遇を求める労働者の救済を幅広く対象としていくことが適当である。

(2) 派遣労働者

○ 現行の労働者派遣法においては，
・派遣元事業主（労働者派遣事業を行う事業主）に対し，行政が必要な報告徴収・指導及び助言・改善命令・事業停止命令・許可取消しを行いうる規定が整備され，
・派遣先（労働者派遣の役務の提供を受ける者）に対しても，行政が必要な報告徴収・指導及び助言・勧告・公表を行いうる規定が整備されているが，
　上記「2　労働者が司法判断を求める際の根拠となる規定の整備」及び「3　労働者に対する待遇に関する説明の義務化」についても，それぞれの規定の趣旨に応じ，これらの行政による履行確保措置の対象とすることが適当である。

○ また，派遣労働者についても，上記「2　労働者が司法判断を求める際の根拠となる規定の整備」及び「3　労働者に対する待遇に関する説明の義務化」について，

労働局長による紛争解決援助や，調停といった行政ADR（裁判外紛争解決手続）を利用できるようにすることが適当である。

○　その際には，均衡待遇規定については，短時間労働者・有期契約労働者と同様，解釈が明確でないグレーゾーンの場合は報告徴収・指導及び助言・改善命令・事業停止命令・許可取消しの対象としない一方，職務内容，職務内容・配置変更範囲その他の事情の違いではなく，雇用形態が非正規であることを理由とする不支給など解釈が明確な場合は対象としていくことが適当である。また，行政ADRについては，均等・均衡待遇を求める労働者の救済を幅広く対象としていくことが適当である。

5　その他

○　上記のほか，短時間労働者には，国による施策の基本方針の策定，就業規則の作成・変更時の意見聴取（努力義務），通常の労働者への転換，労働者からの相談体制の整備，雇用管理者の選任等の規定が設けられている。

　　同じ有期契約であっても，短時間労働者であれば，これらの規定の適用がなされるにもかかわらず，フルタイム労働者であれば適用がない現状となっているが，有期契約労働者についても同様に，これらの規定の対象としていくことが適当である。

※　なお，雇用対策法施行規則（第1条の3第1項第1号）において，定年の年齢を下回ることを条件として労働者の募集及び採用を行うこと（期間の定めのない労働契約を締結することを目的とする場合に限る。）が可能とされており，この場合は定年後継続雇用者は応募対象とならないこととなる。

　　また，派遣労働者については，労働者派遣法における別途の法制により同趣旨が達成されているものも多いが，就業規則の作成・変更時の意見聴取（努力義務）については，派遣労働者についても同様に，派遣元事業主の努力義務として新たに対象としていくことが適当である。

6　法施行に向けて（準備期間の確保）

○　上記の法改正は，事業主にとって，正規雇用労働者・非正規雇用労働者それぞれの待遇の内容，待遇差の理由の再検証等，必要な準備を行うために一定の時間を要する。

　　したがって，施行に当たっては，十分な施行準備期間を設けることが必要である。

　　さらに，各事業主における賃金制度等の点検等に向け，十分な周知・相談支援が必要であり，その際には，業種・職種・地域毎の状況も念頭に，中小企業・小規模事業者等各事業主の実情も踏まえ労使双方に丁寧に対応することが求められる。

○　また，以下の点等については，実効ある労働者保護の観点，実務上現実に対応できるようにする観点の双方から，施行段階において検討を深めることが適当である。

・派遣先の労働者の賃金等の待遇に関する情報提供義務の具体的内容（2(2)の1のⅱ）

・「一般の労働者の賃金水準」や労使協定の詳細（2(2)の2）

・待遇差に関する説明義務の具体的内容（3(1)及び(2)）　　　　　　等

働き方改革を推進するための関係法律の整備に関する法律案要綱
〔抜粋〕

第五　労働者派遣事業の適正な運営の確保及び派遣労働者の保護等に関する法律の一部改正

一　待遇に関する情報の提供等

　1　労働者派遣の役務の提供を受けようとする者は，第二十六条第一項の規定により労働者派遣契約を締結するに当たっては，あらかじめ，派遣元事業主に対し，厚生労働省令で定めるところにより，当該労働者派遣に係る派遣労働者が従事する業務ごとに，比較対象労働者の賃金その他の待遇に関する情報その他の厚生労働省令で定める情報を提供しなければならないものとすること。

　2　1の「比較対象労働者」とは，当該労働者派遣の役務の提供を受けようとする者に雇用される通常の労働者であって，業務の内容及び当該業務に伴う責任の程度（以下「職務の内容」という。）並びに当該職務の内容及び配置の変更の範囲が，当該労働者派遣に係る派遣労働者と同一であると見込まれるものその他の当該派遣労働者と待遇を比較すべき労働者として厚生労働省令で定めるものをいうものとすること。

　3　派遣元事業主は，労働者派遣の役務の提供を受けようとする者から1による情報の提供がないときは，当該者との間で，当該労働者派遣に係る派遣労働者が従事する業務に係る労働者派遣契約を締結してはならないものとすること。

　4　派遣先は，1の情報に変更があったときは，遅滞なく，厚生労働省令で定めるところにより，派遣元事業主に対し，当該変更の内容に関する情報を提供しなければならないものとすること。

　5　労働者派遣の役務の提供を受けようとする者及び派遣先は，当該労働者派遣に関する料金の額について，派遣元事業主が二の1及び2（二の3の協定に係る労働者派遣にあっては，二の3から（（二）から（五）までに係る部分に限る。））を遵守することができるものとなるように配慮しなければならないものとすること。

二　不合理な待遇の禁止等

　1　派遣元事業主は，その雇用する派遣労働者の基本給，賞与その他の待遇のそれぞれについて，当該待遇に対応する派遣先に雇用される通常の労働者の待遇との間において，当該派遣労働者及び通常の労働者の職務の内容，当該職務の内容及び配置の変更の範囲その他の事情のうち，当該待遇の性質及び当該待遇を行う目

的に照らして適切と認められるものを考慮して，不合理と認められる相違を設けてはならないものとすること。

2　派遣元事業主は，職務の内容が派遣先に雇用される通常の労働者と同一の派遣労働者であって，当該労働者派遣契約及び当該派遣先における慣行その他の事情からみて，当該派遣先における派遣就業が終了するまでの全期間において，その職務の内容及び配置が当該派遣先との雇用関係が終了するまでの全期間における当該通常の労働者の職務の内容及び配置の変更の範囲と同一の範囲で変更されると見込まれるものについては，正当な理由がなく，基本給，賞与その他の待遇のそれぞれについて，当該通常の労働者の待遇に比して不利なものとしてはならないものとすること。

3　派遣元事業主は，厚生労働省令で定めるところにより，労働者の過半数で組織する労働組合がある場合においてはその労働組合，労働者の過半数で組織する労働組合がない場合においては労働者の過半数を代表する者との書面による協定により，その雇用する派遣労働者の待遇（八の1の教育訓練，八の2の福利厚生施設その他の厚生労働省令で定めるものに係るものを除く。3において同じ。）について，次に掲げる事項を定めたときは，1及び2は，（一）に掲げる範囲に属する派遣労働者の待遇については適用しないものとすること。ただし，（二），（四）若しくは（五）に掲げる事項であって当該協定で定めたものを遵守していない場合又は（三）に関して当該協定の定めによる公正な評価に取り組んでいない場合は，この限りでないものとすること。

（一）その待遇が当該協定で定めるところによることとされる派遣労働者の範囲

（二）（一）に掲げる範囲に属する派遣労働者の賃金の決定の方法（イ及びロ（通勤手当その他の厚生労働省令で定めるものにあっては，イ）に該当するものに限る。）

　イ　派遣労働者の従事する業務と同種の業務に従事する一般の労働者の平均的な賃金の額として厚生労働省令で定めるものと同等以上の賃金の額となるものであること。

　ロ　派遣労働者の職務の内容，職務の成果，意欲，能力又は経験等の向上があった場合に賃金が改善されるものであること。

（三）派遣元事業主は，（二）の賃金の決定の方法により賃金を決定するに当たっては，職務の内容，職務の成果，意欲，能力又は経験等を公正に評価し，その賃金を決定すること。

（四）（一）に掲げる範囲に属する派遣労働者の待遇（賃金を除く。（四）において同じ。）の決定の方法（派遣労働者の待遇のそれぞれについて，当該待遇に対応する派遣元事業主に雇用される通常の労働者（派遣労働者を除く。）の待遇との間において，当該派遣労働者及び通常の労働者の職務の内容，当該職務

の内容及び配置の変更の範囲その他の事情のうち，当該待遇の性質及び当該待遇を行う目的に照らして適切と認められるものを考慮して，不合理と認められる相違が生じることとならないものに限る。）

（五）派遣元事業主は，（一）に掲げる範囲に属する派遣労働者に対して第三十条の二第一項の規定に基づく教育訓練を実施すること。

（六）（一）から（五）までに掲げるもののほか，厚生労働省令で定める事項

4　3の協定を締結した派遣元事業主は，厚生労働省令で定めるところにより，当該協定をその雇用する労働者に周知しなければならないものとすること。

三　職務の内容等を勘案した賃金の決定

派遣元事業主は，派遣先に雇用される通常の労働者との均衡を考慮しつつ，その雇用する派遣労働者（二の2の派遣労働者及び二の3の協定で定めるところによる待遇とされる派遣労働者（以下「協定対象派遣労働者」という。）を除く。）の職務の内容，職務の成果，意欲，能力又は経験等を勘案し，その賃金（通勤手当その他の厚生労働省令で定めるものを除く。）を決定するように努めなければならないものとすること。

四　就業規則の作成の手続

派遣元事業主は，派遣労働者に係る事項について就業規則を作成し，又は変更しようとするときは，あらかじめ，当該事業所において雇用する派遣労働者の過半数を代表すると認められるものの意見を聴くように努めなければならないものとすること。

五　待遇に関する事項等の説明

1　派遣元事業主は，労働者を派遣労働者として雇い入れようとするときは，あらかじめ，当該労働者に対し，文書の交付その他厚生労働省令で定める方法（2において「文書の交付等」という。）により，（一）に掲げる事項を明示するとともに，厚生労働省令で定めるところにより，（二）に掲げる措置の内容を説明しなければならないものとすること。

（一）労働条件に関する事項のうち，労働基準法第十五条第一項に規定する厚生労働省令で定める事項以外のものであって厚生労働省令で定めるもの

（二）二の1から3まで及び三により措置を講ずべきこととされている事項（労働基準法第十五条第一項に規定する厚生労働省令で定める事項及び（一）に掲げる事項を除く。）に関し講ずることとしている措置の内容

2　派遣元事業主は，労働者派遣（二の3の協定に係るものを除く。）をしようとするときは，あらかじめ，当該労働者派遣に係る派遣労働者に対し，文書の交付等により，（一）に掲げる事項を明示するとともに，厚生労働省令で定めるところにより，（二）に掲げる措置の内容を説明しなければならないものとすること。

（一）労働基準法第十五条第一項に規定する厚生労働省令で定める事項及び1の

（一）に掲げる事項（厚生労働省令で定めるものを除く。）

　　（二）1の（二）に掲げる措置の内容

　3　派遣元事業主は，その雇用する派遣労働者から求めがあったときは，当該派遣労働者に対し，当該派遣労働者と一の2の比較対象労働者との間の待遇の相違の内容及び理由並びに二から四までにより措置を講ずべきこととされている事項に関する決定をするに当たって考慮した事項を説明しなければならないものとすること。

　4　派遣元事業主は，派遣労働者が3による求めをしたことを理由として，当該派遣労働者に対して解雇その他不利益な取扱いをしてはならないものとすること。

六　派遣先への通知

　　派遣元事業主が労働者派遣をするときに派遣先に通知しなければならない事項に，当該労働者派遣に係る派遣労働者が協定対象派遣労働者であるか否かの別を追加すること。

七　派遣元管理台帳

　　派遣元管理台帳に記載しなければならない事項に，協定対象派遣労働者であるか否かの別を追加すること。

八　適正な派遣就業の確保等

　1　派遣先は，その指揮命令の下に労働させる派遣労働者について，当該派遣労働者を雇用する派遣元事業主からの求めに応じ，当該派遣労働者が従事する業務と同種の業務に従事するその雇用する労働者が従事する業務の遂行に必要な能力を付与するための教育訓練については，当該派遣労働者が当該業務に必要な能力を習得することができるようにするため，当該派遣労働者が既に当該業務に必要な能力を有している場合その他厚生労働省令で定める場合を除き，当該派遣労働者に対しても，これを実施する等必要な措置を講じなければならないものとすること。

　2　派遣先は，当該派遣先に雇用される労働者に対して利用の機会を与える福利厚生施設であって，業務の円滑な遂行に資するものとして厚生労働省令で定めるものについては，その指揮命令の下に労働させる派遣労働者に対しても，利用の機会を与えなければならないものとすること。

　3　第四十条第一項に定めるもの並びに1及び2のもののほか，派遣先は，その指揮命令の下に労働させる派遣労働者について，当該派遣就業が適正かつ円滑に行われるようにするため，適切な就業環境の維持，診療所等の施設であって現に当該派遣先に雇用される労働者が通常利用しているもの（2の厚生労働省令で定める福利厚生施設を除く。）の利用に関する便宜の供与等必要な措置を講ずるように配慮しなければならないものとすること。

　4　派遣先は，第三十条の二の規定による措置並びに二の1から3まで及び五の3

の措置が適切に講じられるようにするため，派遣元事業主の求めに応じ，当該派遣先に雇用される労働者に関する情報，当該派遣労働者の業務の遂行の状況その他の情報であって当該措置に必要なものを提供する等必要な協力をするように配慮しなければならないものとすること。

九　派遣先管理台帳

派遣先管理台帳に記載しなければならない事項に，協定対象派遣労働者であるか否かの別を追加すること。

十　紛争の解決

1　苦情の自主的解決

（一）派遣元事業主は，二及び五に関し，派遣労働者から苦情の申出を受けたとき，又は派遣労働者が派遣先に対して申し出た苦情の内容が当該派遣先から通知されたときは，その自主的な解決を図るように努めなければならないものとすること。

（二）派遣先は，八の１及び２に関し，派遣労働者から苦情の申出を受けたときは，その自主的な解決を図るように努めなければならないものとすること。

2　紛争の解決の促進に関する特例

二及び五についての派遣労働者と派遣元事業主との間の紛争並びに八の１及び２についての派遣労働者と派遣先との間の紛争については，個別労働関係紛争の解決の促進に関する法律第四条，第五条及び第十二条から第十九条までの規定は適用せず，3及び4によるものとすること。

3　紛争の解決の援助

（一）都道府県労働局長は，2の紛争に関し，当該紛争の当事者の双方又は一方からその解決につき援助を求められた場合には，当該紛争の当事者に対し，必要な助言，指導又は勧告をすることができるものとすること。

（二）派遣元事業主及び派遣先は，派遣労働者が（一）の援助を求めたことを理由として，当該派遣労働者に対して不利益な取扱いをしてはならないものとすること。

4　調停

（一）都道府県労働局長は，2の紛争について，当該紛争の当事者の双方又は一方から調停の申請があった場合において当該紛争の解決のために必要があると認めるときは，個別労働関係紛争の解決の促進に関する法律第六条第一項の紛争調整委員会に調停を行わせるものとすること。

（二）3の（二）は，派遣労働者が（一）の申請をした場合について準用するものとすること。

（三）（一）の調停の手続については，雇用の分野における男女の均等な機会及び待遇の確保等に関する法律の規定を準用するものとするとともに，必要な読替

えを行うものとすること。
十一　公表等
　　厚生労働大臣による勧告及び公表の対象に，一の1若しくは4又は八の1若しく
　は2に違反している場合及びこれらに違反して第四十八条第一項の規定による指導
　又は助言を受けたにもかかわらずなおこれらに違反するおそれがあると認める場合
　を追加すること。
十二　その他
　　その他所要の規定の整備を行うこと。

第七　短時間労働者の雇用管理の改善等に関する法律の一部改正

一　題名
　　題名を「短時間労働者及び有期雇用労働者の雇用管理の改善等に関する法律」に
　改めること。
二　定義
　1　「短時間労働者」とは，一週間の所定労働時間が同一の事業主に雇用される通常
　　の労働者（当該事業主に雇用される通常の労働者と同種の業務に従事する当該事
　　業主に雇用される労働者にあっては，厚生労働省令で定める場合を除き，当該労
　　働者と同種の業務に従事する当該通常の労働者）の一週間の所定労働時間に比し
　　短い労働者をいうものとすること。
　2　「有期雇用労働者」とは，事業主と期間の定めのある労働契約を締結している労
　　働者をいうものとすること。
　3　「短時間・有期雇用労働者」とは，短時間労働者及び有期雇用労働者をいうもの
　　とすること。
三　基本的理念
　　短時間・有期雇用労働者及び短時間・有期雇用労働者になろうとする者は，生活
　との調和を保ちつつその意欲及び能力に応じて就業することができる機会が確保さ
　れ，職業生活の充実が図られるように配慮されるものとすること。
四　不合理な待遇の禁止
　　事業主は，その雇用する短時間・有期雇用労働者の基本給，賞与その他の待遇の
　それぞれについて，当該待遇に対応する通常の労働者の待遇との間において，当該
　短時間・有期雇用労働者及び通常の労働者の業務の内容及び当該業務に伴う責任の
　程度（以下「職務の内容」という。），当該職務の内容及び配置の変更の範囲その他
　の事情のうち，当該待遇の性質及び当該待遇を行う目的に照らして適切と認められ
　るものを考慮して，不合理と認められる相違を設けてはならないものとすること。
五　通常の労働者と同視すべき短時間・有期雇用労働者に対する差別的取扱いの禁止
　　事業主は，職務の内容が通常の労働者と同一の短時間・有期雇用労働者であって，

当該事業所における慣行その他の事情からみて，当該事業主との雇用関係が終了するまでの全期間において，その職務の内容及び配置が当該通常の労働者の職務の内容及び配置の変更の範囲と同一の範囲で変更されると見込まれるもの（六において「通常の労働者と同視すべき短時間・有期雇用労働者」という。）については，短時間・有期雇用労働者であることを理由として，基本給，賞与その他の待遇のそれぞれについて，差別的取扱いをしてはならないものとすること。

六　賃金

事業主は，通常の労働者との均衡を考慮しつつ，その雇用する短時間・有期雇用労働者（通常の労働者と同視すべき短時間・有期雇用労働者を除く。七において同じ。）の職務の内容，職務の成果，意欲，能力又は経験等を勘案し，その賃金（通勤手当その他の厚生労働省令で定めるものを除く。）を決定するように努めるものとすること。

七　福利厚生施設

事業主は，通常の労働者に対して利用の機会を与える福利厚生施設であって，健康の保持又は業務の円滑な遂行に資するものとして厚生労働省令で定めるものについては，その雇用する短時間・有期雇用労働者に対しても，利用の機会を与えなければならないものとすること。

八　事業主が講ずる措置の内容等の説明

1　事業主は，短時間・有期雇用労働者を雇い入れたときは，速やかに，四から七まで並びに第十一条及び第十三条の規定により措置を講ずべきこととされている事項（労働基準法第十五条第一項に規定する厚生労働省令で定める事項及び特定事項を除く。）に関し講ずることとしている措置の内容について，当該短時間・有期雇用労働者に説明しなければならないものとすること。

2　事業主は，その雇用する短時間・有期雇用労働者から求めがあったときは，当該短時間・有期雇用労働者と通常の労働者との間の待遇の相違の内容及び理由並びに四から七まで並びに第六条，第七条，第十一条及び第十三条の規定により措置を講ずべきこととされている事項に関する決定をするに当たって考慮した事項について，当該短時間・有期雇用労働者に説明しなければならないものとすること。

3　事業主は，短時間・有期雇用労働者が2による求めをしたことを理由として，当該短時間・有期雇用労働者に対して解雇その他不利益な取扱いをしてはならないものとすること。

九　指針

事業主が講ずべき雇用管理の改善等に関する措置等の適切かつ有効な実施を図るための指針の対象に，四から八までによる措置並びに第六条，第七条，第十一条及び第十三条に定める措置を追加すること。

十　紛争の解決

　　この法律に規定する紛争の解決に関する規定の対象に，四についての苦情及び紛争を追加すること。

十一　その他

　1　四から八までのもののほか，この法律の規定の対象に有期雇用労働者を追加すること。

　2　その他所要の規定の整備を行うこと。

第八　労働契約法の一部改正

一　期間の定めがあることによる不合理な労働条件の禁止に関する規定を削除すること。

二　その他所要の規定の整備を行うこと。

第九　附則

一　施行期日

　　この法律は，平成三十一年四月一日から施行すること。〔略〕

二　経過措置

　1　中小事業主（その資本金の額又は出資の総額が三億円（小売業又はサービス業を主たる事業とする事業主については五千万円，卸売業を主たる事業とする事業主については一億円）以下である事業主及びその常時使用する労働者の数が三百人（小売業を主たる事業とする事業主については五十人，卸売業又はサービス業を主たる事業とする事業主については百人）以下である事業主をいう。）については，平成三十二年三月三十一日までの間，第七による改正後の短時間労働者及び有期雇用労働者の雇用管理の改善等に関する法律第二条第一項，第三条，第三章第一節及び第四章（第二十七条を除く。）の規定は，適用しないものとすること。この場合において，第七による改正前の短時間労働者の雇用管理の改善等に関する法律第二条，第三条，第三章第一節及び第四章（第二十七条を除く。）の規定並びに第八による改正前の労働契約法第二十条の規定は，なおその効力を有するものとすること。

　2　1のほか，この法律の施行に関し，必要な経過措置を定めるとともに，関係法律について所要の規定の整備を行うこと。

三　検討規定

　1　政府は，この法律の施行後五年を目途として，改正後の各法律の規定について，その施行の状況等を勘案しつつ検討を加え，必要があると認めるときは，その結果に基づいて所要の措置を講ずるものとすること。

　2　〔略〕

労審発第 1034 号

平成 30 年 12 月 21 日

厚生労働大臣

　根本　匠　殿

労働政策審議会

会長　樋口美雄

　平成 30 年 11 月 27 日付け厚生労働省発雇均 1127 第 1 号をもって労働政策審議会に諮問のあった「働き方改革を推進するための関係法律の整備に関する法律の一部の施行に伴う厚生労働省関係省令の整備及び経過措置に関する省令案要綱」,「派遣元事業主が講ずべき措置に関する指針の一部を改正する件案要綱」,「派遣先が講ずべき措置に関する指針の一部を改正する件案要綱」,「事業主が講ずべき短時間労働者の雇用管理の改善等に関する措置等についての指針の一部を改正する件案要綱」及び「短時間・有期雇用労働者及び派遣労働者に対する不合理な待遇の禁止等に関する指針案」については,本審議会は,下記のとおり答申する。

記

別紙 1「記」,別紙 2「記」のとおり。

別紙 1

平成 30 年 12 月 21 日

労働政策審議会

　会長　樋口　美雄　殿

労働政策審議会　職業安定分科会

分科会長　阿部　正浩

「働き方改革を推進するための関係法律の整備に関する法律の一部の施行に伴う厚生労働省関係省令の整備及び経過措置に関する省令案要綱」,「派遣元事業主が講ずべき措置に関する指針の一部を改正する件案要綱」,「派遣先が講ずべき措置に関する指針の一部を改正する件案要綱」,「事業主が講ずべき短時間労働者の雇用管理の改善等に

関する措置等についての指針の一部を改正する件案要綱」及び「短時間・有期雇用労働者及び派遣労働者に対する不合理な待遇の禁止等に関する指針案」について

　平成 30 年 11 月 27 日厚生労働省発雇均 1127 第 1 号をもって労働政策審議会に諮問のあった標記については，本分科会は下記のとおり報告する。

記

別紙「記」のとおり。

別紙 2

平成 30 年 11 月 27 日

労働政策審議会
　　会長　樋口　美雄　殿

雇用環境・均等分科会

分科会長　奥宮　京子

「働き方改革を推進するための関係法律の整備に関する法律の一部の施行に伴う厚生労働省関係省令の整備及び経過措置に関する省令案要綱」，「派遣元事業主が講ずべき措置に関する指針の一部を改正する件案要綱」，「派遣先が講ずべき措置に関する指針の一部を改正する件案要綱」，「事業主が講ずべき短時間労働者の雇用管理の改善等に関する措置等についての指針の一部を改正する件案要綱」及び「短時間・有期雇用労働者及び派遣労働者に対する不合理な待遇の禁止等に関する指針案」について

　平成 30 年 11 月 27 日厚生労働省発雇均 1127 第 1 号をもって労働政策審議会に諮問のあった標記について，本分科会は下記のとおり報告する。

記

別紙「記」のとおり。

平成 30 年 11 月 27 日

労働政策審議会　職業安定分科会
　　　　　　分科会長　阿部　正浩　殿
労働政策審議会　雇用環境・均等分科会
　　　　　　分科会長　奥宮　京子　殿

職業安定分科会　同一労働同一賃金部会
雇用環境・均等分科会　同一労働同一賃金部会
部会長　守島　基博

「働き方改革を推進するための関係法律の整備に関する法律の一部の施行に伴う厚生労働省関係省令の整備及び経過措置に関する省令案要綱」，「派遣元事業主が講ずべき措置に関する指針の一部を改正する件案要綱」，「派遣先が講ずべき措置に関する指針の一部を改正する件案要綱」，「事業主が講ずべき短時間労働者の雇用管理の改善等に関する措置等についての指針の一部を改正する件案要綱」及び「短時間・有期雇用労働者及び派遣労働者に対する不合理な待遇の禁止等に関する指針案」について

　平成 30 年 11 月 27 日厚生労働省発雇均 1127 第 1 号をもって労働政策審議会に諮問のあった標記については，本部会は，下記のとおり報告する。

記

厚生労働省案は，おおむね妥当と認める。

労働政策審議会

　　会長　樋口　美雄　殿

　　　　　　　　　　　　　　　　　　　厚生労働大臣　根本　匠

　　厚生労働省設置法（平成 11 年法律第 97 号）第 9 条第 1 項第 1 号の規定に基づき，別紙 1「働き方改革を推進するための関係法律の整備に関する法律の一部の施行に伴う厚生労働省関係省令の整備及び経過措置に関する省令案要綱」，別紙 2「派遣元事業主が講ずべき措置に関する指針の一部を改正する件案要綱」，別紙 3「派遣先が講ずべき措置に関する指針の一部を改正する件案要綱」，別紙 4「事業主が講ずべき短時間労働者の雇用管理の改善等に関する措置等についての指針の一部を改正する件案要綱」及び別紙 5「短時間・有期雇用労働者及び派遣労働者に対する不合理な待遇の禁止等に関する指針案」について，貴会の意見を求める。

（別紙 1）

働き方改革を推進するための関係法律の整備に関する法律の一部の施行に伴う厚生労働省関係省令の整備及び経過措置に関する省令案要綱

第一　労働者派遣事業の適正な運営の確保及び派遣労働者の保護等に関する法律施行
　　規則の一部改正
　　一　事業報告書
　　　1　労働者派遣事業の適正な運営の確保及び派遣労働者の保護等に関する法律
　　　　（以下「労働者派遣法」という。）第三十条の四第一項の協定（以下「協定」と
　　　　いう。）を締結した派遣元事業主は，事業報告書には，当該協定を添付しなけ
　　　　ればならないものとすること。
　　　2　当該事業報告書において，協定対象派遣労働者（労働者派遣法第三十条の五
　　　　に規定する協定対象派遣労働者をいう。以下同じ。）の職種ごとの人数及び職
　　　　種ごとの賃金額の平均額を報告するものとすること。
　　二　関係者に対する情報の提供
　　　　労働者派遣法第二十三条第五項の厚生労働省令で定める事項に，次の 1 及び 2
　　　　を加えるものとすること。
　　　1　協定を締結しているか否かの別
　　　2　協定を締結している場合にあっては，協定対象派遣労働者の範囲及び当該協
　　　　定の有効期間の終期

三　労働者派遣契約に定める事項

　　労働者派遣法第二十六条第一項第十号の厚生労働省令で定める事項に，次の1
　及び2を加えるものとすること。

1　派遣労働者が従事する業務に伴う責任の程度
2　派遣労働者を協定対象派遣労働者に限るか否かの別

四　派遣先から派遣元事業主への待遇に関する情報の提供

1　労働者派遣法第二十六条第七項の情報（以下「待遇に関する情報」という。）
　の提供は，書面の交付等により行わなければならないものとすること。また，
　派遣元事業主は当該書面等を，派遣先は当該書面等の写しを，当該労働者派遣
　契約に基づく労働者派遣が終了した日から起算して三年を経過する日まで保存
　しなければならないものとすること。

2　労働者派遣法第二十六条第七項の厚生労働省令で定める情報は，次の(一)及
　び(二)に掲げる区分に応じ，それぞれ次に掲げる情報とするものとすること。

(一)　労働者派遣契約に，当該労働者派遣契約に基づく労働者派遣に係る派遣労
　働者を協定対象派遣労働者に限定しないことを定める場合　次のイからホまで
　に掲げる情報

　　イ　比較対象労働者（労働者派遣法第二十六条第八項に規定する比較対象労働
　　　者をいう。以下同じ。）の職務の内容，当該職務の内容及び配置の変更の範
　　　囲並びに雇用形態

　　ロ　当該比較対象労働者を選定した理由

　　ハ　当該比較対象労働者の待遇のそれぞれの内容（昇給，賞与その他の主な待
　　　遇がない場合には，その旨を含む。）

　　ニ　当該比較対象労働者の待遇のそれぞれの性質及び当該待遇を行う目的

　　ホ　当該比較対象労働者の待遇のそれぞれについて，職務の内容，当該職務の
　　　内容及び配置の変更の範囲その他の事情のうち，当該待遇に係る決定をする
　　　に当たって考慮したもの

(二)　労働者派遣契約に，当該労働者派遣契約に基づく労働者派遣に係る派遣労
　働者を協定対象派遣労働者に限定することを定める場合　次のイ及びロに掲げ
　る情報

　　イ　労働者派遣法第四十条第二項の教育訓練の内容（当該教育訓練がない場合
　　　には，その旨）

　　ロ　第三十二条の三各号に掲げる福利厚生施設の内容（当該福利厚生施設がな
　　　い場合には，その旨）

3　労働者派遣法第二十六条第八項の厚生労働省令で定める者は，次のとおりと
　すること。

(一)　職務の内容並びに当該職務の内容及び配置の変更の範囲が派遣労働者と同

一であると見込まれる通常の労働者

(二) (一)の労働者がいない場合にあっては、職務の内容が派遣労働者と同一であると見込まれる通常の労働者

(三) (一)及び(二)の労働者がいない場合にあっては、(一)及び(二)に掲げる者に準ずる労働者

4 労働者派遣法第二十六条第十項の情報の提供（以下「変更時の情報の提供」という。）は、待遇に関する情報に変更があったときは、遅滞なく、書面の交付等により行わなければならないものとすること。また、派遣元事業主は当該書面等を、派遣先は当該書面等の写しを、当該労働者派遣契約に基づく労働者派遣が終了した日から起算して三年を経過する日まで保存しなければならないものとすること。

5 派遣労働者を協定対象派遣労働者に限定しないことを定めた労働者派遣契約に基づき現に行われている労働者派遣に係る派遣労働者の中に協定対象派遣労働者以外の者がいない場合には、変更時の情報（労働者派遣法第四十条第二項の教育訓練及び第三十二条の三各号に掲げる福利厚生施設に係るものを除く。）の提供を要しないものとすること。この場合において、当該派遣労働者の中に新たに協定対象派遣労働者以外の者が含まれることとなったときは、派遣先は、遅滞なく、当該情報を提供しなければならないものとすること。

6 労働者派遣契約が終了する日前一週間以内における変更であって、当該変更を踏まえて派遣労働者の待遇を変更しなくても労働者派遣法第三十条の三の規定に違反しないものであり、かつ、当該変更の内容に関する情報の提供を要しないものとして労働者派遣契約で定めた範囲を超えないものが生じた場合には、変更時の情報の提供を要しないものとすること。

五 協定

1 法第三十条の四第一項の労働者の過半数を代表する者（以下「過半数代表者」という。）は、次の(一)及び(二)のいずれにも該当する者とすること。ただし、(一)に該当する者がいない場合にあっては、過半数代表者は(二)に該当する者とすること。

(一) 労働基準法第四十一条第二号に規定する監督又は管理の地位にある者でないこと

(二) 協定をする者を選出することを明らかにして実施される投票、挙手等の民主的な方法による手続により選出された者であって、派遣元事業主の意向に基づき選出されたものでないこと

2 派遣元事業主は、労働者が過半数代表者であること若しくは過半数代表者になろうとしたこと又は過半数代表者として正当な行為をしたことを理由として、当該労働者に対して不利益な取扱いをしないようにしなければならないものと

すること。また，派遣元事業主は，過半数代表者が協定に関する事務を円滑に遂行することができるよう必要な配慮を行わなければならないものとすること。

3　派遣元事業主は，協定を締結したときは，当該協定に係る書面を，その有効期間が終了した日から起算して三年を経過する日まで保存しなければならないものとすること。

4　労働者派遣法第三十条の四第一項の厚生労働省令で定めるものは，次のとおりとすること。

（一）　労働者派遣法第四十条第二項の教育訓練

（二）　第三十二条の三各号に掲げる福利厚生施設

5　労働者派遣法第三十条の四第一項第二号の厚生労働省令で定める賃金は，通勤手当，家族手当，住宅手当，別居手当，子女教育手当その他名称の如何を問わず支払われる賃金（職務の内容に密接に関連して支払われるものを除く。）とすること。

6　労働者派遣法第三十条の四第一項第二号イの厚生労働省令で定める賃金の額は，派遣先の事業所その他派遣就業の場所の所在地を含む地域において派遣労働者が従事する業務と同種の業務に従事する一般の労働者であって，当該派遣労働者と同程度の能力及び経験を有する者の平均的な賃金の額とすること。

7　労働者派遣法第三十条の四第一項第六号の厚生労働省令で定める事項は，次のとおりとすること。

（一）　有効期間

（二）　労働者派遣法第三十条の四第一項第一号に掲げる派遣労働者の範囲を派遣労働者の一部に限定する場合は，その理由

（三）　派遣元事業主は，特段の事情がない限り，一の労働契約の契約期間中に，当該労働契約に係る派遣労働者について，派遣先の変更を理由として，協定対象派遣労働者であるか否かを変更しようとしないこと

8　労働者派遣法第三十条の四第二項の周知は，次のいずれかの方法により行わなければならないものとすること。

（一）　書面の交付の方法

（二）　次のいずれかの方法によることを当該労働者が希望した場合における当該方法

　イ　ファクシミリを利用してする送信の方法

　ロ　電子メール等の送信の方法（当該電子メール等の受信をする者が当該電子メール等の記録を出力することにより書面を作成することができるものに限る。以下同じ。）

（三）　電子計算機に備えられたファイル，磁気ディスクその他これらに準ずる物に記録し，かつ，労働者が当該記録の内容を常時確認できる方法

（四）　常時当該派遣元事業主の各事業所の見やすい場所に掲示し，又は備え付ける方法（協定の概要について，（一）又は（二）の方法により併せて周知する場合に限る。）

六　法第三十条の五の対象とならない賃金

　　　労働者派遣法第三十条の五の厚生労働省令で定める賃金は，通勤手当，家族手当，住宅手当，別居手当，子女教育手当その他名称の如何を問わず支払われる賃金（職務の内容に密接に関連して支払われるものを除く。）とすること。

七　待遇に関する事項等の説明

　1　労働者派遣法第三十一条の二第二項の厚生労働省令で定める方法は，次のいずれかの方法によることを当該派遣労働者が希望した場合における当該方法とすること。

（一）　ファクシミリを利用してする送信の方法

（二）　電子メール等の送信の方法

　2　労働者派遣法第三十一条の二第二項第一号の厚生労働省令で定める事項は，次のとおりとすること。また，派遣元事業主は，同項の規定により派遣労働者に対して明示しなければならない当該事項を事実と異なるものとしてはならないものとすること。

（一）　昇給の有無

（二）　退職手当の有無

（三）　賞与の有無

（四）　協定対象派遣労働者であるか否か（協定対象派遣労働者である場合は，当該協定の有効期間の終期）

（五）　派遣労働者から申出を受けた苦情の処理に関する事項

　3　労働者派遣法第三十一条の二第二項（第二号に係る部分に限る。）及び第三項（第二号に係る部分に限る。）の規定による説明は，書面の活用その他の適切な方法により行わなければならないものとすること。

　4　労働者派遣の実施について緊急の必要があるためあらかじめ文書の交付等により労働者派遣法第三十一条の二第三項（第一号に係る部分に限る。）の明示を行うことができないときは，当該文書の交付等以外の方法によることができるものとすること。この場合において，次のいずれかに該当するときは，当該労働者派遣の開始の後遅滞なく，文書の交付等により当該派遣労働者に明示しなければならないものとすること。

（一）　当該派遣労働者から請求があったとき

（二）　（一）以外の場合であって，当該労働者派遣の期間が一週間を超えるとき

　5　労働者派遣法第三十一条の二第三項第一号の厚生労働省令で定める事項は，次のとおりとすること。

（一）　労働契約の期間に関する事項

（二）　期間の定めのある労働契約を更新する場合の基準に関する事項

（三）　就業の場所及び従事すべき業務に関する事項

（四）　始業及び終業の時刻，所定労働時間を超える労働の有無，休憩時間，休日並びに労働者を二組以上に分けて就業させる場合における就業時転換に関する事項

（五）　退職に関する事項（解雇の事由を含む。）

（六）　派遣労働者から申出を受けた苦情の処理に関する事項

八　派遣元管理台帳の記載事項

　　労働者派遣法第三十七条第一項第十三号の厚生労働省令で定める事項に，派遣労働者が従事する業務に伴う責任の程度を加えるものとすること。

九　派遣先管理台帳の記載事項

　　労働者派遣法第四十二条第一項第十一号の厚生労働省令で定める事項に，派遣労働者が従事する業務に伴う責任の程度を加えるものとすること。

十　調停

　　労働者派遣法第四十七条の七第一項の調停の手続について，雇用の分野における男女の均等な機会及び待遇の確保等に関する法律施行規則第三条から第十二条までの規定を準用することとし，所要の読替えを定めるものとすること。

第二　短時間労働者の雇用管理の改善等に関する法律施行規則の一部改正

一　題名

　　題名を「短時間労働者及び有期雇用労働者の雇用管理の改善等に関する法律施行規則」に改めること。

二　労働条件の明示の方法

　　事業主は，短時間労働者及び有期雇用労働者の雇用管理の改善等に関する法律（以下「短時間・有期雇用労働法」という。）第六条第一項の規定により短時間・有期雇用労働者に対して明示しなければならない労働条件を事実と異なるものとしてはならないものとすること。また，労働条件の明示の方法について，短時間・有期雇用労働者が希望した場合には，電子メールに加え，その他のその受信をする者を特定して情報を伝達するために用いられる電気通信の送信の方法（当該短時間・有期雇用労働者がその記録を出力することにより書面を作成することができるものに限る。）とすることができるものとすること。

三　短時間・有期雇用労働法第十条の対象とならない賃金

　　短時間・有期雇用労働法第十条の厚生労働省令で定める賃金は，通勤手当，家族手当，住宅手当，別居手当，子女教育手当その他名称の如何を問わず支払われる賃金（職務の内容に密接に関連して支払われるものを除く。）とすること。

第三　その他
　一　施行期日
　　　この省令は，平成三十二年四月一日から施行すること。ただし，働き方改革を
　　推進するための関係法律の整備に関する法律附則第三条第一項に規定する中小事
　　業主については，平成三十三年三月三十一日までの間，第二の二及び三は適用し
　　ないこと。
　二　その他
　　　その他必要な経過措置を定めるとともに所要の規定の整備を行うこと。

（別紙2）
派遣元事業主が講ずべき措置に関する指針の一部を改正する件案要綱

第一　協定対象派遣労働者に対して行う安全管理に関する措置及び給付
　　　派遣元事業主がその雇用する協定対象派遣労働者（労働者派遣事業の適正な運営
　　の確保及び派遣労働者の保護等に関する法律（以下「法」という。）第三十条の五
　　に規定する協定対象派遣労働者をいう。以下同じ。）に対して行う安全管理に関す
　　る措置及び給付のうち，当該協定対象派遣労働者の職務の内容に密接に関連するも
　　のについては，派遣先に雇用される通常の労働者との間で不合理と認められる相違
　　等が生じないようにすることが望ましいこととすること。

第二　派遣労働者の待遇に関する説明等
　　　派遣元事業主は，その雇用する派遣労働者に対し，法第三十一条の二第四項の規
　　定による説明を行うに当たっては，次の事項に留意することとすること。
　一　派遣労働者（協定対象派遣労働者を除く。以下この一及び二において同じ。）
　　に対する説明の内容
　　１　派遣元事業主は，法第二十六条第七項及び第十項並びに第四十条第五項の規
　　　定により提供を受けた情報（以下「待遇等に関する情報」という。）に基づき，
　　　派遣労働者と比較対象労働者（法第二十六条第八項に規定する比較対象労働者
　　　をいう。以下同じ。）との間の待遇の相違の内容及び理由について説明するこ
　　　と。
　　２　派遣元事業主は，派遣労働者と比較対象労働者との間の待遇の相違の内容と
　　　して，次の(一)及び(二)に掲げる事項を説明すること。
　　(一)　派遣労働者及び比較対象労働者の待遇のそれぞれを決定するに当たって考
　　　慮した事項の相違の有無
　　(二)　次のイ又はロに掲げる事項

イ　派遣労働者及び比較対象労働者の待遇の個別具体的な内容

　　　ロ　派遣労働者及び比較対象労働者の待遇に関する基準

　　3　派遣元事業主は，派遣労働者及び比較対象労働者の職務の内容，職務の内容
　　　及び配置の変更の範囲その他の事情のうち，待遇の性質及び待遇を行う目的に
　　　照らして適切と認められるものに基づき，待遇の相違の理由を説明すること。

　二　協定対象派遣労働者に対する説明の内容

　　1　派遣元事業主は，協定対象派遣労働者の賃金が法第三十条の四第一項第二号
　　　に掲げる事項であって同項の協定（以下「協定」という。）で定めたもの及び
　　　同項第三号に関する当該協定の定めによる公正な評価に基づき決定されている
　　　ことについて説明すること。

　　2　派遣元事業主は，協定対象派遣労働者の待遇（賃金，法第四十条第二項の教
　　　育訓練及び労働者派遣事業の適正な運営の確保及び派遣労働者の保護等に関す
　　　る法律施行規則第三十二条の三各号に掲げる福利厚生施設を除く。）が法第
　　　三十条の四第一項第四号に基づき決定されていること等について，派遣労働者
　　　に対する説明の内容に準じて説明すること。

　三　派遣労働者に対する説明の方法

　　　派遣元事業主は，派遣労働者が説明の内容を理解することができるよう，資料
　　を活用し，口頭により説明することを基本とすること。ただし，説明すべき事項
　　を全て記載した派遣労働者が容易に理解できる内容の資料を用いる場合には，当
　　該資料を交付する等の方法でも差し支えないこと。

　四　比較対象労働者との間の待遇の相違の内容等に変更があったときの情報提供

　　　派遣元事業主は，派遣労働者から求めがない場合でも，当該派遣労働者に対し，
　　比較対象労働者との間の待遇の相違の内容及び理由並びに法第三十条の三から第
　　三十条の六までの規定により措置を講ずべきこととされている事項に関する決定
　　をするに当たって考慮した事項に変更があったときは，その内容を情報提供する
　　ことが望ましいこと。

第三　待遇等に関する情報の保管及び使用

　一　待遇等に関する情報のうち個人情報に該当するものの保管又は使用は，法第
　　三十条の二，第三十条の三，第三十条の四第一項，第三十条の五及び第三十一条
　　の二第四項の規定による待遇の確保等という目的（以下「待遇の確保等の目的」
　　という。）の範囲に限られることとすること。

　二　派遣元事業主は，待遇等に関する情報のうち個人情報に該当しないものの保管
　　又は使用を待遇の確保等の目的の範囲に限定する等適切に対応することとするこ
　　と。

第四　秘密の保持

　　待遇等に関する情報は，法第二十四条の四の秘密を守る義務の対象となるものであることとすること。

第五　情報の提供

　　派遣元事業主は，協定を締結しているか否かの別並びに当該協定を締結している場合における協定対象派遣労働者の範囲及び当該協定の有効期間の終期の情報提供に当たっては，常時インターネットの利用により広く関係者，とりわけ派遣労働者に必要な情報を提供することを原則とすることとすること。

第六　その他所要の規定の整備を行うこと。

第七　この告示は，平成三十二年四月一日から適用すること。

（別紙3）
派遣先が講ずべき措置に関する指針の一部を改正する件案要綱

第一　派遣先は，その指揮命令の下に労働させている派遣労働者について，派遣就業が適正かつ円滑に行われるようにするため，派遣先が設置及び運営し，その雇用する労働者が通常利用している物品販売所，病院，診療所，浴場，理髪室，保育所，図書館，講堂，娯楽室，運動場，体育館，保養施設等の施設の利用に関する便宜の供与の措置を講ずるように配慮しなければならないこととすること。

第二　労働者派遣事業の適正な運営の確保及び派遣労働者の保護等に関する法律第二十六条第十一項の規定による配慮は，労働者派遣契約の締結又は更新の時だけではなく，当該締結又は更新がなされた後にも求められるものであることとすること。

第三　その他所要の規定の整備を行うこと。

第四　この告示は，平成三十二年四月一日から適用すること。

（別紙4）

事業主が講ずべき短時間労働者の雇用管理の改善等に関する措置等についての指針の一部を改正する件案要綱

第一　題名

題名を「事業主が講ずべき短時間労働者及び有期雇用労働者の雇用管理の改善等に関する措置等についての指針」に改めること。

第二　待遇の相違の内容及び理由の説明

一　比較の対象となる通常の労働者

事業主は，職務の内容，職務の内容及び配置の変更の範囲等が，短時間・有期雇用労働者の職務の内容，職務の内容及び配置の変更の範囲等に最も近いと事業主が判断する通常の労働者との間の待遇の相違の内容及び理由について説明するものとすること。

二　待遇の相違の内容

事業主は，待遇の相違の内容として，次の1及び2に掲げる事項を説明するものとすること。

1　通常の労働者と短時間・有期雇用労働者との間の待遇に関する基準の相違の有無

2　次の(一)又は(二)に掲げる事項

(一)　通常の労働者及び短時間・有期雇用労働者の待遇の個別具体的な内容

(二)　通常の労働者及び短時間・有期雇用労働者の待遇に関する基準

三　待遇の相違の理由

事業主は，通常の労働者及び短時間・有期雇用労働者の職務の内容，職務の内容及び配置の変更の範囲その他の事情のうち，待遇の性質及び待遇を行う目的に照らして適切と認められるものに基づき，待遇の相違の理由を説明するものとすること。

四　説明の方法

事業主は，短時間・有期雇用労働者がその内容を理解することができるよう，資料を活用し，口頭により説明することを基本とするものとすること。ただし，説明すべき事項を全て記載した短時間・有期雇用労働者が容易に理解できる内容の資料を用いる場合には，当該資料を交付する等の方法でも差し支えないものとすること。

第三　その他所要の規定の整備を行うこと。

第四　この告示は，平成三十二年四月一日から適用すること。ただし，働き方改革を
　　推進するための関係法律の整備に関する法律附則第三条第一項に規定する中小事業
　　主については，平成三十三年四月一日より適用すること。

（別紙5）
○　短時間・有期雇用労働者及び派遣労働者に対する不合理な待遇の禁止等に関する
指針案

〔→巻末資料 10 参照〕

○厚生労働省告示第四百三十号

　労働者派遣事業の適正な運営の確保及び派遣労働者の保護等に関する法律（昭和六十年法律第八十八号）第四十七条の十一及び短時間労働者及び有期雇用労働者の雇用管理の改善等に関する法律（平成五年法律第七十六号）第十五条第一項の規定に基づき，短時間・有期雇用労働者及び派遣労働者に対する不合理な待遇の禁止等に関する指針を次のように定め，平成三十二年四月一日から適用する。ただし，働き方改革を推進するための関係法律の整備に関する法律（平成三十年法律第七十一号）附則第三条第一項に規定する中小事業主については，短時間・有期雇用労働者に係る規定は，平成三十三年四月一日から適用する。

　平成三十年十二月二十八日

厚生労働大臣　根本　匠

短時間・有期雇用労働者及び派遣労働者に対する不合理な待遇の禁止等に関する指針

第1　目的

　この指針は，短時間労働者及び有期雇用労働者の雇用管理の改善等に関する法律（平成5年法律第76号。以下「短時間・有期雇用労働法」という。）第8条及び第9条並びに労働者派遣事業の適正な運営の確保及び派遣労働者の保護等に関する法律（昭和60年法律第88号。以下「労働者派遣法」という。）第30条の3及び第30条の4に定める事項に関し，雇用形態又は就業形態に関わらない公正な待遇を確保し，我が国が目指す同一労働同一賃金の実現に向けて定めるものである。

　我が国が目指す同一労働同一賃金は，同一の事業主に雇用される通常の労働者と短時間・有期雇用労働者との間の不合理と認められる待遇の相違及び差別的取扱いの解消並びに派遣先に雇用される通常の労働者と派遣労働者との間の不合理と認められる待遇の相違及び差別的取扱いの解消（協定対象派遣労働者にあっては，当該協定対象派遣労働者の待遇が労働者派遣法第30条の4第1項の協定により決定された事項に沿った運用がなされていること）を目指すものである。

　もとより賃金等の待遇は労使の話合いによって決定されることが基本である。しかし，我が国においては，通常の労働者と短時間・有期雇用労働者及び派遣労働者との間には，欧州と比較して大きな待遇の相違がある。政府としては，この問題への対処に当たり，同一労働同一賃金の考え方が広く普及しているといわれる欧州の制度の実態も参考としながら政策の方向性等を検証した結果，それぞれの国の労働市場全体の構造に応じた政策とすることが重要であるとの示唆を得た。

　我が国においては，基本給をはじめ，賃金制度の決まり方には様々な要素が組み合わされている場合も多いため，まずは，各事業主において，職務の内容や職務に必要な能力等の内容を明確化するとともに，その職務の内容や職務に必要な能力等の内容と賃金等の待遇との関係を含めた待遇の体系全体を，短時間・有期雇用労働者及び派遣労働者を含む労使の話合いによって確認し，短時間・有期雇用労働者及び派遣労働者を含む労使で共有することが肝要である。また，派遣労働者については，雇用関係にある派遣元事業主と指揮命令関係にある派遣先とが存在するという特殊性があり，これらの関係者が不合理と認められる待遇の相違の解消等に向けて認識を共有することが求められる。

　今後，各事業主が職務の内容や職務に必要な能力等の内容の明確化及びその公正な評価を実施し，それに基づく待遇の体系を，労使の話合いにより，可能な限り速やかに，かつ，計画的に構築していくことが望ましい。

　通常の労働者と短時間・有期雇用労働者及び派遣労働者との間の不合理と認められる待遇の相違の解消等に向けては，賃金のみならず，福利厚生，キャリア形成，職業能力の開発及び向上等を含めた取組が必要であり，特に，職業能力の開発及び向上の

機会の拡大は，短時間・有期雇用労働者及び派遣労働者の職業に必要な技能及び知識の蓄積により，それに対応した職務の高度化や通常の労働者への転換を見据えたキャリアパスの構築等と併せて，生産性の向上と短時間・有期雇用労働者及び派遣労働者の待遇の改善につながるため，重要であることに留意すべきである。

このような通常の労働者と短時間・有期雇用労働者及び派遣労働者との間の不合理と認められる待遇の相違の解消等の取組を通じて，労働者がどのような雇用形態及び就業形態を選択しても納得できる待遇を受けられ，多様な働き方を自由に選択できるようにし，我が国から「非正規」という言葉を一掃することを目指す。

第2　基本的な考え方

この指針は，通常の労働者と短時間・有期雇用労働者及び派遣労働者との間に待遇の相違が存在する場合に，いかなる待遇の相違が不合理と認められるものであり，いかなる待遇の相違が不合理と認められるものでないのか等の原則となる考え方及び具体例を示したものである。事業主が，第3から第5までに記載された原則となる考え方等に反した場合，当該待遇の相違が不合理と認められる等の可能性がある。なお，この指針に原則となる考え方が示されていない退職手当，住宅手当，家族手当等の待遇や，具体例に該当しない場合についても，不合理と認められる待遇の相違の解消等が求められる。このため，各事業主において，労使により，個別具体の事情に応じて待遇の体系について議論していくことが望まれる。

なお，短時間・有期雇用労働法第8条及び第9条並びに労働者派遣法第30条の3及び第30条の4の規定は，雇用管理区分が複数ある場合であっても，通常の労働者のそれぞれと短時間・有期雇用労働者及び派遣労働者との間の不合理と認められる待遇の相違の解消等を求めるものである。このため，事業主が，雇用管理区分を新たに設け，当該雇用管理区分に属する通常の労働者の待遇の水準を他の通常の労働者よりも低く設定したとしても，当該他の通常の労働者と短時間・有期雇用労働者及び派遣労働者との間でも不合理と認められる待遇の相違の解消等を行う必要がある。また，事業主は，通常の労働者と短時間・有期雇用労働者及び派遣労働者との間で職務の内容等を分離した場合であっても，当該通常の労働者と短時間・有期雇用労働者及び派遣労働者との間の不合理と認められる待遇の相違の解消等を行う必要がある。

さらに，短時間・有期雇用労働法及び労働者派遣法に基づく通常の労働者と短時間・有期雇用労働者及び派遣労働者との間の不合理と認められる待遇の相違の解消等の目的は，短時間・有期雇用労働者及び派遣労働者の待遇の改善である。事業主が，通常の労働者と短時間・有期雇用労働者及び派遣労働者との間の不合理と認められる待遇の相違の解消等に対応するため，就業規則を変更することにより，その雇用する労働者の労働条件を不利益に変更する場合，労働契約法（平成19年法律第128号）第9条の規定に基づき，原則として，労働者と合意する必要がある。また，労働者と

合意することなく，就業規則の変更により労働条件を労働者の不利益に変更する場合，当該変更は，同法第10条の規定に基づき，当該変更に係る事情に照らして合理的なものである必要がある。ただし，短時間・有期雇用労働法及び労働者派遣法に基づく通常の労働者と短時間・有期雇用労働者及び派遣労働者との間の不合理と認められる待遇の相違の解消等の目的に鑑みれば，事業主が通常の労働者と短時間・有期雇用労働者及び派遣労働者との間の不合理と認められる待遇の相違の解消等を行うに当たっては，基本的に，労使で合意することなく通常の労働者の待遇を引き下げることは，望ましい対応とはいえないことに留意すべきである。

　加えて，短時間・有期雇用労働法第8条及び第9条並びに労働者派遣法第30条の3及び第30条の4の規定は，通常の労働者と短時間・有期雇用労働者及び派遣労働者との間の不合理と認められる待遇の相違等を対象とするものであり，この指針は，当該通常の労働者と短時間・有期雇用労働者及び派遣労働者との間に実際に待遇の相違が存在する場合に参照されることを目的としている。このため，そもそも客観的にみて待遇の相違が存在しない場合については，この指針の対象ではない。

第3　短時間・有期雇用労働者

　短時間・有期雇用労働法第8条において，事業主は，短時間・有期雇用労働者の待遇のそれぞれについて，当該待遇に対応する通常の労働者の待遇との間において，業務の内容及び当該業務に伴う責任の程度（以下「職務の内容」という。），当該職務の内容及び配置の変更の範囲その他の事情のうち，当該待遇の性質及び当該待遇を行う目的に照らして適切と認められるものを考慮して，不合理と認められる相違を設けてはならないこととされている。

　また，短時間・有期雇用労働法第9条において，事業主は，職務の内容が通常の労働者と同一の短時間・有期雇用労働者であって，当該事業所における慣行その他の事情からみて，当該事業主との雇用関係が終了するまでの全期間において，その職務の内容及び配置が当該通常の労働者の職務の内容及び配置の変更の範囲と同一の範囲で変更されることが見込まれるものについては，短時間・有期雇用労働者であることを理由として，待遇のそれぞれについて，差別的取扱いをしてはならないこととされている。

　短時間・有期雇用労働者の待遇に関して，原則となる考え方及び具体例は次のとおりである。

1　基本給

（1）　基本給であって，労働者の能力又は経験に応じて支給するもの

　　基本給であって，労働者の能力又は経験に応じて支給するものについて，通常の労働者と同一の能力又は経験を有する短時間・有期雇用労働者には，能力又は経験

に応じた部分につき，通常の労働者と同一の基本給を支給しなければならない。また，能力又は経験に一定の相違がある場合においては，その相違に応じた基本給を支給しなければならない。

（問題とならない例）

　イ　基本給について，労働者の能力又は経験に応じて支給しているＡ社において，ある能力の向上のための特殊なキャリアコースを設定している。通常の労働者であるＸは，このキャリアコースを選択し，その結果としてその能力を習得した。短時間労働者であるＹは，その能力を習得していない。Ａ社は，その能力に応じた基本給をＸには支給し，Ｙには支給していない。

　ロ　Ａ社においては，定期的に職務の内容及び勤務地の変更がある通常の労働者の総合職であるＸは，管理職となるためのキャリアコースの一環として，新卒採用後の数年間，店舗等において，職務の内容及び配置に変更のない短時間労働者であるＹの助言を受けながら，Ｙと同様の定型的な業務に従事している。Ａ社はＸに対し，キャリアコースの一環として従事させている定型的な業務における能力又は経験に応じることなく，Ｙに比べ基本給を高く支給している。

　ハ　Ａ社においては，同一の職場で同一の業務に従事している有期雇用労働者であるＸとＹのうち，能力又は経験が一定の水準を満たしたＹを定期的に職務の内容及び勤務地に変更がある通常の労働者として登用し，その後，職務の内容や勤務地に変更があることを理由に，Ｘに比べ基本給を高く支給している。

　ニ　Ａ社においては，同一の能力又は経験を有する通常の労働者であるＸと短時間労働者であるＹがいるが，ＸとＹに共通して適用される基準を設定し，就業の時間帯や就業日が日曜日，土曜日又は国民の祝日に関する法律（昭和23年法律第178号）に規定する休日（以下「土日祝日」という。）か否か等の違いにより，時間当たりの基本給に差を設けている。

（問題となる例）

　　基本給について，労働者の能力又は経験に応じて支給しているＡ社において，通常の労働者であるＸが有期雇用労働者であるＹに比べて多くの経験を有することを理由として，Ｘに対し，Ｙよりも基本給を高く支給しているが，Ｘのこれまでの経験はＸの現在の業務に関連性を持たない。

(2)　基本給であって，労働者の業績又は成果に応じて支給するもの

　　基本給であって，労働者の業績又は成果に応じて支給するものについて，通常の労働者と同一の業績又は成果を有する短時間・有期雇用労働者には，業績又は成果に応じた部分につき，通常の労働者と同一の基本給を支給しなければならない。また，業績又は成果に一定の相違がある場合においては，その相違に応じた基本給を

支給しなければならない。

　なお，基本給とは別に，労働者の業績又は成果に応じた手当を支給する場合も同様である。

（問題とならない例）

　　イ　基本給の一部について，労働者の業績又は成果に応じて支給しているＡ社において，所定労働時間が通常の労働者の半分の短時間労働者であるＸに対し，その販売実績が通常の労働者に設定されている販売目標の半分の数値に達した場合には，通常の労働者が販売目標を達成した場合の半分を支給している。

　　ロ　Ａ社においては，通常の労働者であるＸは，短時間労働者であるＹと同様の業務に従事しているが，Ｘは生産効率及び品質の目標値に対する責任を負っており，当該目標値を達成していない場合，待遇上の不利益を課されている。その一方で，Ｙは，生産効率及び品質の目標値に対する責任を負っておらず，当該目標値を達成していない場合にも，待遇上の不利益を課されていない。Ａ社は，待遇上の不利益を課していることとの見合いに応じて，ＸにＹに比べ基本給を高く支給している。

（問題となる例）

　　基本給の一部について，労働者の業績又は成果に応じて支給しているＡ社において，通常の労働者が販売目標を達成した場合に行っている支給を，短時間労働者であるＸについて通常の労働者と同一の販売目標を設定し，それを達成しない場合には行っていない。

(3)　基本給であって，労働者の勤続年数に応じて支給するもの

　基本給であって，労働者の勤続年数に応じて支給するものについて，通常の労働者と同一の勤続年数である短時間・有期雇用労働者には，勤続年数に応じた部分につき，通常の労働者と同一の基本給を支給しなければならない。また，勤続年数に一定の相違がある場合においては，その相違に応じた基本給を支給しなければならない。

（問題とならない例）

　　基本給について，労働者の勤続年数に応じて支給しているＡ社において，期間の定めのある労働契約を更新している有期雇用労働者であるＸに対し，当初の労働契約の開始時から通算して勤続年数を評価した上で支給している。

（問題となる例）

　　基本給について，労働者の勤続年数に応じて支給しているＡ社において，期間の定めのある労働契約を更新している有期雇用労働者であるＸに対し，当初の労働契約の開始時から通算して勤続年数を評価せず，その時点の労働契約の期間のみにより勤続年数を評価した上で支給している。

(4)　昇給であって，労働者の勤続による能力の向上に応じて行うもの

昇給であって，労働者の勤続による能力の向上に応じて行うものについて，通常の労働者と同様に勤続により能力が向上した短時間・有期雇用労働者には，勤続による能力の向上に応じた部分につき，通常の労働者と同一の昇給を行わなければならない。また，勤続による能力の向上に一定の相違がある場合においては，その相違に応じた昇給を行わなければならない。

（注）

1　通常の労働者と短時間・有期雇用労働者との間に賃金の決定基準・ルールの相違がある場合の取扱い

　　通常の労働者と短時間・有期雇用労働者との間に基本給，賞与，各種手当等の賃金に相違がある場合において，その要因として通常の労働者と短時間・有期雇用労働者の賃金の決定基準・ルールの相違があるときは，「通常の労働者と短時間・有期雇用労働者との間で将来の役割期待が異なるため，賃金の決定基準・ルールが異なる」等の主観的又は抽象的な説明では足りず，賃金の決定基準・ルールの相違は，通常の労働者と短時間・有期雇用労働者の職務の内容，当該職務の内容及び配置の変更の範囲その他の事情のうち，当該待遇の性質及び当該待遇を行う目的に照らして適切と認められるものの客観的及び具体的な実態に照らして，不合理と認められるものであってはならない。

2　定年に達した後に継続雇用された有期雇用労働者の取扱い

　　定年に達した後に継続雇用された有期雇用労働者についても，短時間・有期雇用労働法の適用を受けるものである。このため，通常の労働者と定年に達した後に継続雇用された有期雇用労働者との間の賃金の相違については，実際に両者の間に職務の内容，職務の内容及び配置の変更の範囲その他の事情の相違がある場合は，その相違に応じた賃金の相違は許容される。

　　さらに，有期雇用労働者が定年に達した後に継続雇用された者であることは，通常の労働者と当該有期雇用労働者との間の待遇の相違が不合理と認められるか否かを判断するに当たり，短時間・有期雇用労働法第8条のその他の事情として考慮される事情に当たりうる。定年に達した後に有期雇用労働者として継続雇用する場合の待遇について，様々な事情が総合的に考慮されて，通常の労働者と当該有期雇用労働者との間の待遇の相違が不合理と認められるか否かが判断されるものと考えられる。したがって，当該有期雇用労働者が定年に達した後に継続雇用された者であることのみをもって，直ちに通常の労働者と当該有期雇用労働者との間の待遇の相違が不合理ではないと認められるものではない。

2　賞与

　　賞与であって，会社の業績等への労働者の貢献に応じて支給するものについて，通常の労働者と同一の貢献である短時間・有期雇用労働者には，貢献に応じた部分

につき，通常の労働者と同一の賞与を支給しなければならない。また，貢献に一定の相違がある場合においては，その相違に応じた賞与を支給しなければならない。

（問題とならない例）

　イ　賞与について，会社の業績等への労働者の貢献に応じて支給しているＡ社において，通常の労働者であるＸと同一の会社の業績等への貢献がある有期雇用労働者であるＹに対し，Ｘと同一の賞与を支給している。

　ロ　Ａ社においては，通常の労働者であるＸは，生産効率及び品質の目標値に対する責任を負っており，当該目標値を達成していない場合，待遇上の不利益を課されている。その一方で，通常の労働者であるＹや，有期雇用労働者であるＺは，生産効率及び品質の目標値に対する責任を負っておらず，当該目標値を達成していない場合にも，待遇上の不利益を課されていない。Ａ社は，Ｘに対しては，賞与を支給しているが，ＹやＺに対しては，待遇上の不利益を課していないこととの見合いの範囲内で，賞与を支給していない。

（問題となる例）

　イ　賞与について，会社の業績等への労働者の貢献に応じて支給しているＡ社において，通常の労働者であるＸと同一の会社の業績等への貢献がある有期雇用労働者であるＹに対し，Ｘと同一の賞与を支給していない。

　ロ　賞与について，会社の業績等への労働者の貢献に応じて支給しているＡ社においては，通常の労働者には職務の内容や会社の業績等への貢献等にかかわらず全員に何らかの賞与を支給しているが，短時間・有期雇用労働者には支給していない。

3　手当

(1)　役職手当であって，役職の内容に対して支給するもの

　役職手当であって，役職の内容に対して支給するものについて，通常の労働者と同一の内容の役職に就く短時間・有期雇用労働者には，通常の労働者と同一の役職手当を支給しなければならない。また，役職の内容に一定の相違がある場合においては，その相違に応じた役職手当を支給しなければならない。

（問題とならない例）

　イ　役職手当について，役職の内容に対して支給しているＡ社において，通常の労働者であるＸの役職と同一の役職名（例えば，店長）であって同一の内容（例えば，営業時間中の店舗の適切な運営）の役職に就く有期雇用労働者であるＹに対し，同一の役職手当を支給している。

　ロ　役職手当について，役職の内容に対して支給しているＡ社において，通常の労働者であるＸの役職と同一の役職名であって同一の内容の役職に就く短時間労働者であるＹに，所定労働時間に比例した役職手当（例えば，所定労

働時間が通常の労働者の半分の短時間労働者にあっては，通常の労働者の半分の役職手当）を支給している。

（問題となる例）

　　役職手当について，役職の内容に対して支給している A 社において，通常の労働者である X の役職と同一の役職名であって同一の内容の役職に就く有期雇用労働者である Y に，X に比べ役職手当を低く支給している。

(2)　業務の危険度又は作業環境に応じて支給される特殊作業手当

　　通常の労働者と同一の危険度又は作業環境の業務に従事する短時間・有期雇用労働者には，通常の労働者と同一の特殊作業手当を支給しなければならない。

(3)　交替制勤務等の勤務形態に応じて支給される特殊勤務手当

　　通常の労働者と同一の勤務形態で業務に従事する短時間・有期雇用労働者には，通常の労働者と同一の特殊勤務手当を支給しなければならない。

（問題とならない例）

　イ　A 社においては，通常の労働者か短時間・有期雇用労働者かの別を問わず，就業する時間帯又は曜日を特定して就業する労働者には労働者の採用が難しい早朝若しくは深夜又は土日祝日に就業する場合に時給に上乗せして特殊勤務手当を支給するが，それ以外の労働者には時給に上乗せして特殊勤務手当を支給していない。

　ロ　A 社においては，通常の労働者である X については，入社に当たり，交替制勤務に従事することは必ずしも確定しておらず，業務の繁閑等生産の都合に応じて通常勤務又は交替制勤務のいずれにも従事する可能性があり，交替制勤務に従事した場合に限り特殊勤務手当が支給されている。短時間労働者である Y については，採用に当たり，交替制勤務に従事することを明確にし，かつ，基本給に，通常の労働者に支給される特殊勤務手当と同一の交替制勤務の負荷分を盛り込み，通常勤務のみに従事する短時間労働者に比べ基本給を高く支給している。A 社は X には特殊勤務手当を支給しているが，Y には支給していない。

(4)　精皆勤手当

　　通常の労働者と業務の内容が同一の短時間・有期雇用労働者には，通常の労働者と同一の精皆勤手当を支給しなければならない。

（問題とならない例）

　　A 社においては，考課上，欠勤についてマイナス査定を行い，かつ，そのことを待遇に反映する通常の労働者である X には，一定の日数以上出勤した場合に精皆勤手当を支給しているが，考課上，欠勤についてマイナス査定を行っていない有期雇用労働者である Y には，マイナス査定を行っていないこととの見合いの範囲内で，精皆勤手当を支給していない。

(5) 時間外労働に対して支給される手当

　通常の労働者の所定労働時間を超えて，通常の労働者と同一の時間外労働を行った短時間・有期雇用労働者には，通常の労働者の所定労働時間を超えた時間につき，通常の労働者と同一の割増率等で，時間外労働に対して支給される手当を支給しなければならない。

(6) 深夜労働又は休日労働に対して支給される手当

　通常の労働者と同一の深夜労働又は休日労働を行った短時間・有期雇用労働者には，通常の労働者と同一の割増率等で，深夜労働又は休日労働に対して支給される手当を支給しなければならない。

（問題とならない例）

　　A社においては，通常の労働者であるXと時間数及び職務の内容が同一の深夜労働又は休日労働を行った短時間労働者であるYに，同一の深夜労働又は休日労働に対して支給される手当を支給している。

（問題となる例）

　　A社においては，通常の労働者であるXと時間数及び職務の内容が同一の深夜労働又は休日労働を行った短時間労働者であるYに，深夜労働又は休日労働以外の労働時間が短いことから，深夜労働又は休日労働に対して支給される手当の単価を通常の労働者より低く設定している。

(7) 通勤手当及び出張旅費

　短時間・有期雇用労働者にも，通常の労働者と同一の通勤手当及び出張旅費を支給しなければならない。

（問題とならない例）

　　イ　A社においては，本社の採用である労働者に対しては，交通費実費の全額に相当する通勤手当を支給しているが，それぞれの店舗の採用である労働者に対しては，当該店舗の近隣から通うことができる交通費に相当する額に通勤手当の上限を設定して当該上限の額の範囲内で通勤手当を支給しているところ，店舗採用の短時間労働者であるXが，その後，本人の都合で通勤手当の上限の額では通うことができないところへ転居してなお通い続けている場合には，当該上限の額の範囲内で通勤手当を支給している。

　　ロ　A社においては，通勤手当について，所定労働日数が多い（例えば，週4日以上）通常の労働者及び短時間・有期雇用労働者には，月額の定期券の金額に相当する額を支給しているが，所定労働日数が少ない（例えば，週3日以下）又は出勤日数が変動する短時間・有期雇用労働者には，日額の交通費に相当する額を支給している。

(8) 労働時間の途中に食事のための休憩時間がある労働者に対する食費の負担補助として支給される食事手当

短時間・有期雇用労働者にも，通常の労働者と同一の食事手当を支給しなければならない。

（問題とならない例）

A社においては，その労働時間の途中に昼食のための休憩時間がある通常の労働者であるXに支給している食事手当を，その労働時間の途中に昼食のための休憩時間がない（例えば，午後2時から午後5時までの勤務）短時間労働者であるYには支給していない。

（問題となる例）

A社においては，通常の労働者であるXには，有期雇用労働者であるYに比べ，食事手当を高く支給している。

(9)　単身赴任手当

通常の労働者と同一の支給要件を満たす短時間・有期雇用労働者には，通常の労働者と同一の単身赴任手当を支給しなければならない。

(10)　特定の地域で働く労働者に対する補償として支給される地域手当

通常の労働者と同一の地域で働く短時間・有期雇用労働者には，通常の労働者と同一の地域手当を支給しなければならない。

（問題とならない例）

A社においては，通常の労働者であるXについては，全国一律の基本給の体系を適用し，転勤があることから，地域の物価等を勘案した地域手当を支給しているが，一方で，有期雇用労働者であるYと短時間労働者であるZについては，それぞれの地域で採用し，それぞれの地域で基本給を設定しており，その中で地域の物価が基本給に盛り込まれているため，地域手当を支給していない。

（問題となる例）

A社においては，通常の労働者であるXと有期雇用労働者であるYにはいずれも全国一律の基本給の体系を適用しており，かつ，いずれも転勤があるにもかかわらず，Yには地域手当を支給していない。

4　福利厚生

(1)　福利厚生施設（給食施設，休憩室及び更衣室をいう。以下この(1)において同じ。）

通常の労働者と同一の事業所で働く短時間・有期雇用労働者には，通常の労働者と同一の福利厚生施設の利用を認めなければならない。

(2)　転勤者用社宅

通常の労働者と同一の支給要件（例えば，転勤の有無，扶養家族の有無，住宅の賃貸又は収入の額）を満たす短時間・有期雇用労働者には，通常の労働者と同一の転勤者用社宅の利用を認めなければならない。

(3) 慶弔休暇並びに健康診断に伴う勤務免除及び当該健康診断を勤務時間中に受診する場合の当該受診時間に係る給与の保障（以下この(3)，第4の4(3)及び第5の2(3)において「有給の保障」という。）

短時間・有期雇用労働者にも，通常の労働者と同一の慶弔休暇の付与並びに健康診断に伴う勤務免除及び有給の保障を行わなければならない。

（問題とならない例）

A社においては，通常の労働者であるXと同様の出勤日が設定されている短時間労働者であるYに対しては，通常の労働者と同様に慶弔休暇を付与しているが，週2日の勤務の短時間労働者であるZに対しては，勤務日の振替での対応を基本としつつ，振替が困難な場合のみ慶弔休暇を付与している。

(4) 病気休職

短時間労働者（有期雇用労働者である場合を除く。）には，通常の労働者と同一の病気休職の取得を認めなければならない。また，有期雇用労働者にも，労働契約が終了するまでの期間を踏まえて，病気休職の取得を認めなければならない。

（問題とならない例）

A社においては，労働契約の期間が1年である有期雇用労働者であるXについて，病気休職の期間は労働契約の期間が終了する日までとしている。

(5) 法定外の有給の休暇その他の法定外の休暇（慶弔休暇を除く。）であって，勤続期間に応じて取得を認めているもの

法定外の有給の休暇その他の法定外の休暇（慶弔休暇を除く。）であって，勤続期間に応じて取得を認めているものについて，通常の労働者と同一の勤続期間である短時間・有期雇用労働者には，通常の労働者と同一の法定外の有給の休暇その他の法定外の休暇（慶弔休暇を除く。）を付与しなければならない。なお，期間の定めのある労働契約を更新している場合には，当初の労働契約の開始時から通算して勤続期間を評価することを要する。

（問題とならない例）

A社においては，長期勤続者を対象とするリフレッシュ休暇について，業務に従事した時間全体を通じた貢献に対する報償という趣旨で付与していることから，通常の労働者であるXに対しては，勤続10年で3日，20年で5日，30年で7日の休暇を付与しており，短時間労働者であるYに対しては，所定労働時間に比例した日数を付与している。

5　その他

(1) 教育訓練であって，現在の職務の遂行に必要な技能又は知識を習得するために実施するもの

教育訓練であって，現在の職務の遂行に必要な技能又は知識を習得するために実

施するものについて，通常の労働者と職務の内容が同一である短時間・有期雇用労働者には，通常の労働者と同一の教育訓練を実施しなければならない。また，職務の内容に一定の相違がある場合においては，その相違に応じた教育訓練を実施しなければならない。

(2) 安全管理に関する措置及び給付

通常の労働者と同一の業務環境に置かれている短時間・有期雇用労働者には，通常の労働者と同一の安全管理に関する措置及び給付をしなければならない。

第4 派遣労働者

労働者派遣法第30条の3第1項において，派遣元事業主は，派遣労働者の待遇のそれぞれについて，当該待遇に対応する派遣先に雇用される通常の労働者の待遇との間において，職務の内容，当該職務の内容及び配置の変更の範囲その他の事情のうち，当該待遇の性質及び当該待遇を行う目的に照らして適切と認められるものを考慮して，不合理と認められる相違を設けてはならないこととされている。

また，同条第2項において，派遣元事業主は，職務の内容が派遣先に雇用される通常の労働者と同一の派遣労働者であって，当該労働者派遣契約及び当該派遣先における慣行その他の事情からみて，当該派遣先における派遣就業が終了するまでの全期間において，その職務の内容及び配置が当該派遣先との雇用関係が終了するまでの全期間における当該通常の労働者の職務の内容及び配置の変更の範囲と同一の範囲で変更されることが見込まれるものについては，正当な理由がなく，待遇のそれぞれについて，当該待遇に対応する当該通常の労働者の待遇に比して不利なものとしてはならないこととされている。

他方，労働者派遣法第30条の4第1項において，労働者の過半数で組織する労働組合等との協定により，同項各号に規定する事項を定めたときは，当該協定で定めた範囲に属する派遣労働者の待遇について，労働者派遣法第30条の3の規定は，一部の待遇を除き，適用しないこととされている。ただし，同項第2号，第4号若しくは第5号に掲げる事項であって当該協定で定めたものを遵守していない場合又は同項第3号に関する当該協定の定めによる公正な評価に取り組んでいない場合は，この限りでないこととされている。

派遣労働者（協定対象派遣労働者を除く。以下この第4において同じ。）の待遇に関して，原則となる考え方及び具体例は次のとおりである。

1 基本給

(1) 基本給であって，労働者の能力又は経験に応じて支給するもの

基本給であって，派遣先及び派遣元事業主が，労働者の能力又は経験に応じて支給するものについて，派遣元事業主は，派遣先に雇用される通常の労働者と同一の

能力又は経験を有する派遣労働者には，能力又は経験に応じた部分につき，派遣先に雇用される通常の労働者と同一の基本給を支給しなければならない。また，能力又は経験に一定の相違がある場合においては，その相違に応じた基本給を支給しなければならない。

（問題とならない例）

　イ　基本給について，労働者の能力又は経験に応じて支給している派遣先であるＡ社において，ある能力の向上のための特殊なキャリアコースを設定している。Ａ社の通常の労働者であるＸは，このキャリアコースを選択し，その結果としてその能力を習得したため，その能力に応じた基本給をＸに支給している。これに対し，派遣元事業主であるＢ社からＡ社に派遣されている派遣労働者であるＹは，その能力を習得していないため，Ｂ社はその能力に応じた基本給をＹには支給していない。

　ロ　派遣先であるＡ社においては，定期的に職務の内容及び勤務地の変更がある通常の労働者の総合職であるＸは，管理職となるためのキャリアコースの一環として，新卒採用後の数年間，店舗等において，派遣元事業主であるＢ社からＡ社に派遣されている派遣労働者であってＡ社で就業する間は職務の内容及び配置に変更のないＹの助言を受けながら，Ｙと同様の定型的な業務に従事している。Ａ社がＸにキャリアコースの一環として当該定型的な業務に従事させていることを踏まえ，Ｂ社はＹに対し，当該定型的な業務における能力又は経験はＸを上回っているものの，Ｘほど基本給を高く支給していない。

　ハ　派遣先であるＡ社においては，かつては有期雇用労働者であったが，能力又は経験が一定の水準を満たしたため定期的に職務の内容及び勤務地に変更がある通常の労働者として登用されたＸと，派遣元事業主であるＢ社からＡ社に派遣されている派遣労働者であるＹとが同一の職場で同一の業務に従事している。Ｂ社は，Ａ社で就業する間は職務の内容及び勤務地に変更がないことを理由に，Ｙに対して，Ｘほど基本給を高く支給していない。

　ニ　派遣先であるＡ社に雇用される通常の労働者であるＸと，派遣元事業主であるＢ社からＡ社に派遣されている派遣労働者であるＹとが同一の能力又は経験を有しているところ，Ｂ社は，Ａ社がＸに適用するのと同じ基準をＹに適用し，就業の時間帯や就業日が土日祝日か否か等の違いにより，Ａ社がＸに支給する時間当たりの基本給との間に差を設けている。

（問題となる例）

　派遣先であるＡ社及び派遣元事業主であるＢ社においては，基本給について，労働者の能力又は経験に応じて支給しているところ，Ｂ社は，Ａ社に派遣されている派遣労働者であるＹに対し，Ａ社に雇用される通常の労働者であるＸに比

べて経験が少ないことを理由として，A社がXに支給するほど基本給を高く支給していないが，Xのこれまでの経験はXの現在の業務に関連性を持たない。

(2) 基本給であって，労働者の業績又は成果に応じて支給するもの

基本給であって，派遣先及び派遣元事業主が，労働者の業績又は成果に応じて支給するものについて，派遣元事業主は，派遣先に雇用される通常の労働者と同一の業績又は成果を有する派遣労働者には，業績又は成果に応じた部分につき，派遣先に雇用される通常の労働者と同一の基本給を支給しなければならない。また，業績又は成果に一定の相違がある場合においては，その相違に応じた基本給を支給しなければならない。

なお，基本給とは別に，労働者の業績又は成果に応じた手当を支給する場合も同様である。

(問題とならない例)

イ 派遣先であるA社及び派遣元事業主であるB社においては，基本給の一部について，労働者の業績又は成果に応じて支給しているところ，B社は，A社に派遣されている派遣労働者であって，所定労働時間がA社に雇用される通常の労働者の半分であるYに対し，その販売実績がA社に雇用される通常の労働者に設定されている販売目標の半分の数値に達した場合には，A社に雇用される通常の労働者が販売目標を達成した場合の半分を支給している。

ロ 派遣先であるA社においては，通常の労働者であるXは，派遣元事業主であるB社からA社に派遣されている派遣労働者であるYと同様の業務に従事しているが，XはA社における生産効率及び品質の目標値に対する責任を負っており，当該目標値を達成していない場合，待遇上の不利益を課されている。その一方で，Yは，A社における生産効率及び品質の目標値に対する責任を負っておらず，当該目標値を達成していない場合にも，待遇上の不利益を課されていない。B社はYに対し，待遇上の不利益を課していないこととの見合いに応じて，A社がXに支給するほど基本給を高く支給していない。

(問題となる例)

派遣先であるA社及び派遣元事業主であるB社においては，基本給の一部について，労働者の業績又は成果に応じて支給しているところ，B社は，A社に派遣されている派遣労働者であって，所定労働時間がA社に雇用される通常の労働者の半分であるYに対し，当該通常の労働者が販売目標を達成した場合にA社が行っている支給を，Yについて当該通常の労働者と同一の販売目標を設定し，それを達成しない場合には行っていない。

(3) 基本給であって，労働者の勤続年数（派遣労働者にあっては，当該派遣先における就業期間。以下この(3)において同じ。）に応じて支給するもの

基本給であって，派遣先及び派遣元事業主が，労働者の勤続年数に応じて支給す

るものについて，派遣元事業主は，派遣先に雇用される通常の労働者と同一の勤続年数である派遣労働者には，勤続年数に応じた部分につき，派遣先に雇用される通常の労働者と同一の基本給を支給しなければならない。また，勤続年数に一定の相違がある場合においては，その相違に応じた基本給を支給しなければならない。

（問題とならない例）

　　派遣先であるA社及び派遣元事業主であるB社は，基本給について，労働者の勤続年数に応じて支給しているところ，B社は，A社に派遣している期間の定めのある労働者派遣契約を更新している派遣労働者であるYに対し，A社への労働者派遣の開始時から通算して就業期間を評価した上で基本給を支給している。

（問題となる例）

　　派遣先であるA社及び派遣元事業主であるB社は，基本給について，労働者の勤続年数に応じて支給しているところ，B社は，A社に派遣している期間の定めのある労働者派遣契約を更新している派遣労働者であるYに対し，YのA社への労働者派遣の開始時から通算して就業期間を評価せず，その時点の労働者派遣契約に基づく派遣就業の期間のみにより就業期間を評価した上で基本給を支給している。

(4) 昇給であって，労働者の勤続（派遣労働者にあっては，当該派遣先における派遣就業の継続。以下この(4)において同じ。）による能力の向上に応じて行うもの

　　昇給であって，派遣先及び派遣元事業主が，労働者の勤続による能力の向上に応じて行うものについて，派遣元事業主は，派遣先に雇用される通常の労働者と同様に勤続により能力が向上した派遣労働者には，勤続による能力の向上に応じた部分につき，派遣先に雇用される通常の労働者と同一の昇給を行わなければならない。また，勤続による能力の向上に一定の相違がある場合においては，その相違に応じた昇給を行わなければならない。

（注）派遣先に雇用される通常の労働者と派遣労働者との間に賃金の決定基準・ルールの相違がある場合の取扱い

　　派遣先に雇用される通常の労働者と派遣労働者との間に基本給，賞与，各種手当等の賃金に相違がある場合において，その要因として当該通常の労働者と派遣労働者の賃金の決定基準・ルールの相違があるときは，「派遣労働者に対する派遣元事業主の将来の役割期待は派遣先に雇用される通常の労働者に対する派遣先の将来の役割期待と異なるため，賃金の決定基準・ルールが異なる」等の主観的又は抽象的な説明では足りず，賃金の決定基準・ルールの相違は，当該通常の労働者と派遣労働者の職務の内容，当該職務の内容及び配置の変更の範囲その他の事情のうち，当該待遇の性質及び当該待遇を行う目的に照らして適切と認められるものの客観的及び具体的な実態に照らして，不合理と認められるものであってはならない。

2 賞与

　賞与であって，派遣先及び派遣元事業主が，会社（派遣労働者にあっては，派遣先。以下この2において同じ。）の業績等への労働者の貢献に応じて支給するものについて，派遣元事業主は，派遣先に雇用される通常の労働者と同一の貢献である派遣労働者には，貢献に応じた部分につき，派遣先に雇用される通常の労働者と同一の賞与を支給しなければならない。また，貢献に一定の相違がある場合においては，その相違に応じた賞与を支給しなければならない。

（問題とならない例）

　イ　派遣先であるA社及び派遣元事業主であるB社においては，賞与について，会社の業績等への労働者の貢献に応じて支給しているところ，B社は，A社に派遣されている派遣労働者であって，A社に雇用される通常の労働者であるXと同一のA社の業績等への貢献があるYに対して，A社がXに支給するのと同一の賞与を支給している。

　ロ　派遣先であるA社においては，通常の労働者であるXは，A社における生産効率及び品質の目標値に対する責任を負っており，当該目標値を達成していない場合，待遇上の不利益を課されている。その一方で，A社に雇用される通常の労働者であるZや，派遣元事業主であるB社からA社に派遣されている派遣労働者であるYは，A社における生産効率及び品質の目標値に対する責任を負っておらず，当該目標値を達成していない場合にも，待遇上の不利益を課されていない。A社はXに対して賞与を支給しているが，Zに対しては，待遇上の不利益を課していないこととの見合いの範囲内で賞与を支給していないところ，B社はYに対して，待遇上の不利益を課していないこととの見合いの範囲内で賞与を支給していない。

（問題となる例）

　イ　派遣先であるA社及び派遣元事業主であるB社においては，賞与について，会社の業績等への労働者の貢献に応じて支給しているところ，B社は，A社に派遣されている派遣労働者であって，A社に雇用される通常の労働者であるXと同一のA社の業績等への貢献があるYに対して，A社がXに支給するのと同一の賞与を支給していない。

　ロ　賞与について，会社の業績等への労働者の貢献に応じて支給している派遣先であるA社においては，通常の労働者の全員に職務の内容や会社の業績等への貢献等にかかわらず何らかの賞与を支給しているが，派遣元事業主であるB社においては，A社に派遣されている派遣労働者であるYに賞与を支給していない。

3 手当

(1) 役職手当であって，役職の内容に対して支給するもの

役職手当であって，派遣先及び派遣元事業主が，役職の内容に対して支給するものについて，派遣元事業主は，派遣先に雇用される通常の労働者と同一の内容の役職に就く派遣労働者には，派遣先に雇用される通常の労働者と同一の役職手当を支給しなければならない。また，役職の内容に一定の相違がある場合においては，その相違に応じた役職手当を支給しなければならない。

(問題とならない例)

イ　派遣先であるA社及び派遣元事業主であるB社においては，役職手当について，役職の内容に対して支給しているところ，B社は，A社に派遣されている派遣労働者であって，A社に雇用される通常の労働者であるXの役職と同一の役職名（例えば，店長）であって同一の内容（例えば，営業時間中の店舗の適切な運営）の役職に就くYに対し，A社がXに支給するのと同一の役職手当を支給している。

ロ　派遣先であるA社及び派遣元事業主であるB社においては，役職手当について，役職の内容に対して支給しているところ，B社は，A社に派遣されている派遣労働者であって，A社に雇用される通常の労働者であるXの役職と同一の役職名であって同一の内容の役職に就くYに，所定労働時間に比例した役職手当（例えば，所定労働時間がA社に雇用される通常の労働者の半分の派遣労働者にあっては，当該通常の労働者の半分の役職手当）を支給している。

(問題となる例)

派遣先であるA社及び派遣元事業主であるB社においては，役職手当について，役職の内容に対して支給しているところ，B社は，A社に派遣されている派遣労働者であって，A社に雇用される通常の労働者であるXの役職と同一の役職名であって同一の内容の役職に就くYに対し，A社がXに支給するのに比べ役職手当を低く支給している。

(2) 業務の危険度又は作業環境に応じて支給される特殊作業手当

派遣元事業主は，派遣先に雇用される通常の労働者と同一の危険度又は作業環境の業務に従事する派遣労働者には，派遣先に雇用される通常の労働者と同一の特殊作業手当を支給しなければならない。

(3) 交替制勤務等の勤務形態に応じて支給される特殊勤務手当

派遣元事業主は，派遣先に雇用される通常の労働者と同一の勤務形態で業務に従事する派遣労働者には，派遣先に雇用される通常の労働者と同一の特殊勤務手当を支給しなければならない。

(問題とならない例)

イ　派遣先であるA社においては，就業する時間帯又は曜日を特定して就業す

る通常の労働者には労働者の採用が難しい早朝若しくは深夜又は土日祝日に就業する場合に時給に上乗せして特殊勤務手当を支給するが，就業する時間帯及び曜日を特定していない通常の労働者には労働者の採用が難しい時間帯又は曜日に勤務する場合であっても時給に上乗せして特殊勤務手当を支給していない。派遣元事業主であるB社は，A社に派遣されている派遣労働者であって，就業する時間帯及び曜日を特定して就業していないYに対し，採用が難しい時間帯や曜日に勤務する場合であっても時給に上乗せして特殊勤務手当を支給していない。

ロ 派遣先であるA社においては，通常の労働者であるXについては，入社に当たり，交替制勤務に従事することは必ずしも確定しておらず，業務の繁閑等生産の都合に応じて通常勤務又は交替制勤務のいずれにも従事する可能性があり，交替制勤務に従事した場合に限り特殊勤務手当が支給されている。派遣元事業主であるB社からA社に派遣されている派遣労働者であるYについては，A社への労働者派遣に当たり，派遣先で交替制勤務に従事することを明確にし，かつ，基本給にA社において通常の労働者に支給される特殊勤務手当と同一の交替制勤務の負荷分が盛り込まれている。A社には，職務の内容がYと同一であり通常勤務のみに従事することが予定され，実際に通常勤務のみに従事する労働者であるZがいるところ，B社はYに対し，A社がZに対して支給するのに比べ基本給を高く支給している。A社はXに対して特殊勤務手当を支給しているが，B社はYに対して特殊勤務手当を支給していない。

(4) 精皆勤手当

派遣元事業主は，派遣先に雇用される通常の労働者と業務の内容が同一の派遣労働者には，派遣先に雇用される通常の労働者と同一の精皆勤手当を支給しなければならない。

(問題とならない例)

派遣先であるA社においては，考課上，欠勤についてマイナス査定を行い，かつ，それが待遇に反映される通常の労働者であるXには，一定の日数以上出勤した場合に精皆勤手当を支給しているが，派遣元事業主であるB社は，B社からA社に派遣されている派遣労働者であって，考課上，欠勤についてマイナス査定を行っていないYには，マイナス査定を行っていないこととの見合いの範囲内で，精皆勤手当を支給していない。

(5) 時間外労働に対して支給される手当

派遣元事業主は，派遣先に雇用される通常の労働者の所定労働時間を超えて，当該通常の労働者と同一の時間外労働を行った派遣労働者には，当該通常の労働者の所定労働時間を超えた時間につき，派遣先に雇用される通常の労働者と同一の割増率等で，時間外労働に対して支給される手当を支給しなければならない。

(6)　深夜労働又は休日労働に対して支給される手当

　　派遣元事業主は，派遣先に雇用される通常の労働者と同一の深夜労働又は休日労働を行った派遣労働者には，派遣先に雇用される通常の労働者と同一の割増率等で，深夜労働又は休日労働に対して支給される手当を支給しなければならない。

（問題とならない例）

　　　派遣元事業主であるＢ社においては，派遣先であるＡ社に派遣されている派遣労働者であって，Ａ社に雇用される通常の労働者であるＸと時間数及び職務の内容が同一の深夜労働又は休日労働を行ったＹに対し，Ａ社がＸに支給するのと同一の深夜労働又は休日労働に対して支給される手当を支給している。

（問題となる例）

　　　派遣元事業主であるＢ社においては，派遣先であるＡ社に派遣されている派遣労働者であって，Ａ社に雇用される通常の労働者であるＸと時間数及び職務の内容が同一の深夜労働又は休日労働を行ったＹに対し，Ｙが派遣労働者であることから，深夜労働又は休日労働に対して支給される手当の単価を当該通常の労働者より低く設定している。

(7)　通勤手当及び出張旅費

　　派遣元事業主は，派遣労働者にも，派遣先に雇用される通常の労働者と同一の通勤手当及び出張旅費を支給しなければならない。

（問題とならない例）

　　イ　派遣先であるＡ社においては，本社の採用である労働者に対し，交通費実費の全額に相当する通勤手当を支給しているが，派遣元事業主であるＢ社は，それぞれの店舗の採用である労働者については，当該店舗の近隣から通うことができる交通費に相当する額に通勤手当の上限を設定して当該上限の額の範囲内で通勤手当を支給しているところ，Ｂ社の店舗採用であってＡ社に派遣される派遣労働者であるＹが，Ａ社への労働者派遣の開始後，本人の都合で通勤手当の上限の額では通うことができないところへ転居してなお通い続けている場合には，当該上限の額の範囲内で通勤手当を支給している。

　　ロ　派遣先であるＡ社においては，通勤手当について，所定労働日数が多い（例えば，週４日以上）通常の労働者に，月額の定期券の金額に相当する額を支給しているが，派遣元事業主であるＢ社においては，Ａ社に派遣されている派遣労働者であって，所定労働日数が少ない（例えば，週３日以下）又は出勤日数が変動する派遣労働者に，日額の交通費に相当する額を支給している。

(8)　労働時間の途中に食事のための休憩時間がある労働者に対する食費の負担補助として支給される食事手当

　　派遣元事業主は，派遣労働者にも，派遣先に雇用される通常の労働者と同一の食事手当を支給しなければならない。

（問題とならない例）

　　派遣先であるＡ社においては，その労働時間の途中に昼食のための休憩時間がある通常の労働者であるＸに食事手当を支給している。その一方で，派遣元事業主であるＢ社においては，Ａ社に派遣されている派遣労働者であって，その労働時間の途中に昼食のための休憩時間がない（例えば，午後2時から午後5時までの勤務）派遣労働者であるＹに支給していない。

（問題となる例）

　　派遣先であるＡ社においては，通常の労働者であるＸに食事手当を支給している。派遣元事業主であるＢ社においては，Ａ社に派遣されている派遣労働者であるＹにＡ社がＸに支給するのに比べ食事手当を低く支給している。

(9)　単身赴任手当

　派遣元事業主は，派遣先に雇用される通常の労働者と同一の支給要件を満たす派遣労働者には，派遣先に雇用される通常の労働者と同一の単身赴任手当を支給しなければならない。

(10)　特定の地域で働く労働者に対する補償として支給される地域手当

　派遣元事業主は，派遣先に雇用される通常の労働者と同一の地域で働く派遣労働者には，派遣先に雇用される通常の労働者と同一の地域手当を支給しなければならない。

（問題とならない例）

　　派遣先であるＡ社においては，通常の労働者であるＸについて，全国一律の基本給の体系を適用し，転勤があることから，地域の物価等を勘案した地域手当を支給している。一方で，派遣元事業主であるＢ社においては，Ａ社に派遣されている派遣労働者であるＹについては，Ａ社に派遣されている間は勤務地の変更がなく，その派遣先の所在する地域で基本給を設定しており，その中で地域の物価が基本給に盛り込まれているため，地域手当を支給していない。

（問題となる例）

　　派遣先であるＡ社に雇用される通常の労働者であるＸは，その地域で採用され転勤はないにもかかわらず，Ａ社はＸに対し地域手当を支給している。一方，派遣元事業主であるＢ社からＡ社に派遣されている派遣労働者であるＹは，Ａ社に派遣されている間転勤はなく，Ｂ社はＹに対し地域手当を支給していない。

4　福利厚生

(1)　福利厚生施設（給食施設，休憩室及び更衣室をいう。以下この(1)において同じ。）

　派遣先は，派遣先に雇用される通常の労働者と同一の事業所で働く派遣労働者には，派遣先に雇用される通常の労働者と同一の福利厚生施設の利用を認めなければ

ならない。

　なお，派遣元事業主についても，労働者派遣法第 30 条の 3 の規定に基づく義務を免れるものではない。

(2) 転勤者用社宅

　派遣元事業主は，派遣先に雇用される通常の労働者と同一の支給要件（例えば，転勤の有無，扶養家族の有無，住宅の賃貸又は収入の額）を満たす派遣労働者には，派遣先に雇用される通常の労働者と同一の転勤者用社宅の利用を認めなければならない。

(3) 慶弔休暇並びに健康診断に伴う勤務免除及び有給の保障

　派遣元事業主は，派遣労働者にも，派遣先に雇用される通常の労働者と同一の慶弔休暇の付与並びに健康診断に伴う勤務免除及び有給の保障を行わなければならない。

（問題とならない例）

　　派遣元事業主である B 社においては，派遣先である A 社に派遣されている派遣労働者であって，A 社に雇用される通常の労働者である X と同様の出勤日が設定されている Y に対しては，A 社が X に付与するのと同様に慶弔休暇を付与しているが，A 社に派遣されている派遣労働者であって，週 2 日の勤務である W に対しては，勤務日の振替での対応を基本としつつ，振替が困難な場合のみ慶弔休暇を付与している。

(4) 病気休職

　派遣元事業主は，派遣労働者（期間の定めのある労働者派遣に係る派遣労働者である場合を除く。）には，派遣先に雇用される通常の労働者と同一の病気休職の取得を認めなければならない。また，期間の定めのある労働者派遣に係る派遣労働者にも，当該派遣先における派遣就業が終了するまでの期間を踏まえて，病気休職の取得を認めなければならない。

（問題とならない例）

　　派遣元事業主である B 社においては，当該派遣先における派遣就業期間が 1 年である派遣労働者である Y について，病気休職の期間は当該派遣就業の期間が終了する日までとしている。

(5) 法定外の有給の休暇その他の法定外の休暇（慶弔休暇を除く。）であって，勤続期間（派遣労働者にあっては，当該派遣先における就業期間。以下この(5)において同じ。）に応じて取得を認めているもの

　法定外の有給の休暇その他の法定外の休暇（慶弔休暇を除く。）であって，派遣先及び派遣元事業主が，勤続期間に応じて取得を認めているものについて，派遣元事業主は，当該派遣先に雇用される通常の労働者と同一の勤続期間である派遣労働者には，派遣先に雇用される通常の労働者と同一の法定外の有給の休暇その他の法

定外の休暇（慶弔休暇を除く。）を付与しなければならない。なお，当該派遣先において期間の定めのある労働者派遣契約を更新している場合には，当初の派遣就業の開始時から通算して就業期間を評価することを要する。

（問題とならない例）

　　　派遣先であるA社においては，長期勤続者を対象とするリフレッシュ休暇について，業務に従事した時間全体を通じた貢献に対する報償という趣旨で付与していることから，通常の労働者であるXに対し，勤続10年で3日，20年で5日，30年で7日の休暇を付与している。派遣元事業主であるB社は，A社に派遣されている派遣労働者であるYに対し，所定労働時間に比例した日数を付与している。

5　その他

（1）　教育訓練であって，現在の職務の遂行に必要な技能又は知識を習得するために実施するもの

　　教育訓練であって，派遣先が，現在の業務の遂行に必要な能力を付与するために実施するものについて，派遣先は，派遣元事業主からの求めに応じ，その雇用する通常の労働者と業務の内容が同一である派遣労働者には，派遣先に雇用される通常の労働者と同一の教育訓練を実施する等必要な措置を講じなければならない。なお，派遣元事業主についても，労働者派遣法第30条の3の規定に基づく義務を免れるものではない。

　　また，派遣労働者と派遣先に雇用される通常の労働者との間で業務の内容に一定の相違がある場合においては，派遣元事業主は，派遣労働者と派遣先に雇用される通常の労働者との間の職務の内容，職務の内容及び配置の変更の範囲その他の事情の相違に応じた教育訓練を実施しなければならない。

　　なお，労働者派遣法第30条の2第1項の規定に基づき，派遣元事業主は，派遣労働者に対し，段階的かつ体系的な教育訓練を実施しなければならない。

（2）　安全管理に関する措置又は給付

　　派遣元事業主は，派遣先に雇用される通常の労働者と同一の業務環境に置かれている派遣労働者には，派遣先に雇用される通常の労働者と同一の安全管理に関する措置及び給付をしなければならない。

　　なお，派遣先及び派遣元事業主は，労働者派遣法第45条等の規定に基づき，派遣労働者の安全と健康を確保するための義務を履行しなければならない。

第5　協定対象派遣労働者

　協定対象派遣労働者の待遇に関して，原則となる考え方及び具体例は次のとおりである。

1　賃金

労働者派遣法第30条の4第1項第2号イにおいて，協定対象派遣労働者の賃金の決定の方法については，同種の業務に従事する一般の労働者の平均的な賃金の額として厚生労働省令で定めるものと同等以上の賃金の額となるものでなければならないこととされている。

また，同号ロにおいて，その賃金の決定の方法は，協定対象派遣労働者の職務の内容，職務の成果，意欲，能力又は経験その他の就業の実態に関する事項の向上があった場合に賃金が改善されるものでなければならないこととされている。

さらに，同項第3号において，派遣元事業主は，この方法により賃金を決定するに当たっては，協定対象派遣労働者の職務の内容，職務の成果，意欲，能力又は経験その他の就業の実態に関する事項を公正に評価し，その賃金を決定しなければならないこととされている。

2　福利厚生

(1)　福利厚生施設（給食施設，休憩室及び更衣室をいう。以下この(1)において同じ。）

派遣先は，派遣先に雇用される通常の労働者と同一の事業所で働く協定対象派遣労働者には，派遣先に雇用される通常の労働者と同一の福利厚生施設の利用を認めなければならない。

なお，派遣元事業主についても，労働者派遣法第30条の3の規定に基づく義務を免れるものではない。

(2)　転勤者用社宅

派遣元事業主は，派遣元事業主の雇用する通常の労働者と同一の支給要件（例えば，転勤の有無，扶養家族の有無，住宅の賃貸又は収入の額）を満たす協定対象派遣労働者には，派遣元事業主の雇用する通常の労働者と同一の転勤者用社宅の利用を認めなければならない。

(3)　慶弔休暇並びに健康診断に伴う勤務免除及び有給の保障

派遣元事業主は，協定対象派遣労働者にも，派遣元事業主の雇用する通常の労働者と同一の慶弔休暇の付与並びに健康診断に伴う勤務免除及び有給の保障を行わなければならない。

（問題とならない例）

派遣元事業主であるB社においては，慶弔休暇について，B社の雇用する通常の労働者であるXと同様の出勤日が設定されている協定対象派遣労働者であるYに対しては，通常の労働者と同様に慶弔休暇を付与しているが，週2日の勤務の協定対象派遣労働者であるWに対しては，勤務日の振替での対応を基本としつつ，振替が困難な場合のみ慶弔休暇を付与している。

（4）　病気休職

　　派遣元事業主は，協定対象派遣労働者（有期雇用労働者である場合を除く。）には，派遣元事業主の雇用する通常の労働者と同一の病気休職の取得を認めなければならない。また，有期雇用労働者である協定対象派遣労働者にも，労働契約が終了するまでの期間を踏まえて，病気休職の取得を認めなければならない。

（問題とならない例）

　　　派遣元事業主であるＢ社においては，労働契約の期間が１年である有期雇用労働者であり，かつ，協定対象派遣労働者であるＹについて，病気休職の期間は労働契約の期間が終了する日までとしている。

（5）　法定外の有給の休暇その他の法定外の休暇（慶弔休暇を除く。）であって，勤続期間に応じて取得を認めているもの

　　法定外の有給の休暇その他の法定外の休暇（慶弔休暇を除く。）であって，勤続期間に応じて取得を認めているものについて，派遣元事業主は，派遣元事業主の雇用する通常の労働者と同一の勤続期間である協定対象派遣労働者には，派遣元事業主の雇用する通常の労働者と同一の法定外の有給の休暇その他の法定外の休暇（慶弔休暇を除く。）を付与しなければならない。なお，期間の定めのある労働契約を更新している場合には，当初の労働契約の開始時から通算して勤続期間を評価することを要する。

（問題とならない例）

　　　派遣元事業主であるＢ社においては，長期勤続者を対象とするリフレッシュ休暇について，業務に従事した時間全体を通じた貢献に対する報償という趣旨で付与していることから，Ｂ社に雇用される通常の労働者であるＸに対し，勤続10年で３日，20年で５日，30年で７日の休暇を付与しており，協定対象派遣労働者であるＹに対し，所定労働時間に比例した日数を付与している。

3　その他

（1）　教育訓練であって，現在の職務の遂行に必要な技能又は知識を習得するために実施するもの

　　教育訓練であって，派遣先が，現在の業務の遂行に必要な能力を付与するために実施するものについて，派遣先は，派遣元事業主からの求めに応じ，派遣先に雇用される通常の労働者と業務の内容が同一である協定対象派遣労働者には，派遣先に雇用される通常の労働者と同一の教育訓練を実施する等必要な措置を講じなければならない。なお，派遣元事業主についても，労働者派遣法第30条の３の規定に基づく義務を免れるものではない。

　　また，協定対象派遣労働者と派遣元事業主が雇用する通常の労働者との間で業務の内容に一定の相違がある場合においては，派遣元事業主は，協定対象派遣労働者

と派遣元事業主の雇用する通常の労働者との間の職務の内容，職務の内容及び配置の変更の範囲その他の事情の相違に応じた教育訓練を実施しなければならない。

　なお，労働者派遣法第30条の2第1項の規定に基づき，派遣元事業主は，協定対象派遣労働者に対し，段階的かつ体系的な教育訓練を実施しなければならない。

(2)　安全管理に関する措置及び給付

　派遣元事業主は，派遣元事業主の雇用する通常の労働者と同一の業務環境に置かれている協定対象派遣労働者には，派遣元事業主の雇用する通常の労働者と同一の安全管理に関する措置及び給付をしなければならない。

　なお，派遣先及び派遣元事業主は，労働者派遣法第45条等の規定に基づき，協定対象派遣労働者の安全と健康を確保するための義務を履行しなければならない。

＊ https://www.mhlw.go.jp/stf/seisakunitsuite/bunya/0000077386_00001.html より

労使協定方式（労働者派遣法第 30 条の 4）「同種の業務に従事する一般労働者の賃金
水準」について

働き方改革関連法による改正労働者派遣法により，派遣元事業主は，
1 「派遣先均等・均衡方式」（派遣先の通常の労働者との均等・均衡待遇の確保），
2 「労使協定方式」（一定の要件を満たす労使協定による待遇の確保）
のいずれかの待遇決定方式により派遣労働者の待遇を確保することとされ，令和 2 年
4 月 1 日に施行されます。
このうち，2「労使協定方式」については，「同種の業務に従事する一般労働者の賃
金」と同等以上であることが要件となっています。

◎同種の業務に従事する一般労働者の賃金水準（令和 2 年度適用）

▶概要
▶平成 30 年賃金構造基本統計調査による職種別平均賃金（時給換算）（局長通達別添
  1）
▶職業安定業務統計の求人賃金を基準値とした一般基本給・賞与等の額（時給換算）
  （局長通達別添 2）
▶平成 30 年度職業安定業務統計による地域指数（局長通達別添 3）
▶退職手当制度（局長通達別添 4）
▶局長通達本文（令和 2 年度の「労働者派遣事業の適正な運営の確保及び派遣労働者
  の保護等に関する法律第 30 条の 4 第 1 項第 2 号イに定める「同種の業務に従事す
  る一般の労働者の平均的な賃金の額」」等について）

▶概要

同種の業務に従事する一般労働者の賃金水準（一般賃金）

（法第 30 条の 4 第 1 項第 2 号イ）

〈一般賃金のイメージ〉

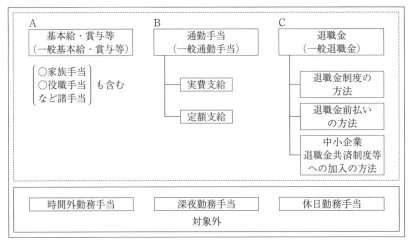

A，B，C については，合算して，協定対象派遣労働者の賃金の額と「同等以上」か比較することも可能。

同種の業務に従事する一般労働者の賃金水準及びそれと比較する派遣労働者の賃金（基本給・賞与・手当等）

1. 局長通達で示す統計（賃金構造基本統計調査及び職業安定業務統計）を用いる場合

- ・ 職種別の賃金統計を把握できる政府統計として，賃金構造基本統計調査と職業安定業務統計（職業大分類，中分類及び小分類）を用いる
- ・ 同種の業務に従事する一般労働者の賃金水準は職種別の一覧表と能力・経験調整指数，地域指数（都道府県別及び HW 別）を毎年，政府が公表（時給ベース）
- ・ 対応する個々の派遣労働者の賃金を時給換算した上で同等以上か確認

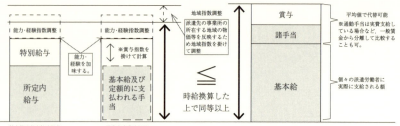

同種の業務に従事する一般労働者の
賃金水準（職種別）

個々の派遣労働者の賃金

※ 同種の業務に従事する一般労働者とは，同じ職種，同じ地域，同程度の能力・経験の無期雇用かつフルタイムの労働者

※ 賃金構造基本統計調査の勤続０年には中途採用者も含まれるため，学歴計の初任給との差（12%）を調整。職業安定業務統計は下限求人賃金の平均値を使用

※ 職業安定業務統計では特別給与額が分からないので，賃金構造基本統計調査から計算した賞与指数を掛けることで特別給与込みの給与を計算

※ 労使協定には同種の業務に従事する一般労働者の賃金水準及び派遣労働者の賃金の両方の数字を明示することとする

※ 退職金は国が示した各種統計調査の中から実際に比較するものを選択し比較（選択肢１），又は，退職金分（6%）を同種の業務に従事する一般労働者の賃金水準に上乗せして比較（選択肢２）又は，中小企業退職金共済等に加入（選択肢３）

2. 局長通達で示す統計以外を用いる場合

> 賃構等で把握できる職種と派遣労働者が実際に行う業務との間に乖離がある場合などに以下のいずれかの条件を満たせば局長通達で示す統計以外を用いることが可能
> ・ 公的統計（国又は地方公共団体が作成）であること
> ・ 集計項目ごとに実標本数を一定数以上確保するよう標本設計した上で無作為抽出で調査を実施する場合

同種の業務に従事する一般労働者の賃金水準及びそれと比較する派遣労働者の賃金（通勤手当の取扱い）

1. 局長通達で示す方法を用いる場合

選択肢 1 又は 2 のいずれかを労使の話合いで選択する。

選択肢 1　実費支給により「同等以上」を確保する

　　協定対象派遣労働者に対し，通勤手当として，派遣就業の場所と居住地の通勤距離や通勤方法に応じた実費が支給される場合には，一般通勤手当（「72 円」）と同等以上であるものとする。

　　ただし，上限がある実費支給の場合は，上限額を協定対象派遣労働者の平均的な所定内労働時間 1 時間当たりに換算した額が「72 円」未満である場合には，選択肢 2 により取り扱う。

　（例）所定労働時間が 8 時間×週 5 日の場合，各月の上限額が 12,480 円（※）未満であれば，協定対象労働者の通勤手当を 12,480 円と同等以上とすることが必要。

　　※　72 円×8 時間×5 日×52 週÷12 月　=　12,480 円

選択肢 2　一般の労働者の通勤手当に相当する額と「同等以上」を確保する

　　定額支給の場合などは，一般通勤手当（「72 円」）と，派遣労働者の通勤手当を時給換算し比較する。

　　※　平均額で代替することも可能。

○　一般通勤手当（「72 円」）は，「平成 25 年企業の諸手当等の人事処遇制度に関する調査（独立行政法人労働政策研修・研究機構）」の通勤手当の平均額を「賃金構造統計基本調査（平成 25 年）」の所定内給与及び特別給与の合計額を除して得た「給与に占める通勤手当の割合」に，「賃金構造統計基本調査（平成 30 年）」の所定内給与及び特別給与の合計額を乗じて得た額に，制度導入割合を乗じて得た額を時給換算した額である。

※　上記のほか，基本給・賞与・手当等と通勤手当の合計額が，一般基本給・賞与等と一般通勤手当（時給換算 72 円）の合計額を上回ることにより「同等以上」を確保することも可能。

2. 局長通達で示す統計以外を用いる場合

局長通達で示す統計は，調査が無期雇用の労働者に支給された通勤手当の平均値をもとに算出した数値であり，地域における通勤手段を勘案したものとはいえないため，以下のいずれかの条件を満たせば局長通達で示す統計以外を用いることが可能

・公的統計（国又は地方公共団体が作成）であること

・集計項目ごとに実標本数を一定数以上確保するよう標本設計した上で無作為抽出で調査を実施する場合

同種の業務に従事する一般労働者の賃金水準及びそれと比較する派遣労働者の賃金 （退職金の取扱い）

1. 局長通達で示す方法を用いる場合

   選択肢1〜3のいずれかを労使の話合いで選択する。

   選択肢1　退職手当の導入割合，最低勤続年数及び支給月数の相場について，国が各種 調査結果を示し，その中のいずれかを選択し，それと退職手当制度を比較

   ※　退職手当制度は，「全ての協定対象派遣労働者に適用されるものであること」，「退 職手当の決定，計算及び支払の方法（例えば，勤続年数，退職事由等の退職手当額 の決定のための要素，退職手当額の算定方法及び一時金で支払うのか年金で支払う のか等の支払の方法をいう。）」及び「退職手当の支払の時期」が明確なものである ことが必要。

   選択肢2　派遣労働者の退職手当相当にかかる費用について時給換算し，派遣労働者の 賃金に加算。同種の業務に従事する一般労働者の賃金水準に退職費用分（6％）を上 乗せ。その上で両者を比較

   > ○退職手当相当にかかる費用については，厚生労働省「平成28年就労条件総合調査」 より，退職給付等の費用は18,834円。
   > ○就労条件総合調査の現金給与額には，超過勤務手当も含まれていることから，平成 28年賃金構造基本統計調査を使い超過勤務手当分を調整した現金給与額に占める比 率は6％

   選択肢3　派遣労働者が中小企業退職金共済制度（確定給付企業年金や確定拠出年金等 の掛金も含む）に（給与の6％以上で）加入している場合は，退職手当については同 種の業務に従事する一般労働者と同等以上であるとする

   ※　一人の協定対象派遣労働者について，選択肢2及び3を併用することが可能であり，その場 合には選択肢2の賃金と3の掛金の合計額が，一般基本給・賞与等に退職給付等の費用の割合 （6％）を乗じた額（一般退職金）と比較し，同等以上であることが必要。

2. 局長通達で示す統計以外を用いる場合

   > 局長通達で示す統計は，調査対象が中小企業であることなど，一般の労働者の退 職金として示す数値に限りがあるため，以下のいずれかの条件を満たせば局長通 達で示す統計以外を用いることが可能
   > ・公的統計（国又は地方公共団体が作成）であること
   > ・集計項目ごとに実標本数を一定数以上確保するよう標本設計した上で無作為

抽出で調査を実施する場合

選択肢1の比較方法の例

- (例①) -

　対象従業員の退職手当の比較対象となる「同種の業務に従事する一般の労働者の平均的な賃金の額」は，次の各号に掲げる条件を満たした別表のとおりとする。

(1)　退職手当の受給に必要な最低勤続年数

　通達に定める「平成30年中小企業の賃金・退職金事情」（東京都）の中で最も回答割合が高かったもの（会社都合及び自己都合とともに3年）

(2)　退職時の勤続年数ごと（3年，5年，10年，15年，20年，25年，30年，33年）の支給月数

　退職事由に応じて，通達に定める「平成30年中小企業の賃金・退職金事情」（東京都）の大卒自己都合，大卒会社都合のそれぞれの勤続年数別の支給月数に退職制度導入割合（71.3％）を掛けたもの。

勤続年数	3年	5年	10年	15年	20年	25年	30年	33年
自己都合	0.8	1.4	3.1	5.3	7.6	10.6	13.3	15.3
会社都合	1.2	1.9	4.1	6.5	8.9	11.8	14.5	16.6

以下の退職金テーブル（例）をもつ派遣会社の退職手当制度は上記のテーブルの平均支給月数を上回っているので「同等以上」

勤続年数	3年以上 5年未満	5年以上 10年未満	10年以上 15年未満	15年以上 25年未満	25年以上
自己都合	1.0	3.0	7.0	10.0	16.0
会社都合	2.0	5.0	9.0	12.0	18.0

- (例②) -

　対象従業員の退職手当の比較対象となる「同種の業務に従事する一般の労働者の平均的な賃金の額」は，次の各号に掲げる条件を満たした別表のとおりとする。

(1)　退職手当の受給に必要な最低勤続年数

　通達に定める「平成30年就労条件総合調査」の中で最も回答割合が高かったもの（会社都合及び自己都合とともに3年以上4年未満）

(2)　退職時の勤続年数ごと（3年，5年，10年，15年，20年，25年，30年，35年）の支給月数

　退職事由に応じて，通達に定める「平成29年賃金事情等総合調査」（中央労働委員会）の大卒（総合職）の支給月数に，退職制度導入割合（91.1％）を掛けたもの。

勤続年数	3年	5年	10年	15年	20年	25年	30年	35年
自己都合	1.2	2.1	5.0	9.3	15.0	21.9	29.1	36.6
会社都合	2.6	4.1	8.6	13.6	18.3	25.3	32.4	39.5

以下の退職金テーブル（例）をもつ派遣会社の退職手当制度は上記のテーブルの平均支給月数を上回っているので「同等以上」

勤続年数	3年以上 5年未満	5年以上 10年未満	10年以上 15年未満	15年以上 25年未満	25年以上 35年未満	35年以上
自己都合	2.0	3.0	5.0	16.0	30.0	37.0
会社都合	3.0	5.0	9.0	20.0	35.0	40.0

（例③）

　対象従業員の退職手当の比較対象となる「同種の業務に従事する一般の労働者の平均的な賃金の額」は，次の各号に掲げる条件を満たした別表のとおりとする。
(1)　退職手当の受給に必要な最低勤続年数
　通達に定める「平成30年就労条件総合調査」の中で最も回答割合が高かったもの（会社都合及び自己都合とともに3年以上4年未満）
(2)　退職時の勤続年数ごと（3年，5年，10年，15年，20年，25年，30年，35年）の支給月数
〈会社都合〉
　調査対象企業の特性がより合致している「2018年9月退職金・年金に関する実態調査結果」（日本経済団体連合会）の大卒の支給月数に，退職制度導入割合（80.5%。平成30年就労条件総合調査）を掛けたもの。
〈自己都合〉
　自己都合は日本経済団体連合会の調査では公表されていないため，資本金5億円以上，労働者1,000人以上の企業を対象にしている「平成29年賃金事情等総合調査」（中央労働委員会）の大卒（（総合職）事務・技術労働者）の支給月数の自己都合と会社都合の比（自己都合／退職都合）を用い，自己都合の支給月数を推計。そのうえで，退職制度導入割合（80.5%。平成30年就労条件総合調査）を掛けたもの。

勤続年数	3年	5年	10年	15年	20年	25年	30年	35年
自己都合	1.0	1.9	4.3	6.8	11.6	15.9	21.2	26.3
会社都合	2.2	3.7	7.4	10.0	14.2	18.4	23.6	28.2

以下の退職金テーブル（例）をもつ派遣会社の退職手当制度は上記のテーブルの平均支給月数を上回っているので「同等以上」

勤続年数	3年以上 5年未満	5年以上 10年未満	10年以上 15年未満	15年以上 25年未満	25年以上 35年未満	35年以上
自己都合	2.0	3.0	7.0	16.0	22.0	27.0
会社都合	3.0	5.0	9.0	18.0	25.0	30.0

同種の業務に従事する一般労働者の賃金水準及びそれと比較する派遣労働者の賃金
（合算する場合の取扱）

> 「基本給・賞与・手当等」，「通勤手当」，「退職金」については，それぞれ一般賃金と協定対象派遣労働者の賃金を比較することもできるが，全部（③）又は一部（①・②）を合算して，「同等以上」か比較することも可能。

	同種の業務に従事する 一般労働者の賃金水準（一般賃金）	協定対象派遣労働者の賃金
①	「一般基本給・賞与等」 ＋「一般通勤手当（72円)」	「基本給・賞与・手当等」 ＋「通勤手当」
②	「一般基本給・賞与等」 ＋「一般退職金」	「基本給・賞与・手当等」 ＋「退職金」
③	「一般基本給・賞与等」 ＋「一般通勤手当（72円)」 ＋「一般退職金」	「基本給・賞与・手当等」 ＋「通勤手当」 ＋「退職金」

※「通勤手当」を合算できるのは，一般労働者の通勤手当に相当する額と「同等以上」を確保する場合（選択肢2）に限られる。

※「退職金」を合算できるのは，一般の労働者の退職金に相当する額と「同等以上」を確保する場合（選択肢2）に限られる。

▶平成30年賃金構造基本統計調査による職種別平均賃金（時給換算）（局長通達別添1）

無期雇用かつフルタイムの労働者について，（所定内給与＋特別給与÷ 12）÷所定内時間で時給換算したものを特別集計

企業規模計

	基準値 （0 年）
0 産業計	1,227
201 自然科学系研究者	1,528
202 化学分析員	1,130
203 技術士	1,962
204 一級建築士	–
205 測量技術者	1,184
206 システム・エンジニア	1,427
207 プログラマー	1,221
208 医師	3,930
209 歯科医師	–
210 獣医師	1,578
211 薬剤師	1,742
212 看護師	1,382
213 准看護師	1,223
214 看護補助者	959
215 診療放射線・診療エックス線技師	1,382
216 臨床検査技師	1,263
217 理学療法士，作業療法士	1,257
218 歯科衛生士	1,096
219 歯科技工士	–
220 栄養士	1,054
221 保育士（保母・保父）	1,039
222 介護支援専門員（ケアマネージャー）	1,182
223 ホームヘルパー	1,123
224 福祉施設介護員	1,045
225 弁護士	–
226 公認会計士，税理士	–
227 社会保険労務士	–
228 不動産鑑定士	–
229 幼稚園教諭	996
230 高等学校教員	1,573
231 大学教授	3,745
232 大学准教授	2,893
233 大学講師	2,362

基準値に能力・経験調整指数を乗じた値						参考値(0 年) （補正前）
1 年	2 年	3 年	5 年	10 年	20 年	
1,423	1,557	1,618	1,703	2,006	2,503	1,466
1,772	1,939	2,015	2,121	2,498	3,117	1,808
1,311	1,434	1,490	1,568	1,848	2,305	1,356
2,276	2,490	2,588	2,723	3,208	4,002	2,302
–	–	–	–	–	–	–
1,373	1,502	1,562	1,643	1,936	2,415	1,418
1,655	1,811	1,882	1,981	2,333	2,911	1,694
1,416	1,549	1,610	1,695	1,996	2,491	1,459
4,559	4,987	5,184	5,455	6,426	8,017	4,538
–	–	–	–	–	–	–
1,830	2,002	2,081	2,190	2,580	3,219	1,865
2,021	2,211	2,298	2,418	2,848	3,554	2,051
1,603	1,754	1,823	1,918	2,260	2,819	1,642
1,419	1,552	1,613	1,698	2,000	2,495	1,462
1,112	1,217	1,265	1,331	1,568	1,956	1,162
1,603	1,754	1,823	1,918	2,260	2,819	1,642
1,465	1,603	1,666	1,753	2,065	2,577	1,507
1,458	1,595	1,658	1,745	2,055	2,564	1,500
1,271	1,391	1,446	1,521	1,792	2,236	1,318
–	–	–	–	–	–	–
1,223	1,338	1,390	1,463	1,723	2,150	1,270
1,205	1,318	1,370	1,442	1,699	2,120	1,253
1,371	1,500	1,559	1,641	1,933	2,411	1,415
1,303	1,425	1,481	1,559	1,836	2,291	1,348
1,212	1,326	1,378	1,450	1,709	2,132	1,260
–	–	–	–	–	–	–
–	–	–	–	–	–	–
–	–	–	–	–	–	–
–	–	–	–	–	–	–
1,155	1,264	1,314	1,382	1,628	2,032	1,204
1,825	1,996	2,075	2,183	2,572	3,209	1,860
4,344	4,752	4,940	5,198	6,123	7,640	4,328
3,356	3,671	3,816	4,015	4,730	5,902	3,359
2,740	2,997	3,115	3,278	3,862	4,818	2,756

234	各種学校・専修学校教員	1,379
235	個人教師, 塾・予備校講師	1,160
236	記者	1,533
237	デザイナー	1,179
301	ワープロ・オペレーター	1,109
302	キーパンチャー	991
303	電子計算機オペレーター	1,129
401	百貨店店員	1,000
402	販売店員（百貨店店員を除く。）	988
403	スーパー店チェッカー	846
404	自動車外交販売員	1,099
405	家庭用品外交販売員	-
406	保険外交員	1,183
501	理容・美容師	871
502	洗たく工	858
503	調理士	1,034
504	調理士見習	850
505	給仕従事者	1,019
506	娯楽接客員	1,039
601	警備員	948
602	守衛	928
701	電車運転士	-
702	電車車掌	-
703	旅客掛	1,098
704	自家用乗用自動車運転者	827
705	自家用貨物自動車運転者	1,152
706	タクシー運転者	1,157
707	営業用バス運転者	1,199
708	営業用大型貨物自動車運転者	1,237
709	営業用普通・小型貨物自動車運転者	1,045
710	航空機操縦士	-
711	航空機客室乗務員	1,590
801	製鋼工	1,144
802	非鉄金属精錬工	1,089
803	鋳物工	950
804	型鍛造工	1,138
805	鉄鋼熱処理工	-
806	圧延伸張工	1,101
807	金属検査工	981
808	一般化学工	1,094
809	化繊紡糸工	-

1,600	1,750	1,819	1,914	2,255	2,813	1,639
1,346	1,472	1,530	1,610	1,897	2,366	1,390
1,778	1,945	2,022	2,128	2,506	3,127	1,814
1,368	1,496	1,555	1,636	1,928	2,405	1,412
1,286	1,407	1,463	1,539	1,813	2,262	1,332
1,150	1,258	1,307	1,376	1,620	2,022	1,198
1,310	1,433	1,489	1,567	1,846	2,303	1,355
1,160	1,269	1,319	1,388	1,635	2,040	1,208
1,146	1,254	1,303	1,371	1,615	2,016	1,195
981	1,074	1,116	1,174	1,383	1,726	1,033
1,275	1,395	1,450	1,525	1,797	2,242	1,321
－	－	－	－	－	－	－
1,372	1,501	1,560	1,642	1,934	2,413	1,416
1,010	1,105	1,149	1,209	1,424	1,777	1,062
995	1,089	1,132	1,191	1,403	1,750	1,047
1,199	1,312	1,364	1,435	1,691	2,109	1,247
986	1,079	1,121	1,180	1,390	1,734	1,038
1,182	1,293	1,344	1,414	1,666	2,079	1,230
1,205	1,318	1,370	1,442	1,699	2,120	1,253
1,100	1,203	1,250	1,316	1,550	1,934	1,149
1,076	1,178	1,224	1,288	1,517	1,893	1,126
－	－	－	－	－	－	－
1,274	1,393	1,448	1,524	1,795	2,240	1,320
959	1,049	1,091	1,148	1,352	1,687	1,012
1,336	1,462	1,519	1,599	1,884	2,350	1,381
1,342	1,468	1,526	1,606	1,892	2,360	1,387
1,391	1,522	1,581	1,664	1,960	2,446	1,435
1,435	1,570	1,632	1,717	2,022	2,523	1,478
1,212	1,326	1,378	1,450	1,709	2,132	1,260
1,844	2,018	2,097	2,207	2,600	3,244	1,879
1,327	1,452	1,509	1,588	1,870	2,334	1,372
1,263	1,382	1,436	1,512	1,781	2,222	1,309
1,102	1,206	1,253	1,319	1,553	1,938	1,152
1,320	1,444	1,501	1,580	1,861	2,322	1,365
－	－	－	－	－	－	－
1,277	1,397	1,452	1,528	1,800	2,246	1,323
1,138	1,245	1,294	1,362	1,604	2,001	1,187
1,269	1,388	1,443	1,518	1,789	2,232	1,315
－	－	－	－	－	－	－

810	ガラス製品工	1,090
811	陶磁器工	985
812	旋盤工	1,023
813	フライス盤工	1,028
814	金属プレス工	982
815	鉄工	999
816	板金工	951
817	電気めっき工	950
818	バフ研磨工	812
819	仕上工	948
820	溶接工	1,101
821	機械組立工	1,100
822	機械検査工	1,069
823	機械修理工	1,117
824	重電機器組立工	1,196
825	通信機器組立工	1,078
826	半導体チップ製造工	－
827	プリント配線工	886
828	軽電機器検査工	927
829	自動車組立工	1,074
830	自動車整備工	994
831	パン・洋生菓子製造工	867
832	精紡工	－
833	織布工	－
834	洋裁工	－
835	ミシン縫製工	678
836	製材工	865
837	木型工	－
838	家具工	856
839	建具製造工	854
840	製紙工	1,111
841	紙器工	897
842	プロセス製版工	－
843	オフセット印刷工	960
844	合成樹脂製品成形工	954
845	金属・建築塗装工	1,022
846	機械製図工	1,211
847	ボイラー工	1,036
848	クレーン運転工	1,219
849	建設機械運転工	1,148
850	玉掛け作業員	957

1,264	1,383	1,438	1,513	1,782	2,224		1,311
1,143	1,250	1,299	1,367	1,610	2,009		1,191
1,187	1,298	1,349	1,420	1,673	2,087		1,235
1,192	1,305	1,356	1,427	1,681	2,097		1,240
1,139	1,246	1,295	1,363	1,606	2,003		1,188
1,159	1,268	1,318	1,387	1,633	2,038		1,207
1,103	1,207	1,254	1,320	1,555	1,940		1,153
1,102	1,206	1,253	1,319	1,553	1,938		1,151
942	1,030	1,071	1,127	1,328	1,656		995
1,100	1,203	1,250	1,316	1,550	1,934		1,149
1,277	1,397	1,452	1,528	1,800	2,246		1,323
1,276	1,396	1,451	1,527	1,799	2,244		1,322
1,240	1,357	1,410	1,484	1,748	2,181		1,287
1,296	1,417	1,473	1,550	1,826	2,279		1,341
1,387	1,518	1,578	1,660	1,955	2,440		1,431
1,250	1,368	1,422	1,496	1,763	2,199		1,297
–	–	–	–	–	–		–
1,028	1,124	1,169	1,230	1,449	1,807		1,079
1,075	1,176	1,223	1,287	1,516	1,891		1,125
1,246	1,363	1,417	1,491	1,756	2,191		1,293
1,153	1,261	1,311	1,380	1,625	2,028		1,201
1,006	1,100	1,144	1,203	1,418	1,769		1,057
–	–	–	–	–	–		–
–	–	–	–	–	–		–
–	–	–	–	–	–		–
786	860	894	941	1,109	1,383		842
1,003	1,098	1,141	1,201	1,414	1,765		1,055
–	–	–	–	–	–		–
993	1,086	1,129	1,188	1,400	1,746		1,045
991	1,084	1,126	1,185	1,396	1,742		1,042
1,289	1,410	1,465	1,542	1,816	2,266		1,334
1,041	1,138	1,183	1,245	1,467	1,830		1,091
–	–	–	–	–	–		–
1,114	1,218	1,266	1,332	1,570	1,958		1,163
1,107	1,211	1,258	1,324	1,560	1,946		1,156
1,186	1,297	1,348	1,419	1,671	2,085		1,233
1,405	1,537	1,597	1,681	1,980	2,470		1,448
1,202	1,315	1,366	1,438	1,694	2,113		1,249
1,414	1,547	1,608	1,692	1,993	2,487		1,457
1,332	1,457	1,514	1,593	1,877	2,342		1,377
1,110	1,214	1,262	1,328	1,565	1,952		1,160

851	発電・変電工	1,038
852	電気工	1,073
853	掘削・発破工	–
854	型枠大工	1,334
855	とび工	1,099
856	鉄筋工	–
857	大工	909
858	左官	–
859	配管工	1,200
860	はつり工	–
861	土工	1,156
862	港湾荷役作業員	1,120
863	ビル清掃員	887
864	用務員	940

注1) 賃金構造基本統計調査は企業規模10人以上の企業が集計対象となっている
注2) 賃金構造基本統計調査の勤続0年の特別給与は，採用日から6月30日までに支給されたもの
　　を集計しているため，採用日によっては冬季に支給される特別給与が含まれていない場合がある
注3) 通勤手当分として72円を控除
注4) 基準値（0年）は，新卒初任給を考慮し補正（▲12%）
注5) 1年以降は産業計の能力・経験調整指数を用いて計算
注6) 産業計の能力・経験調整指数は以下のとおり
　　 0年　1年　2年　3年　5年　10年　20年
　　100.0 116.0 126.9 131.9 138.8 163.5 204.0
注7) 計算の結果，最低賃金を下回る場合は最低賃金を用いること
注8) 参考値（0年）は新卒初任給（▲12%）及び通勤手当（72円）の補正前の数値
注9) サンプルサイズ30未満であり，かつ必要サンプルサイズを満たしていない職業等は「–」と表
　　示

1,204	1,317	1,369	1,441	1,697	2,118	1,252
1,245	1,362	1,415	1,489	1,754	2,189	1,291
–	–	–	–	–	–	–
1,547	1,693	1,760	1,852	2,181	2,721	1,588
1,275	1,395	1,450	1,525	1,797	2,242	1,321
–	–	–	–	–	–	–
1,054	1,154	1,199	1,262	1,486	1,854	1,105
–	–	–	–	–	–	–
1,392	1,523	1,583	1,666	1,962	2,448	1,436
–	–	–	–	–	–	–
1,341	1,467	1,525	1,605	1,890	2,358	1,386
1,299	1,421	1,477	1,555	1,831	2,285	1,345
1,029	1,126	1,170	1,231	1,450	1,809	1,080
1,090	1,193	1,240	1,305	1,537	1,918	1,140

▶職業安定業務統計の求人賃金を基準値とした一般基本給・賞与等の額（時給換算）（局長通達別添2）

〔略〕

https://www.mhlw.go.jp/content/000526707.pdf

▶平成30年度職業安定業務統計による都道府県別地域指数（局長通達別添3）

	都道府県別 地域指数（※）		都道府県別 地域指数（※）
全国計	100.0	三重	98.6
北海道	92.0	滋賀	98.7
青森	83.6	京都	101.5
岩手	86.7	大阪	108.3
宮城	96.8	兵庫	101.8
秋田	85.5	奈良	100.4
山形	88.6	和歌山	92.2
福島	92.3	鳥取	88.9
茨城	99.9	島根	87.2
栃木	98.5	岡山	96.2
群馬	98.5	広島	97.7
埼玉	105.5	山口	91.0
千葉	105.5	徳島	91.2
東京	114.1	香川	95.9
神奈川	109.5	愛媛	90.1
新潟	93.9	高知	87.5
富山	97.5	福岡	91.8
石川	97.2	佐賀	86.0
福井	97.2	長崎	84.5
山梨	98.3	熊本	87.6
長野	97.4	大分	89.9
岐阜	99.9	宮崎	84.8
静岡	100.0	鹿児島	86.4
愛知	105.4	沖縄	84.4

※ 平成 30 年度にハローワークで受理した無期かつフルタイムの求人に係る求人賃金（月給）の
　上限額と下限額の中間値の平均の全国計を 100 として，職業大分類の構成比の違いを除去して
　指数化

〔「平成 30 年度職業安定業務統計によるハローワーク管轄別地域指数」は略〕
https://www.mhlw.go.jp/content/000526708.pdf

▶退職手当制度（局長通達別添 4）

〔略〕
https://www.mhlw.go.jp/content/000526709.pdf

▶局長通達本文（令和 2 年度の「労働者派遣事業の適正な運営の確保及び派遣労働
者の保護等に関する法律第 30 条の 4 第 1 項第 2 号イに定める「同種の業務に従事
する一般の労働者の平均的な賃金の額」」等について）

〔略〕
https://www.mhlw.go.jp/content/000526710.pdf

あとがき

　この数年間，「同一労働同一賃金」をめぐっていろいろなところでお話しをさせていただき，ご質問やご意見をうかがう機会をもつことができた。労働組合，経営者団体，弁護士会，社労士会，医師会，自治体など，大企業や中小企業を含むさまざまな組織や現場からの声を聴くなかで，「同一労働同一賃金」は，大きな期待とともに，いろいろな疑問や悩みをもって受けとめられていることがわかった。この本は，全国各地で聴き取ったこの疑問や悩みに対し，なるべく私見や偏見を差し挟まず，原資料に基づいて誠実にお答えしようという思いから，書いたものである。

　「働き方改革」に関する法律案の全体像が明らかになった 2017 年の夏から秋にかけて，この本の初版の草稿を書いた。そして，この草稿を，日本労働弁護団の岡田俊宏さん，竹村和也さん，経営法曹会議の小山博章さん，町田悠生子さん，社会保険労務士の安中繁さん，大野ゆかりさん，労働法・社会保障法学者の長谷川珠子さん，柴田洋二郎さんに読んでいただいた。11 月にはこの皆さんにお集まりいただいて勉強会を開催し，専門的な観点からたくさんのアドバイスをいただいた。また，今回この新版を書くにあたっては，Q&A 方式にしてわかりやすく記述すること，Q として知りたいポイントなどのアイディアをメンバーの皆さんから寄せていただいた。その多くはこの本のなかで生きている。

　この本の企画，編集と出版にあたり，有斐閣の高橋均さんと三宅亜紗美さんに本当にお世話になった。おかげ様で改正法の施行に間に合う形で，この新版を世に出すことができた。

　小さな本ですが，たくさんの方々からの思いを込めた大切な本です。

2019 年 8 月

水町勇一郎

著者紹介

水町　勇一郎（みずまち　ゆういちろう）

　1967 年　佐賀県に生まれる
　1990 年　東京大学法学部卒業
　現在　　東京大学社会科学研究所教授

〈主著〉

『パートタイム労働の法律政策』（有斐閣，1997 年）
『労働社会の変容と再生──フランス労働法制の歴史と理論』
　　（有斐閣，2001 年）
『集団の再生──アメリカ労働法制の歴史と理論』
　　（有斐閣，2005 年）
『労働法入門 新版（岩波新書）』（岩波書店，2019 年）
『詳解 労働法』（東京大学出版会，2019 年）
『労働法〔第 8 版〕』（有斐閣，2020 年）

「同一労働同一賃金」のすべて　新版

2018 年 2 月 25 日　初版第 1 刷発行
2019 年 9 月 30 日　新版第 1 刷発行
2020 年 4 月 10 日　新版第 2 刷発行

著　者　水町勇一郎

発行者　江草貞治

発行所　株式会社 有斐閣

郵便番号　101-0051
東京都千代田区神田神保町 2-17
電話　（03）3264-1314〔編集〕
　　　（03）3265-6811〔営業〕
http://www.yuhikaku.co.jp/

印刷　株式会社暁印刷／製本　牧製本印刷株式会社
©2019, Yuichiro Mizumachi. Printed in Japan
落丁・乱丁本はお取替えいたします。
★定価はカバーに表示してあります。

ISBN 978-4-641-24324-8

JCOPY　本書の無断複写（コピー）は，著作権法上での例外を除き，禁じられています。
複写される場合は，そのつど事前に，（一社）出版者著作権管理機構（電話 03-5244-
5088, FAX 03-5244-5089, e-mail:info@jcopy.or.jp）の許諾を得てください。

本書のコピー，スキャン，デジタル化等の無断複製は著作権法上での例外を
除き禁じられています。本書を代行業者等の第三者に依頼してスキャンや
デジタル化することは，たとえ個人や家庭内での利用でも著作権法違反です。